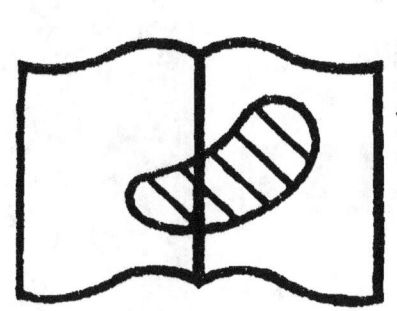

Illisibilité partielle

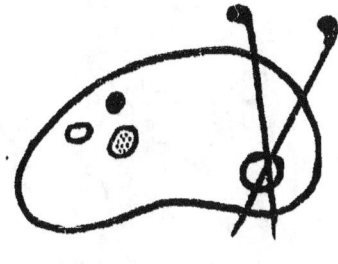

Couvertures supérieure et inférieure en couleur

VALABLE POUR TOUT OU PARTIE
DU DOCUMENT REPRODUIT

Ouvrages publiés par Jules Chapelle.

VELMO,
ROMAN MARITIME INÉDIT,
PAR ÉD. CORBIÈRE,
2 vol in-8. — 15 fr.

HISTOIRE
DE ROBERT SURCOUF,
CAPITAINE DE CORSAIRE,
PAR CH. CUNAT, ANCIEN OFFICIER DE LA MARINE ROYALE,
Illustrations par Morel Fatio et Radin.
1 vol. grand in-8. — 9 fr.

ŒUVRES DE LORD BYRON,
TRADUITES EN VERS FRANÇAIS.
PAR M. ORBY HUNTER.
Prix de chaque volume : 7 fr. 50 c.
L'ouvrage formera 7 volumes in-8°.

MÉMOIRES BIOGRAPHIQUES, LITTÉRAIRES ET POLITIQUES
DE MIRABEAU,
ÉCRITS PAR LUI-MÊME, PAR SON PÈRE, SON ONCLE ET SON FILS ADOPTIF.
8 vol. in-8., portraits et fac-simile. — 32 fr.

Les Épigrammes de Martial,
TRADUITES EN VERS FRANÇAIS,
PAR M. CONSTANT DUBOS,
Professeur émérite de Rhétorique au Collège royal de Louis-le-Grand,
Précédées
D'UN ESSAI SUR LA VIE ET LES OUVRAGES DE MARTIAL,
PAR M. JULES JANIN,
Un fort volume in-8° : Prix 7 fr. 50 c.

Imprimerie de Mme DE LACOMBE, rue d'Enghien, n. 12.

OEUVRES

DE

BARNAVE.

IMPRIMERIE DE MADAME DE LACOMBE,
rue d'Enghien, 12.

OEUVRES
DE
BARNAVE

MISES EN ORDRE

Et précédées d'une Notice historique sur Barnave

PAR

M. BÉRENGER DE LA DROME,

Pair de France, Membre de l'Institut.

1

JULES CHAPELLE ET GUILLER, ÉDITEURS,
5, RUE DU PONT DE LODI.
1843.

La publication des OEuvres de Barnave est l'accomplissement d'un devoir pieux.

La vénérable sœur de cet homme célèbre en a fait la pensée de toute sa vie.

Dans son culte pour une mémoire si chère, elle a cru que le moment était venu, maintenant que tous les ressentimens de notre première révolution sont éteints, de faire connaître, par les écrits qu'il a laissés, ce frère qu'elle a tant aimé, tant pleuré, et de montrer combien il était digne d'un sort meilleur.

Elle a désiré m'associer à cette tâche, et si c'était pour elle un devoir de l'entreprendre, c'en était aussi un pour moi de répondre à sa confiance, car j'étais le compatriote de Barnave; sa famille eut d'intimes liaisons avec la mienne; mon père fut son collègue aux Etats du Dauphiné, et il participa avec lui aux nobles résolutions qui furent prises par les trois ordres de cette Province. Il fut aussi son collègue à l'Assemblée Constituante, où, avec lui encore, il fut nommé par ces Etats; il lui avait voué une grande estime, et je l'ai entendu souvent déplorer sa fin prématurée.

Je ne me suis pas dissimulé les difficultés que j'allais rencontrer.

Quoiqu'une grande partie des manuscrits de Barnave eussent été saisis ou dispersés lors des perquisitions faites chez lui, à l'époque où il fut arrêté, ou plus tard dans sa famille; ceux qui avaient échappé aux malheurs des temps étaient encore nombreux. Mais il n'y régnait aucun ordre : c'étaient des réflexions, des pensées, jetées sur un nombre infini de pages détachées, et n'ayant pas seulement la politique pour objet, mais encore une foule de sujets littéraires et moraux. A tout cela il fallait donner un corps, en classant avec soin les matières et en les plaçant sous des titres généraux et particuliers.

Ce travail terminé, le premier volume s'est trouvé composé d'une introduction à la révolution française, et de notes étendues sur la part que prit Barnave aux travaux de l'Assemblée constituante; — le 2ᵉ renferme une suite d'études ou de réflexions sur les plus hautes questions politiques, et, pour clore ce sujet, un chapitre additionnel, sous le titre de *Fin de Barnave*, comprend tous les documens relatifs à sa mise en accusation, à sa détention, à sa translation à Paris, à son jugement et à sa mort; — le 3ᵉ embrasse d'autres études, aussi intéressantes que profondes, sur l'homme moral et sur l'homme physique; — le 4ᵉ enfin, sous le titre d'Etudes littéraires, contient de rapides essais, aussi variés qu'ils sont instructifs, et est terminé par quelques lettres politiques et de famille, les seules qui aient été conservées.

Il a fallu renoncer à l'idée de joindre aux OEuvres de Barnave l'entière collection de ses discours parlementaires; elle eût trop agrandi le cadre dans lequel tout commandait de se renfermer; et d'ailleurs ces discours, se trouvant dans de nombreux recueils, peuvent facilement être consultés; on s'est borné à en ajouter quatre au premier volume, afin de donner une juste idée des talens oratoires de leur auteur.

Cette publication, je l'ai dit en commençant, étant un hommage religieux rendu à la mémoire de Barnave, c'était une obligation rigoureuse de ne pas y renfermer une ligne qui ne fût de lui, et de ne consigner dans la notice que des faits qui reposassent sur des documens et des témoignages irrécusables.

BÉRENGER.

10 juillet 1843.

NOTICE HISTORIQUE

SUR

BARNAVE,

PAR

M. BÉRENGER DE LA DROME,

Lue à l'Académie des Sciences morales et politiques, dans les séances des 17, 24 juin et 1er juillet 1843.

La tombe est maintenant fermée sur presque tous ceux qui ont pris part à notre grande révolution. Imprudens ou coupables, les uns ont été emportés par la tempête qu'ils avaient eux-mêmes soulevée ; les autres, plus heureux, après y avoir échappé comme par miracle, ont été vus, au milieu de nous, achevant paisiblement une vie pleine de passions et d'évènemens ; entretenant les générations nouvelles de cette époque de folies sanglantes, de sublimes dévouemens, où le bien comme le mal se sont élevés à leur plus haute puissance, et où tant de crimes ont été rachetés par tant de gloire.

La postérité est venue pour ces hommes dont les actes sont séparés de nous par un demi-siècle.

A ceux d'entre eux qui, entrés avec l'ardente sincérité de la jeunesse dans la voie des réformes, n'ont su ni en calculer la portée, ni en arrêter les effets, il serait injuste de ne pas tenir compte de la nouveauté d'une situation à laquelle rien ne ressemblait dans les annales des peuples. Ces entraînemens qu'explique l'inexpérience seraient aujourd'hui sans excuse ; nous connaissons pour les avoir parcourus, les chemins qui mènent fatalement aux abîmes ; nous connaissons aussi quels sont les caractères de la véritable grandeur, par quels moyens elle s'acquiert, à quel prix elle se conserve ; mais nos pères dont le malheur a fait notre sagesse, n'avaient pas, comme nous, appris d'un passé tout vivant encore, que ce n'est pas en flattant la multitude qu'on la sert ; qu'on ne peut légitimer l'exagération par le patriotisme, l'injustice par la nécessité, et sacrifier à des considérations qui n'ont qu'un temps, les principes éternels sur lesquels la société repose.

Cette lumière qui aujourd'hui s'est faite pour tous ne leur avait pas encore révélé que le vrai civisme est dans le devoir, le courage dans la modération, l'éloquence dans la vérité, et qu'il n'y a de célébrité durable que celle qui cherche son point d'appui dans la raison publique.

Et, toutefois, dans le passé même qui nous a légué de telles leçons, planent au-dessus des excès des partis quelques nobles figures d'hommes politiques dont la calme austérité n'a été altérée ni par l'énergie de leurs convictions, ni par la contagion de l'effervescence générale. Barnave est de ce nombre. S'il devint victime, ce fut sans avoir été persécuteur. Que cette vie si courte et si bien remplie n'ait pas été complètement exempte d'erreurs, on ne saurait le nier; mais ce fut le seul tribut qu'il paya à son époque, et la passion la plus aveugle ne saurait lui reprocher la plus légère souillure. Hormis un mot, un mot irréfléchi qui lui fut arraché par la contradiction, et qu'il a douloureusement expié, depuis lors, par un de ces amers repentirs connus seulement des belles âmes, il honora constamment la première de nos assemblées législatives, non moins par les qualités de l'homme de bien que par les facultés brillantes de l'orateur. Aux regrets que sous ce double rapport fait naître sa fin prématurée, se joint celui de voir à trente-deux ans, s'arrêter sous la hache le progrès rapide de cette haute intelligence préparée par de sérieux travaux à un nouveau genre de gloire. Si Barnave eût vécu, nous compterions sans nul doute (et le public en aura la preuve sous les yeux) un penseur profond, un grand écrivain de plus.

Sa mémoire appartient à la France. Mais c'est au Dauphiné surtout à s'en enorgueillir; au Dauphiné, où il reçut le jour, et où il respira, dès son enfance, ce pur amour de la liberté qui distingua de tout temps cette noble province entre toutes les autres.

La famille de Barnave est originaire de Verchény, petite commune du canton de Saillans, dans le département de la Drôme. Son grand-père avait suivi la carrière des armes, et y était parvenu au grade de capitaine; son père, né dans le même lieu, le 20 mai 1709, entra dans celle du barreau et alla se fixer à Grenoble. Après y avoir été procureur au parlement, il devint avocat consistorial, titre qui, à cette époque, faisait jouir de la noblesse personnelle. C'était un homme d'un jugement droit et sûr, profondément instruit, sévère dans ses mœurs; il obtint une grande estime dans sa profession.

La mère de Barnave appartenait à une famille noble et ancienne du nom de *de Presle*; fille et sœur de militaires avancés dans les grades supérieurs de l'armée, elle se tint pour fière et honorée de la part d'estime et de considération que son mariage lui avait faite, et à laquelle elle ajouta tout l'éclat qui s'attache à la réunion des dons les plus aimables de l'esprit, de la figure et du cœur.

Barnave naquit à Grenoble le 22 octobre 1761. Il eut un frère et deux sœurs; tous reçurent dans la maison paternelle le bienfait d'une éducation solide. La religion réformée, que professaient leurs parens, ne permit pas à ceux-ci de les faire élever dans les établissemens publics; Barnave eut un précepteur. Il apprit de lui le latin, un peu de mathématiques, et plus tard, l'anglais et l'italien. Il cultiva avec succès les arts d'agrément, la peinture surtout. Insensiblement ses études devinrent plus fortes. La philosophie, le droit public, l'histoire, le captivèrent tout entier, une de ces sciences le délassant alternativement de l'autre, et les utiles enseignemens de l'éducation de famille lui en facilitant la culture, par la vive impulsion et le développement précoce donnés à son intelligence.

Son père, absorbé par les travaux de son état, ne pouvait consacrer beaucoup de temps à ses enfans; c'était leur mère qui s'occupait d'eux avec la sollicitude la plus active et la plus éclairée. Aussi Barnave lui avait-il fait dans son cœur, tout en gardant à son père l'attachement et le respect le plus profonds, une part plus grande de tendresse et de confiance. Barnave père, cependant, aimait à s'entretenir en famille des évènemens les plus remarquables de notre histoire; il se plaisait à raconter les actions des grands hommes; alors sa figure froide s'animait; il parlait, il peignait avec chaleur, et l'impression qu'il faisait sur l'esprit de ses jeunes auditeurs était trop vive pour ne pas être durable. Barnave fils ne perdait aucun de ces entretiens.

A l'éducation du foyer se joignait, pour nourrir et fortifier cette jeune âme, une influence extérieure bien propre à agir efficacement sur elle : la population au milieu de laquelle était né et grandissait Barnave, amie de l'ordre, mais prompte à s'irriter contre toute apparence d'oppression; généreuse dans ses sentimens, mais jalouse à l'excès de ses droits, ne laissait échapper aucune occasion de manifester sa haine contre le privilége.

Une circonstance qui en elle-même offrirait peu d'intérêt, si elle n'était un symptôme des dispositions du pays, put frapper l'esprit de Barnave encore enfant :

Sa mère l'avait conduit au spectacle; toutes les loges étaient prises, une seule restait inoccupée, elle était réservée pour un complaisant décrié du duc de Tonnerre, gouverneur peu aimé de la province. Mme Barnave s'y plaça ; aussitôt le directeur du théâtre, puis l'officier de garde vinrent la prier poliment de se retirer; comme elle ne crut pas devoir déférer à cette invitation, quatre fusiliers lui furent envoyés pour l'intimider; elle résista. Un ami de M. Barnave, qui était dans la salle, courut le prévenir ; il vint, elle le rassura, mais un ordre du gouverneur arriva bientôt, qui enjoignit de faire vider la loge et d'employer la force s'il était nécessaire ; le parterre prenait parti, M. Barnave lui dit : « Je sors par ordre du gouverneur; » aussitôt toute la bourgeoisie, qui ressentait l'injure faite à un de ses membres, sortit en même temps; la salle se vida, et quand M. et Mme

Barnave arrivèrent chez eux, ils trouvèrent leur maison remplie d'une société nombreuse qui les avait devancés et qui était venue leur témoigner de sa sympathie. Cette soirée se termina par un bal et une collation que M. et Mᵐᵉ Barnave improvisèrent et auxquels les personnes les plus notables de la ville prirent part.

Le duc de Tonnerre écrivit au gouvernement; il présenta cet évènement comme une sorte d'émeute, mais il fut blâmé par la cour, et dès ce moment la police du spectacle, qui jusque là avait appartenu à l'autorité militaire, lui fut ôtée et attribuée à l'autorité civile.

Le spectacle demeura long-temps désert; la bourgeoisie faisant corps et animée du même esprit, ne voulut pas y retourner avant que Mᵐᵉ Barnave eût reçu satisfaction, et qu'elle y eût elle-même reparu, ce qu'elle fit l'année suivante, à la prière des autorités et pour sauver de sa ruine une entreprise à laquelle se liait l'existence de plusieurs familles.

Cet évènement se passait en 1770; il annonçait déjà ce travail des esprits qui, plus tard, devait se porter sur des objets plus sérieux.

Barnave éprouvait lui-même, et de bien bonne heure, cette impatience de l'injustice, qui ne s'apaise qu'au moyen des réparations qu'elle exige; il n'avait que seize ans lorsque obéissant à la fois au mouvement d'une affection protectrice et à un préjugé qui existait alors dans toute sa force, il se battit en duel à l'épée pour son frère, moins âgé que lui de deux ans, et qui avait été insulté par un homme dont la vie obscure n'avait pas respecté sa jeunesse. Il fut blessé près du cœur; sa blessure ne fut pas dangereuse, mais une ligne de plus, elle devenait mortelle.

Quelques années plus tard, ce frère qui venait d'être admis dans le génie militaire, et qui montrait des dispositions si remarquables pour les mathématiques, qu'après son examen, l'abbé Bossu dit n'avoir pas vu encore d'élève plus instruit, ce frère, dis-je, tomba gravement malade à Paris. Barnave n'écoutant que son cœur, emprunta de l'argent, partit à franc étrier, sans en prévenir sa famille, qu'il ne voulut point alarmer, arriva auprès de lui, l'entoura, pendant trois mois qu'il vécut encore, des soins les plus tendres et malheureusement les plus infructueux; il ne le quitta qu'après avoir reçu son dernier soupir.

Barnave revint auprès de ses parens pour leur offrir ses consolations. Quelques pages qu'il consacra à la mémoire de ce frère chéri, montrent combien son affection était vive, et combien aussi il la sanctifiait par l'élévation et la pureté de ses sentimens. « Quand une pensée douce vient m'émouvoir, disait-» il, je t'appelle, ô mon frère! je t'appelle à m

» jouissance; je t'appelle surtout lorsque mon cœur
» médite un projet honnête, et c'est en voyant sou-
» rire ta physionomie que j'en goûte plus délicieuse-
» ment le prix. Souvent tu présides aux pensées qui
» viennent animer ma tête avant le sommeil; je ne
» me cache point de toi; mais il est bien vrai que
» lorsque mon âme est occupée de ses faiblesses, je
» ne cherche plus tant à t'appeler; alors, je ne te
» vois plus sourire... Oh! ta belle physionomie est
» pour moi un guide plus certain que toute la morale
» des hommes! »

Une perte si douloureuse rendit le caractère de Barnave plus sérieux et réfléchi, quoiqu'il le fût déjà beaucoup, car de bonne heure il avait habitué son esprit à la méditation, en consignant par écrit ses jugemens sur les hommes et sur les choses. Nous avons de lui un recueil rédigé dans le cours de l'année 1781, qu'il avait intitulé : *Dictionnaire de pensées, ou Recueil de morale, de philosophie, de poésie, de sublime, de frivole, d'exact, d'inexact, de vrai, de faux, de conjectural*, rangé par ordre alphabétique. Barnave avait vingt ans. On est surpris de trouver dans ces pages autant de pensées fortes et vraies, autant d'aperçus fins, et qui annoncent une maturité d'esprit si supérieure à celle qu'on a d'ordinaire à cet âge; et cependant, comme il ne mettait personne dans la confidence de ses études secrètes, comme il paraissait s'occuper beaucoup du monde où il allait pour observer; comme on le voyait se mêler à ses plaisirs, y paraître avec une mise élégante et soignée, monter à cheval; on le croyait presqu'exclusivement livré à ces goûts frivoles, et on ne se doutait pas du rôle qu'il serait appelé à jouer un jour. Son père lui-même, qui lui voyait prendre peu de part et d'intérêt à l'administration de ses affaires domestiques, le croyait léger et mettait une certaine amertume dans le reproche qu'il lui en faisait; ce reproche donna lieu, la même année, à une lettre admirable de sentiment et de sincérité, dans laquelle Barnave ouvrait à son père le fond de son âme, reconnaissait ses torts, protestait de sa respectueuse reconnaissance pour les sollicitudes dont son éducation avait été l'objet, et promettait de se rendre digne de tant de soins et de bontés; cette lettre, qui a été conservée lorsqu'on a à déplorer la perte de tant d'autres, est un modèle de piété filiale; en montrant tout ce qu'il y avait de noble et d'élevé dans ce jeune cœur, elle montrait aussi tout ce qu'on devait en attendre pour l'avenir.

Ces alarmes si excusables et pourtant si peu fondées de la tendresse paternelle, n'étaient pas partagées par la mère de Barnave, qui, l'ayant plus particulièrement étudié dès l'enfance, le jugeait mieux.

Son père ne tarda cependant pas à revenir de ses préventions et à lui donner toute sa confiance.

Déjà Barnave avait contracté l'habitude de se rendre compte au commencement de chaque année, de l'emploi de son temps et des changemens qui avaient pu s'opérer en lui, dans le cours de l'année précédente. On sent combien cette habitude, dans laquelle il paraît qu'il persévéra jusqu'à ce que le soin des affaires publiques absorbât tous ses momens, ce regard rétrospectif, jeté périodiquement sur lui-même, dut mûrir son esprit et fortifier son caractère. Sans ménagement pour le mal, comme sans fausse modestie pour le bien, c'est avec une naïve bonne foi, et pour ainsi dire avec l'impartialité d'un juge, qu'on le voit rechercher la cause de ses défauts ou de ses erreurs, et enregistrer soit les progrès de sa raison, soit les conquêtes de son intelligence.

C'est ainsi, par exemple, qu'en remontant le cours de l'année 1784, la 23ᵉ de son âge, il écrivait : « L'été de cette année et le printemps précédent ont
» été le temps où l'exaltation de la tête, la fierté des
» idées, la grandeur du sentiment, ont été le plus
» haut ; et ces choses ont été accompagnées d'une
» active vivacité d'esprit, d'une finesse de tact,
» d'une perfection d'exécution non encore connues;
» j'ai eu plus de facilité à apercevoir, plus d'idées
» nouvelles, mais aussi moins de suite, de constance
» et d'attention. Cette année a amené en moi un
» progrès de la pratique sur la théorie en tout gen-
» re ; j'ai plus observé les faits, et mes réflexions ont

» porté plus immédiatement sur eux; mes manuscrits
» ont été modifiés comme mes pensées; mon estime
» pour les hommes et les choses a un peu suivi la
» pente de mes idées; ma sensibilité en a été plus
» émue, mais ma vie en est devenue plus dissipée,
» plus pratique, plus éloignée du cabinet.» Et ailleurs il disait : « Un grand défaut en moi a été de
» chercher à corriger mes œuvres précédentes,
» point à en profiter... au lieu de modifier, de restreindre, de compléter des richesses déjà acquises, un certain mouvement me pousse à les réprouver. Le défaut d'encouragement, d'émulation, de but prochain, ont influé plus que toute
» autre chose sur la faiblesse, l'incertitude, la paresse de mon esprit et de mon caractère. Ma situation, ajoutait-il, n'offrait-elle pas quelques
» ressources? Si, mais mon imagination m'en détournait sans cesse pour me porter sur des objets
» où je manquais également de pratique, d'espérance prochaine, et de tout ce qui fixe, encourage
» et fortifie.»

Son père lui reprochait le défaut d'ordre, les dépenses inutiles; ce fut un motif pour Barnave de veiller attentivement sur ce point. On trouve encore dans ses manuscrits un plan de réforme dans lequel il examine avec une minutieuse sévérité, article par article, les retranchemens qui peuvent être effectués sur ses dépenses habituelles : «Ces choses, dit-il,

» sont ennuyeuses, pénibles à la paresse, minutieu-
» ses à un esprit indépendant et élevé, fort bien !
» mais elles procurent seules la jouissance effective
» non seulement pour l'apparence et les yeux des
» autres, mais pour la réalité et pour soi; elles
» multiplient l'usage, le service, les facultés de
» chaque objet; elles ne sont donc pas à dédai-
» gner. » Et ce plan, il en fit depuis lors sa règle
invariable.

Si Barnave aimait le monde; il aimait par dessus tout aussi la vie de famille; à la respectueuse affection qu'il portait aux auteurs de ses jours, il joignait le plus tendre attachement pour ses sœurs; il s'occupait d'elles avec une douce et constante vigilance, éclairait leur raison, ornait leur esprit, s'attachait à les rendre à la fois meilleures et plus aimables. Sa sollicitude pour tout ce qui pouvait appeler sur ces jeunes filles l'intérêt auquel dispose naturellement la simplicité unie à la grâce, s'étendait jusqu'à ces soins extérieurs où se complaisent, d'ordinaire, l'œil et le cœur d'une mère. Rien de ce qui les concernait ne lui était indifférent; et quand, plus tard, il perdit son père, sa première pensée, comme sa première volonté, en qualité d'héritier, ut d'augmenter la part qui devait revenir à chacune d'elles.

Barnave acquit bientôt dans la société un renom qui lui donna accès dans les maisons les plus honorables. Sans cesser d'entretenir avec les hommes de son âge des relations cordialement polies, il leur préférait l'intimité de ceux dont les connaissances, fruit de l'étude et du temps, offraient un attrait plus sympathique et un plus solide aliment à son esprit méditatif et élevé.

Le vœu de son père était de le voir entrer dans la carrière du barreau. Il défèra à ce vœu moins par un goût bien prononcé peut-être que par raison. Mais comme chacun des actes de sa vie était profondément réfléchi, délibéré, envisagé sous toutes ses faces, il ne prit pas cette détermination sans se rendre compte de ses motifs et sans se tracer un plan de conduite. Voici ce qu'il écrivait pour lui-même :
« Quelque carrière publique que je veuille suivre, il
» me convient essentiellement d'adopter d'abord
» celle du barreau. Sera-ce dans le corps judiciaire?
» il en résultera pour moi certitude d'admission.
» Sera-ce dans l'administration ? l'habitude du tra-
» vail, le poids public résultant de la réputation d'un
» homme utile, tous les avantages de l'éloquence,
» serviront à m'y placer, à m'y faire réussir. En at-
» tendant, je recueillerai dans cet état de l'indépen-
» dance domestique, une grande consistance publi-
» que, en réunissant au talent la probité et la noblesse
» que j'y porterai, incroyablement relevées par la
» jeunesse, par les avantages de la fortune et par cette
» élégance de mœurs qui y sont si fort étrangères. »

C'est ainsi que Barnave comprenait la profession qu'il allait embrasser ; il comprenait aussi qu'elle s'altère, qu'elle se rabaisse lorsqu'on la réduit au seul rôle de praticien. « En faisant
» bien mon état, ajoutait-il, en saisissant son
» esprit pratique, j'aurai soin de ne pas laisser
» ravaler mon goût, mes idées, non plus que mon
» caractère et mes mœurs ; cet effet résultera 1° de
» la manière de l'exercer, 2° des intervalles livrés à
» d'autres occupations, particulièrement à acquérir
» la capacité de la situation à venir, et aussi à en-
» tretenir l'intelligence, la connaissance, le goût, le
» tact des autres choses agréables et utiles, qui
» sans entrer dans le cercle de mes fonctions, en-
» trent dans celui de mes occupations, de mes res-
» sources, de mes jouissances à venir, et qu'il ne
» faut pas désapprendre à posséder et à savourer. »
Certes, l'homme qui joint à d'heureuses facultés développées par une éducation forte, ce sentiment élevé de la profession à laquelle il aspire doit être assuré d'y marquer sa place au-dessus des autres.

Ses études de droit terminées, Barnave débuta au barreau.

Chaque plaidoirie devint pour lui l'objet de nouvelles observations : au retour de l'audience et rentré dans son cabinet, il portait sur lui-même un jugement sévère dont, suivant son usage, il consignait encore le résultat par écrit.

Ainsi, après une de ces plaidoiries, il écrivait ce qui suit : « J'ai supprimé l'exorde à cause des per-
» sonnes, comme trop long, et des circonstances,
» comme trop pompeux et solennel, j'ai bien fait !..
» Mes observations sur les allégations de fait impré-
» vues, ont, dit-on, interrompu un peu ma narra-
» tion, il eût mieux valu ne les placer qu'à la suite ;
» on a trouvé de la déclamation dans ma pérorai-
» son. »

Ailleurs, et à la suite d'une autre affaire où il défendait des mineurs, on lit : « Trop de longueur, sur-
» tout dans les moyens ; il fallait les traiter avec pré-
» cision, simplicité, et non les filer en périodes, cela
» eût même produit plus d'effet.... Les mêmes cho-
» ses, et surtout celles d'intérêt, ont été trop répétées ;
» j'ai tant parlé de mes pupilles, qu'à la fin, loin de
» les plaindre, les juges les auraient peut-être battus,
» tant ils en étaient ennuyés. »

Ailleurs encore, au retour d'une audience où il
avait probablement été mécontent de lui, il se donnait ce conseil : « travailler, mûrir davantage mes
» causes, et puis les traiter d'abondance, ou avec
» des extraits fort courts, en homme rompu...
» Exercer ce genre dans ma chambre... M'attacher
» essentiellement à la netteté, à la brièveté ; c'est la
» passion des juges. »

Ces détails, qui nous ont paru propres à révéler
dans les commencemens de Barnave l'homme qui fit

preuve plus tard d'une volonté supérieure à toute préoccupation personnelle, ne seront peut-être ni sans intérêt ni sans fruit pour ceux qui se destinent à la carrière du barreau.

En 1783 il fut désigné par les avocats de Grenoble pour prononcer au nom de l'ordre, devant le parlement, ce qu'on appelait alors *le discours de clôture*, usage malheureusement trop oublié, qui associait le barreau à la haute mission de la magistrature, en appelant de jeunes talens à traiter dans ces jours solennels les matières qui touchaient le plus près aux intérêts les plus élevés de l'ordre social et de la justice. Barnave choisit un sujet hardi, sur lequel les esprits s'étaient encore peu exercés; ce fut celui de la *division des pouvoirs*. Il préludait ainsi aux grandes questions politiques qui s'agitèrent plus tard. Il avait vingt-deux ans: à la vigueur de son style, à la supériorité de sa raison, à ce coup d'œil exercé avec lequel il pénétrait dans les profondeurs de la société pour y chercher l'origine de tout ce qui constitue la puissance, on reconnut l'élève de Montesquieu, nourri de ses doctrines, et chez lequel cependant de sérieuses études étaient parvenues à modifier ce qu'il pouvait y avoir de trop absolu dans le célèbre publiciste. Ce discours, qui fut diversement jugé, selon qu'on tenait plus ou moins au système de l'unité du pouvoir, eut néanmoins un immense succès; dès lors Barnave attira sur lui l'attention publique, et à mesure que dans les années suivantes les esprits se portèrent avec plus d'activité vers les matières qui touchaient au gouvernement de l'état, on s'habitua à le considérer dans sa province comme un des hommes sur lesquels la patrie pouvait compter le plus.

Le talent de Barnave, qui le rendait plus propre à généraliser ses idées, en envisageant les questions de haut, qu'à s'asservir à la nécessité de ne les traiter que sous le point de vue étroit de l'intérêt privé, se fût senti plus à l'aise dans les fonctions du ministère public, où les considérations d'intérêt général dominant constamment toutes les autres, laissent à un esprit élevé toute sa liberté d'action, et prêtent une plus grande dignité à la parole. Aussi Barnave éprouva-t-il un moment le désir d'entrer au parquet du parlement de Grenoble en qualité d'avocat-général; mais il reconnut bientôt tout ce que la religion réformée qu'il professait lui ferait rencontrer de résistance, et il n'y songea plus.

Mais le moment n'était pas loin où les affaires publiques allaient absorber toute autre préoccupation.

Ce n'est pas ici le lieu de décrire les causes de la révolution de 89; il suffit de dire que les écrits publiés depuis un demi-siècle y avaient préparé les esprits, que le désordre dans les finances ayant conduit à rechercher quelles étaient les véritables sources de la richesse et de l'impôt, de nombreux abus s'étaient révélés, et que de toutes parts le sentiment public en demandait la réforme.

Dans aucune province ce sentiment ne se montra plus vif qu'en Dauphiné.

Les anciens états de cette province avaient cessé d'être convoqués depuis 1628 ; elle en sollicitait le rétablissement avec les améliorations que le temps avait fait juger nécessaires.

Le roi, par un édit du mois de juillet 1787, crut répondre à ce vœu en créant une assemblée provinciale, et renvoya à un règlement le soin de l'organiser et de déterminer ses attributions.

Le parlement de Grenoble avait procédé à la vérification et à l'enregistrement de l'édit, mais il avait supplié le roi de lui adresser aussi et de soumettre également à sa vérification et à son enregistrement, le règlement annoncé.

Contre l'attente du parlement, et bien que ce règlement dût faire partie de l'édit, il fut publié et affiché sans que ce préalable eût été rempli.

Le parlement voyant en cela une atteinte portée aux priviléges de la province, rendit deux arrêts, l'un en vacation, l'autre toutes chambres assemblées (1) par lesquels il sursit de son autorité à l'exé-

(1) Les 6 octobre 1787 et 24 janvier 1788.

cution du règlement, jusqu'à ce qu'il plût au roi de le lui envoyer pour être enregistré aux formes ordinaires.

Le roi en son conseil (1), cassa ces arrêts, et des lettres de cachet pour se rendre à la suite de la cour furent adressées au président d'Ornacieux et au conseiller de Meyrieu, qui étaient signalés comme ayant montré le plus d'ardeur à soutenir les priviléges de la province et les droits du parlement.

La lutte ainsi engagée, toute la province y prit part. On s'émeut du sort de ces deux magistrats, dont l'un vieillard de soixante-et-quinze ans, n'avait pas même concouru à l'arrêt de vacation, et l'autre, atteint depuis cinq mois d'une grave maladie, semblait ne pouvoir supporter jusqu'au bout les fatigues d'un tel voyage, que rendaient plus pénible pour tous deux les rigueurs de la saison.

Le parlement s'assembla de nouveau (2); il délibéra d'adresser au roi de très humbles remontrances. Jamais, à aucune époque, les dépositaires de la puissance publique ne parlèrent un langage plus ferme et plus élevé. La nature du gouvernement monarchique, l'intérêt du souverain, la sûreté des sujets se réunissaient, disaient-ils, pour

(1) Le 5 janvier 1788.
(2) 23 février 1788.

faire proscrire les lettres de cachet; ils exposaient quel était le droit public de la France à cet égard, et comment le despotisme seul avait pu se mettre au-dessus des lois; mais ils disaient aussi comment le pouvoir absolu s'affaiblit et se détruit par ses propres excès.

Cette résistance du parlement recevait une grande force de l'appui unanime de la province, qui, tout entière, clergé, noblesse, tiers-état, n'exprimait qu'une seule pensée, comme elle n'avait qu'un seul intérêt.

Mais bientôt une sourde rumeur agita plus vivement les esprits; il se répandit que le ministère préparait un coup d'état, et que les anciennes lois de la monarchie, déjà si souvent violées, allaient être renversées. Ce bruit acquit une plus grande consistance, lorsque vers les premiers jours de mai on apprit que des convocations individuelles adressées par la cour à tous les membres du parlement, leur enjoignaient de se trouver le dixième jour du mois au palais, où le duc de Tonnerre porterait les ordres du roi, lesquels ne devaient être connus que par l'ouverture qui en serait faite sur le bureau; on fut en même temps instruit que de semblables ordres avaient été adressés à tous les parlemens, cours des aides et chambres des comptes du royaume.

Justement alarmé, le parlement se réunit le 9, et considérant que le mystère qui accompagnait les projets du gouvernement, et les mesures prises au même instant dans toute l'étendue du royaume, annonçaient que le coup qui allait probablement frapper toutes les cours à la fois, ne pouvait être que funeste à la nation et destructeur de la magistrature, déclara : « tenir pour maximes constitutionnelles qu'il ne pouvait être levé d'impôts que de l'octroi et du consentement de la nation, représentée par ses députés librement élus et légalement convoqués ; qu'aucun citoyen ne pouvait ni ne devait être jugé que par des juges compétens, et suivant les formes prescrites par les ordonnances, sans qu'on pût provisoirement lui ravir la liberté, si ce n'est à la charge de le remettre dans un bref délai entre les mains et au pouvoir de ces juges, et qu'aucune loi ne pouvait être mise à exécution qu'après vérification, enregistrement et publication, en la manière accoutumée. Le parlement protesta en conséquence contre tout ce qui adviendrait de contraire à ces maximes ; déclara la transcription qui pourrait être faite sur les registres d'aucuns édits, ordonnances, déclarations, lettres-patentes ou arrêts contre les formes reçues, nulles et illégales ; fit défenses à toutes personnes de les exécuter, à peine d'être poursuivies extraordinairement ; déclara enfin qu'aucun officier du parlement ne pourrait, sans trahir son serment, remplir aucune place de magistrature dans tout tribunal qui serait substitué à ladite cour, et que tous ceux qui agiraient autrement seraient réputés traîtres à la patrie.»

Cette déclaration de principes, cette protestation anticipée, qui au même jour se répétaient sur presque tous les points de la France, devaient montrer à la Couronne dans quelle voie périlleuse elle s'engageait.

Le lendemain, un grand appareil de forces militaires fut déployé; les membres du parlement se rendirent dès neuf heures au palais, dont les portes extérieures et intérieures étaient gardées par des soldats. Le duc de Tonnerre, assisté de l'intendant de la province, M. Caze de la Bove, fit lire par le greffier plusieurs édits et déclarations rendus le 1ᵉʳ du mois, qui sanctionnaient le coup d'état redouté, et remit au procureur-général un ordre du roi pour qu'il eût à en requérir l'enregistrement. La cour ayant demandé à en délibérer, le duc de Tonnerre exhiba une lettre close adressée aux officiers de la cour qui le leur défendait. A cette lecture, tous les magistrats, fidèles à l'observation des ordonnances qui ne leur permettaient pas d'obtempérer aux lettres closes, se levèrent et se retirèrent dans une des chambres du palais.

Le parlement demeura en séance toute la nuit; à 3 heures et demie du matin, le greffier en chef remit sur le bureau de nouvelles lettres adressées aux présidens et officiers de la cour, qui leur faisaient expresses défenses de tenir aucune assemblée, même hors du palais, et d'assister à aucune délibération tendante à suspendre ou empêcher l'exécution des édits.

La cour n'en persista pas moins dans ses arrêtés du 9 précédent; elle enjoignit à tous ses officiers, présidens, conseillers, avocats, procureurs-généraux et substituts, de faire chacun les fonctions de leur charge, et comme l'accès du greffe leur était interdit, il fut déclaré que le présent arrêt serait déposé en lieu sûr.

Ainsi eut lieu militairement, à Grenoble, l'enregistrement de ces édits qui devaient jeter le trouble dans toute la France, et servir de prélude à une révolution qui apparaissait déjà comme inévitable.

Ces édits transmettaient à une cour plénière l'autorité politique du parlement, réduisaient le nombre des membres de ceux-ci, réduisaient aussi leur autorité judiciaire, en créant de grands bailliages chargés de prononcer souverainement et en dernier ressort jusqu'à la valeur énorme de 20,000 fr., et pour avoir le temps de procéder à l'organisation de ces nouveaux corps de judicature, interrompaient l'action de la justice en mettant les tribunaux en vacances jusqu'au moment où, les grands bailliages étant établis, il en serait autrement ordonné; et puis, pour faire passer ces grandes et impopulaires innovations, abolissaient les tribunaux d'exception, substituaient aux corvées les prestations en argent; et réformant la procédure criminelle, supprimaient la question préalable (la question préparatoire l'ayant déjà été par la célèbre déclaration du 14 août 1780); interdisaient aux juges de prononcer en matière criminelle pour les *cas résultant du procès*; leur imposaient l'obligation d'énoncer et de qualifier le crime dont l'accusé aurait été convaincu; exigeaient une majorité de trois voix pour les condamnations à mort, et de deux pour les autres condamnations; voulaient enfin qu'aucune sentence capitale ne pût être exécutée qu'un mois après la prononciation, à moins qu'elle n'eût été rendue pour fait de sédition populaire, cas auquel elle devait recevoir son exécution le jour même de sa lecture aux condamnés.

Jugés de sang-froid, ces édits, à la distance où nous sommes, renfermaient, il faut bien le reconnaître, quelques sages dispositions dont plusieurs ont été depuis introduites dans notre législation criminelle comme un progrès; mais le sentiment national était blessé par l'atteinte portée à ses institutions les plus chères; tout fut repoussé indistinctement, par l'opinion.

Le 20 mai suivant, les membres du parlement ayant voulu se réunir de nouveau, trouvèrent le palais fermé en vertu d'un ordre du roi, et les portes gardées par un détachement de la garnison. Ils dressèrent procès-verbal de cette violence faite à la justice et à ses ministres, et se retirèrent aussitôt chez le premier président : la matière y ayant été mise en délibération, la cour persista de plus fort, dans ses précédens arrêtés, dénonça les auteurs des édits au roi, aux Etats-Généraux et à tous les tribunaux, comme perturbateurs du repos public, fauteurs du despotisme, coupables de la cessation de la justice, de la subversion des lois, du renversement de la constitution de l'état, et déclara que tous ceux qui en favoriseraient l'exécution seraient réputés traîtres au roi et à la nation, et, comme tels, poursuivis et notés d'infamie.

On peut apprécier quel effet durent produire des arrêtés aussi vigoureux de la part d'hommes qu'on était habitué à respecter, et qui avaient la plus grande influence sur les esprits.

Un matin, apparut inopinément un petit écrit sans nom d'auteur ni d'imprimeur, ayant pour titre : *Esprit des édits enregistrés militairement à Grenoble le 20 mai 1888.* On y soumettait à une discussion approfondie les dernières mesures prises par le gouvernement ; on les examinait sous leur point de vue général, et particulièrement dans leur rapport avec les intérêts et les privilèges de la province ; on en signalait les vices en quelques pages rapides ; on flétrissait leurs auteurs, en manifestant toutefois le plus grand respect pour le monarque, dont la justice, disait-on, avait été trompée, et qui, malgré les maux dont le peuple était accablé sous son nom, n'avait pas cessé d'être l'objet de son amour.

Cet écrit, dans lequel chacun trouvait ses propres sentimens, où les membres des trois Ordres étaient conjurés, dans le langage le plus propre à les émouvoir, de travailler en commun au rétablissement de l'ordre politique; cet écrit, disons-nous, eut un succès prodigieux. De Grenoble il se répandit dans toute la France, il y propagea les mêmes idées d'indépendance et de liberté qui avait déjà fait tant de progrès en Dauphiné, et qui ne devait pas tarder à y produire de graves évènemens.

On recherchait de toutes parts quel en était l'auteur; bientôt on sut qu'il fallait l'attribuer à ce jeune avocat qui déjà s'était fait connaître par le talent plein de solidité et d'éclat avec lequel il avait traité dans un jour solennel une des plus hautes questions de droit public; c'était Barnave!

Si les remontrances et les énergiques résolutions du parlement encourageaient les esprits à la résistance, elles contribuèrent aussi à leur donner une sage et utile direction.

Une circonstance nouvelle ajouta à l'exaspération publique.

L'attitude prise par le parlement de Grenoble avait irrité la cour, des lettres de cachet notifiées à chacun de ses membres les exilaient dans leurs terres. La nouvelle s'en répandit aussitôt; le peuple s'ameuta et manifesta l'intention de s'opposer à leur départ; les traits de la voiture du premier président furent coupés, la porte de son hôtel fut fermée et gardée ; le peuple agit de même à l'égard des autres membres du parlement ; la troupe prit les armes, et une collision violente eut lieu, qui eût pu avoir les suites les plus funestes sans l'impassibilité des soldats, sur lesquels tombaient des toits une grêle de projectiles, et sans la modération des chefs qui les commandaient. On ne se doutait pas que parmi ces soldats, se trouvait un jeune sergent, déjà distingué par son intelligence et sa bonne conduite, qui devait un jour porter une couronne, et pour qui le souvenir du spectacle auquel il assistait, ne fut peut-être pas sans influence sur l'usage modéré qu'il fit alors de son pouvoir (1). Dans cette émeute, qui eut lieu le 8 juin 1788, et qui prit le nom de *journée des tuiles*, fut versé le premier sang qui coula au nom de la liberté.

Les parlementaires profitèrent la nuit suivante d'un moment de calme, pour obéir ; ils sortirent d'une ville où bientôt après ils devaient rentrer triomphalement, aux acclamations de la multitude.

(1) Bernadotte servait dans Royal-Marine qui se trouvait alors à Grenoble.

Cependant, de toutes parts, dans la province, les tribunaux, les municipalités, les corporations imitant l'exemple donné par le parlement, se réunissaient, protestaient, adressaient au roi leurs réclamations.

Entre tous ces corps, le Conseil-général et les trois ordres de la ville de Grenoble se firent remarquer par la décision de leurs délibérations. Dans l'espoir de les intimider et pour que leur exemple ne devînt pas contagieux, de nouvelles lettres de cachet mandèrent à la suite de la cour le premier et le second consul de la Cité (1).

En même temps, et de son côté, le commandant de la province agissait contre d'autres magistrats municipaux ; le maire de Gap était mandé à Grenoble, et celui de Romans violemment enlevé de son domicile ; ces mesures, comme celles prises à l'égard des membres du Parlement, ne firent qu'accroître l'irritation.

Une nouvelle réunion du Conseil et des trois ordres de la ville de Grenoble eut lieu le 14 juin. L'assemblée ne se borna pas à réclamer de la bonté du roi le retour de ses deux consuls ; cette fois, après avoir énergiquement motivé sa résistance aux édits et adhéré aux arrêtés du Parlement, elle fit un pas de plus, elle convoqua de sa seule autorité, ce

(1) MM. de Mayen et Révol.

que le Parlement lui-même n'eût peut-être pas osé faire, les trois ordres de la province, à s'assembler le 24 juillet suivant, dans l'antique château de Vizille, *pour délibérer ultérieurement*, comme dans les grandes calamités publiques, *sur les droits et les intérêts de la province, et pour réunir leurs supplications auprès de sa majesté.*

Cet acte décisif et hardi marqua le commencement de la révolution française.

Barnave y prit part : Mounier, qui devait jeter tant d'éclat sur ces premiers événemens, en fut le rédacteur; plus jeune de trois ans, Barnave trouva en lui un digne émule qui, juge royal de la ville de Grenoble dès l'âge de 25 ans, se trouvait déjà en possession de la confiance publique.

Malgré les efforts des agens du ministère pour effrayer les municipalités, la presque totalité des villes et communautés répondit à l'appel fait par la municipalité de Grenoble, et nomma des députés; celles qui n'en nommèrent pas, envoyèrent leur adhésion.

Ce fut un grand jour pour le Dauphiné que celui de cette réunion, si impatiemment attendue, où 600 membres choisis dans les trois ordres allaient exprimer le vœu de la province. Barnave en fit encore partie, son père y fut également appelé, tous deux comme représentans du bourg de Saillans, dans le territoire duquel se trouvaient leurs propriétés de Vorehény.

L'assemblée commença par se constituer; elle le fit avec sagesse, en décidant que le président serait pris dans l'un des deux premiers ordres, et le secrétaire dans le tiers-état. La première de ces dignités fut confiée au comte de Morges; la seconde à Mounier.

La réunion, procédant au nom des trois ordres, posa avec netteté les principes du droit public de la province, qui étaient ceux de toute la France. Elle établit que l'un des privilèges les plus précieux des habitans était de s'assembler pour délibérer sur les affaires publiques, privilège frappé de mort par les nouveaux édits; — qu'une des règles fondamentales de l'ancienne monarchie était, que les états du Dauphiné accordaient les tributs et consentaient à l'exécution des nouvelles lois, mais que les états-généraux, pouvant seuls proportionner les impôts aux besoins réels, il n'appartenait qu'à eux d'en régler la mesure; — Que si les états de la province devaient subir des changemens, les trois ordres seuls avaient le droit de les indiquer; — Que nul ne pouvait être privé de sa liberté, hors le cas où il était accusé d'un délit prévu par les lois, et ne pouvait être jugé que dans les formes qu'elles prescrivent; que les lettres de cachet et les ordres arbitraires étaient des actes de violence, des attentats coutre la sureté publique, et qu'on ne saurait les respecter sans mépriser les lois ; — Que c'était un devoir pour les trois ordres, de prendre la défense de ceux que leur zèle pour la patrie avait dévoué aux persécutions des ministres. — Ces principes proclamés, les trois ordres protestèrent contre les nouveaux édits, qui ne pouvaient lier leur obéissance, parce qu'ils renversaient la constitution du royaume, et que leur enregistrement était illégal ; — Ils arrêtèrent qu'il serait adressé de très humbles remontrances au roi, pour le supplier de les retirer, de rétablir le Parlement et les autres tribunaux dans toutes les fonctions qui leur étaient auparavant attribuées ; — Ils le supplièrent aussi de convoquer au plus tôt les États-généraux, ainsi que les états de la province, déclarant qu'ils n'octroieraient les impôts par dons gratuits ou autrement, que lorsque leurs représentans en auraient délibéré dans les États-généraux du royaume. — L'Assemblée arrêta, que dans les états de la province, les députés du tiers seraient en nombre égal à ceux des deux premiers ordres réunis ; — Que les trois ordres du Dauphiné ne sépareraient jamais leur cause de celle des autres provinces ; et qu'en soutenant leurs droits particuliers, ils n'abandonneraient jamais ceux de la nation ; — L'Assemblée arrêta aussi de supplier sa majesté de renvoyer à leurs fonctions les premier et second consuls de la ville de Grenoble, ainsi que le maire de Romans, déclarant, que les trois ordres ne cesseraient jamais d'invoquer la protection de la loi, du roi et de la nation, en faveur de tous les citoyens dont on attaquerait la liberté par des lettres de cachet ou d'autres actes du pouvoir arbitraire. Enfin l'Assemblée s'ajourna au 1ᵉʳ septembre suivant pour délibérer ultérieurement, et les communautés qui n'avaient pas encore de députés, furent invitées à en nommer pour cette époque.

Telle fut cette mémorable assemblée de Vizille, où les suffrages furent comptés par tête et non par ordre. Ses actes eurent un grand retentissement, et servirent d'exemple et de modèle à toute la France; ils en servirent surtout aux provinces qui avoisinaient le Dauphiné, et particulièrement au Languedoc, qui à la vérité avait déjà des états, mais des états mal organisés et dont les principes d'une représentation égale et juste étaient bien loin de former la base.

En présence de résolutions si énergiques, le ministère hésitait : d'un côté, dans l'espoir de donner une direction aux délibérations de l'Assemblée définitive des états, il avait, par arrêt du conseil du 2 août, convoqué lui-même celle-ci dans la ville de Romans, pour le 5 septembre suivant; il la composa de 180 membres des différens ordres, avec pouvoir de préparer un projet pour la formation définitive des états de la province, et d'avance il en nomma le président; ce fut M. de Pompignan, archevêque de Vienne; de l'autre, persistant dans la voix de l'intimidation, il faisait filer des troupes vers Grenoble, et envoyait l'ordre au commandant de la province de faire enlever avec éclat quelques gentilshommes des plus influens.

La chute de M. de Brienne, et le renvoi de M. de Lamoignon empêchèrent que cet ordre ne fût exécuté; la nouvelle d'un si important évènement se répandit bientôt; la joie fut vive; les parlementaires revenus à Grenoble, de leur exil, y furent reçus avec des démonstrations qui tenaient du délire, après avoir traversé la province au milieu des populations accourues sur leur passage; et plus tard la rentrée du Parlement se fit avec un grand éclat.

Cependant, les trois ordres se disposaient à remplir les engagemens contractés à Vizille; ils se réunirent à Saint-Robert, le 1er septembre, jour qu'ils avaient fixé pour la prorogation, et là ils déclarèrent qu'ils se transporteraient à Romans le 5 septembre suivant; ils s'y rendirent en effet. La noblesse s'y trouva en corps; le clergé fut représenté comme il avait désiré l'être, c'est-à-dire d'après les formes indiquées par l'arrêt du conseil; les communautés qui avaient envoyé des députés aux assemblées des trois ordres, furent représentées par eux.

La première réunion eut lieu le 10 septembre. On s'occupa de rédiger un projet pour une nouvelle formation des états ; on voulut d'abord délibérer par ordres séparés, mais on s'aperçut bientôt que cette séparation détruirait l'harmonie, et on convint de délibérer désormais en commun. Il fut arrêté que les états se composeraient de 144 membres, c'est-à-dire 72 des deux premiers ordres et 72 des communes ; que ceux-ci seraient choisis dans les chefs-lieux de six districts différens, par les représentans de toutes les communautés du district, librement élus eux-mêmes par tous les habitans payant 6 livres d'imposition réelle ; que les députés des villes seraient nommés par les propriétaires et par les syndics de toutes les corporations ; que ceux de la noblesse le seraient par tous les nobles de chaque district, assemblés devant un syndic, et que ceux du clergé seraient choisis par leurs pairs dans les diverses classes de cet ordre ; — Enfin, il fut arrêté que le clergé, la noblesse et les communes s'assembleraient pour nommer dans les formes et avec les qualités ci-devant prescrites, un nombre de représentans égal à celui des états, et que tous réunis, éliraient, par la voie du scrutin, ceux qui seraient députés aux états-généraux, lesquels pourraient être choisis, au gré des électeurs, soit parmi les membres des états, soit parmi les autres citoyens, pourvu que tous fussent propriétaires et domiciliés dans la province, sans distinction de lieux et de district.

Barnave, membre, avec son père, de cette assemblée, prit une part active à toutes les délibérations, et ses lumières, ses opinions, la facilité avec laquelle il les exprimait, furent appréciés; mais l'homme qui eut la plus grande influence sur les résolutions de l'Assemblée, celui qui les domina en quelque sorte et qui en rédigea tous les actes, ce fut encore Mounier.

Le roi, à quelques exceptions près, donna son approbation aux travaux des états.

L'assemblée s'était prorogée au 1er novembre, et dès le 2 janvier 1789, ses membres, sans attendre les ordres de la couronne, se réunirent aux représentans du clergé, de la noblesse et des communautés, nommés pour concourir avec eux à l'élection des députés aux états-généraux, et procédèrent à cette élection.

Le nom de Barnave fut l'un des premiers qui sortit de l'urne ; celui de Mounier, l'âme de l'Assemblée, avait été avant tout autre nommé par acclamations.

Ainsi, en quelques mois le Dauphiné avait reconquis ses états particuliers; aidé puissamment à obtenir la convocation des états-généraux; concouru par anticipation à leur formation; provoqué, grâce à une résistance mesurée, mais persévérante, à l'arbitraire, le grand mouvement des esprits qui appelait d'utiles réformes dans la constitution de la France; et rendu plus imposante à la fois, et plus efficace, l'autorité de son exemple, par cet accord unanime de trois classes si habituellement divisées, qui, réunies dans un même sentiment, confondant leurs divers intérêts dans un seul, s'étaient élevées par la sincérité de leur patriotisme, au-dessus de toute suggestion, comme de toute rivalité!

On les avait également vues se tenir en garde contre le désir de retenir, pour le Dauphiné, des priviléges anciens qui auraient été en opposition avec les droits communs à toute la nation. Consultées à cet égard par d'autres provinces, notamment par les états du Béarn, qui désiraient en conserver de semblables, il leur fut répondu :

« Jusqu'à ce jour, les provinces, les ordres, les
» individus ne se sont que trop isolés. En s'attachant
» uniquement à la conservation de leurs priviléges,
» ils ont négligé la défense de la liberté personnelle
» et celle des propriétés.

» Pour jouir de nos droits nationaux, était-il ajou-
» té, nous ne devons retenir de nos priviléges par-
» ticuliers que ceux qui ne peuvent nuire au bon-
» heur de nos concitoyens, et nous devons voir no-
» tre patrie dans la France entière. Ne formons
» plus qu'une même famille. Béarnais, Bretons,

» Dauphinois, faisons gloire d'être Français, rem-
» plissons-en les devoirs, et volons au secours de
» notre patrie. » Nobles et généreuses paroles, qui
résumaient toute la politique des trois ordres.

Parmi les vingt-quatre députés que le Dauphiné envoyait aux états-généraux, il s'en trouvait beaucoup qui ayant pris une part active aux délibérations des trois ordres, s'étaient fait distinguer par leurs lumières et leurs talens; ils allaient illustrer la nouvelle assemblée; mais ce qui devait en faire la gloire, c'était surtout les deux hommes qui avaient animé la province de leur esprit.

Barnave et Mounier allaient se rencontrer sur cet autre théâtre, où ils seraient loin de trouver le même accord de sentimens, la même unanimité de vues, avec le même attachement à la cause nationale. Nous les verrons chacun suivre la pente de son caractère. L'un, vivement ému des maux que la violation des lois a causés, se montrera ardent à réclamer, pour la liberté, des garanties qu'un long abus du pouvoir a rendues nécessaires.

L'autre, plus réservé, plus froid, plus maître de lui, s'efforcera de retarder le mouvement pour le rendre plus salutaire et plus sûr, et de diriger la révolution dans les voies de prudence qu'il lui avait, avec tant de succès, ouvertes en Dauphiné; mais aussi, plutôt découragé, il se retirera avant l'accomplissement de sa mission, et abandonnera un poste où ses talens et sa haute expérience auraient pu rendre encore, au roi et à la France, de si utiles services.

Ces deux hommes, liés d'une sincère amitié, s'estimant profondément l'un l'autre, pourront quelquefois être divisés sur les moyens, ils ne le seront jamais sur le but.

Barnave nous apprend lui-même quelles étaient ses dispositions lorsqu'il arriva à l'assemblée (1). Il n'était point exalté au-delà de la raison; mais passionné pour la liberté, il la voulait appuyée sur des institutions capables de la protéger d'une manière durable; il pensait avec une profonde conviction qu'elle ne pouvait exister que sous un gouvernement monarchique, et il regardait le droit de sanction comme l'attribut caractéristique de cette forme de gouvernement; mais il savait aussi que la ruine de la liberté est dans son excès, et qu'en toutes choses la force est dans la mesure.

Ces sentimens, exposés de sa part avec une parfaite bonne foi, indiquent quelle devait être sa ligne de conduite.

Les états-généraux s'ouvrirent.

On connaît les premières discussions de cette mémorable assemblée.

(1) Voir 1er vol., page 98.

Une conférence fut proposée entre des commissaires des trois ordres, pour s'entendre sur leurs prétentions respectives. Barnave prit plusieurs fois la parole dans ces débats préliminaires. Il le fit avec autant de modestie que de talent, et marqua sur-le-champ sa place parmi les orateurs qui allaient attirer sur eux l'attention du public.

« Il est impossible (dit un journal du temps) (1),
» de parler mieux, avec plus de raison et d'énergie
» que ne le fit à cette occasion M. Barnave, jeune
» député du Dauphiné. » Il fut nommé, par le tiers-état, commissaire à la conférence; il le fut avec Mounier, et s'y prononça pour la vérification des pouvoirs en commun; il fut le rédacteur de la première adresse au roi, pour lui porter l'hommage de la gratitude des députés des communes, lui exprimer le regret de ce qu'ils avaient vainement tenté tous les moyens de déterminer ceux du clergé et de la noblesse à se réunir, et pour lui annoncer qu'ils allaient se constituer et vérifier leurs pouvoirs.

Quelques jours après, lorsque le préalable de cette vérification fut rempli, sur la proposition de Sieyès, les communes eurent à délibérer sur le titre que prendrait l'assemblée; Barnave défendit la propo-

(1) *Le Point du Jour*, séance du mardi 12 mai 1789, page 101.

sition de Mounier, qui demandait que l'assemblée se constituât en *assemblée légitime des représentans de la majeure partie de la nation, agissant en l'absence de la mineure partie* ; et il combattit Mirabeau, qui voulait que l'assemblée prît le titre de *représentans du peuple*. Ce grand orateur, en lui répondant, ne put s'empêcher de rendre hommage à son mérite éminent. « Je n'imagine pas, dit-il, » pouvoir être accusé de dégrader *le peuple*, si je ré- » fute l'opinion de M. Barnave, dont la jeunesse ne » fait qu'ajouter à mon estime pour ses talens... (1) »

On sait qu'à la suite de cette discussion, l'assemblée ayant pris le titre d'Assemblée nationale, proposé par M. Le Grand et adopté par Sieyès, se déclara constituée ; une adresse dut être rédigée pour l'annoncer au roi, Barnave et Charpentier furent chargés de ce soin.

Bientôt la salle des états ayant été fermée sous le prétexte de la disposer pour la séance royale, et l'Assemblée s'étant transportée au Jeu de Paume, ce fut sur la motion de Mounier, vivement appuyée par Barnave, que les représentans prêtèrent le *serment solennel de ne jamais se séparer, et de se rassembler partout où les circonstances l'exigeraient, jusqu'à ce que la constitution du royaume fût établie et affermie sur des fondemens solides.*

(1) Séance du mardi soir 16 juin.

Mais une circonstance malheureuse vint, presque dès le début de la carrière de Barnave, compromettre son caractère, faire douter de sa modération et de la bonté de son cœur. Lally-Tollendal avait fait une motion contre les désordres qui se propageaient de province en province, et proposé une proclamation pour rappeler au peuple les droits que l'assemblée et le roi avaient à sa confiance, et pour faire sentir la nécessité de réprimer ces atteintes de plus en plus graves à la sûreté des citoyens et à la paix publique. Sur ces entrefaites, l'infortuné Foulon et son gendre Berthier de Savigny périrent victimes de la fureur populaire. Ce cruel évènement avait contristé tout ce que Paris renfermait d'honnête. Barnave à l'assemblée, en fut instruit, un des premiers par Desmeunier. Vivement ému, il assura celui-ci qu'il sentait comme lui l'urgence de mettre un terme à de tels attentats; mais Lally-Tollendal monta à la tribune. Le fils de Berthier était venu lui dire : « Vous avez passé votre vie à défendre votre » père, aidez-moi à prévenir le meurtre du mien. » Sous l'influence de cette invocation, Lally s'abandonna au sentiment bien légitime qui l'animait; car, c'était un beau et noble caractère; et au lieu de se renfermer dans des considérations spéciales sur la question et d'indiquer ce qui était à faire pour arrêter le débordement des passions ennemies de l'ordre ; il parla, trop peut-être, de son père et de lui, et fit de ce qui se passait une sorte d'acte d'accusation contre la révolution, commentant ainsi le projet de proclamation sur lequel il demandait qu'on allât aux voix.

Barnave rend compte de ce qu'il éprouva alors, ses muscles étaient crispés; il se leva, il dit qu'il convenait mieux à des législateurs de chercher des moyens réels d'arrêter ces maux, que de s'abandonner aux gémissemens; qu'il était douteux que la partie du peuple qui commettait des assassinats fût capable de sentir toutes les beautés d'une proclamation, et fût efficacement contenue par des paroles; que si l'on voulait prévenir les sanglantes calamités dont le royaume entier était menacé, il fallait se hâter d'armer les propriétaires contre les brigands, et de donner momentanément une grande extension à la puissance des municipalités...; que plus que personne il gémissait de ces événemens, mais qu'il ne pensait pas qu'il fallût pour cela renoncer à la révolution; que toutes les révolutions entraînaient des malheurs; qu'il y avait peut-être lieu de se féliciter que celle-ci n'eût à se reprocher qu'un petit nombre de victimes; puis emporté, comme à son insu et malgré lui par le mouvement qui le dominait, il laissa échapper ces mots : « Eh! » le sang qui a coulé était-il donc si pur!..... » Mots déplorables, qui auraient été cruels dans toute autre bouche, qui furent malheureux dans la sienne, qu'il désavoua par ses regrets, et qui,

comme le dit un historien, « firent le désespoir d'une
» vie qui devait être si courte. » Barnave y revient plusieurs fois dans ses notes ; il s'en accuse avec une douloureuse candeur ; on voit que c'est un poids de plomb qui pesait sur son âme.

Car Barnave avait un sincère amour de l'ordre ; et il ne négligeait aucune occasion de provoquer ou d'appuyer les mesures qui pouvaient tendre à l'affermir. Ainsi, frappé des dangers qui devaient résulter de l'insubordination des soldats, il approuva bientôt la formule du serment pour les troupes, proposé par Target ; il insista sur la nécessité de ce serment, qu'il considérait comme indispensable, « dans un moment, dit-il, où tous les liens de la subordination paraissent rompus, et où les troupes elles-mêmes pourraient être dangereuses. »

Une autre fois, une députation de la commune de Paris vint rendre compte qu'un boulanger qu'on accusait injustement d'avoir refusé du pain au peuple, avait été mis à mort dans une émeute. La députation exprimait le vœu que l'assemblée s'occupât de pourvoir aux subsistances de la capitale ; et comme elle doutait de l'obéissance des soldats, elle demanda qu'il fût rendu une loi martiale. Barnave, certain que la crise actuelle ne provenait pas d'une disette effective, voulut qu'on recherchât sévèrement la cause extraordinaire qui l'avait produite ; qu'on recherchât également, jusqu'à ce qu'on les eût découvertes, les manœuvres coupables qui occasionnaient ces mouvemens. Il appuya vivement l'établissement d'une loi martiale qui serait exécutée dans tout le royaume ; et, sur sa proposition, les comités de rédaction et de constitution se retirèrent pour la rédiger ; elle fut discutée et votée dans la même séance.

La journée du 14 juillet avait causé un grand ébranlement dans tout le royaume. Barnave avait été un des huit commissaires chargés de la rédaction des arrêtés pris dans cette fameuse journée. Pour tout œil exercé, la monarchie dès-lors était menacée.

Quelques-uns, et Mounier était de ce nombre, croyaient à la possibilité de raffermir le trône avec les matériaux qui venaient d'être brisés. Dans l'état des esprits, n'était-ce pas là une illusion ? Ceux qui s'y livrèrent purent bientôt reconnaître leur impuissance. D'autres voulaient régénérer le pouvoir monarchique, mais en changeant la dynastie et en renouvelant le monarque. Peu de personnes manifestaient encore l'intention d'établir une république. La plupart, dévoués au trône et au prince qui l'occupait, désiraient substituer un point d'appui nouveau à celui qu'offrait autrefois une aristocratie qui n'existait plus, et retremper, en quelque sorte, l'ancienne monarchie dans des institutions populaires.

Barnave s'attacha à ce dernier parti, que la grande majorité adopta.

Nous l'avons vu, dans sa jeunesse, ne prendre aucune résolution sans la mûrir profondément et sans se rendre compte de ses motifs; pouvait-il agir avec moins de réflexion lorsqu'il s'agissait des intérêts de son pays? Il nous fait assister, à cet égard, au travail intérieur de sa pensée.

Ainsi, il s'avoue franchement à lui-même, qu'il n'a jamais eu l'opinion, qu'une république une et indivisible fût possible en France. Il avait trouvé des raisonnemens en faveur du gouvernement fédératif, il n'en connut aucun en faveur d'un changement de rois. Bien qu'on essaya d'établir, qu'un prince qui régnait en vertu d'un droit héréditaire, ne consentirait jamais de bonne grâce, à se voir dépouillé d'une de ses prérogatives, tandis qu'un homme nouveau, recevant la couronne comme un bienfait, verrait son propre sort lié à celui de la révolution, et serait intéressé à défendre la liberté publique comme la sauve-garde de son trône, Barnave pensa qu'un tel changement, bon pour l'Angleterre en 1688, lorsqu'elle était opprimée par un tyran obstiné qui avait violé la constitution, ne pouvait s'opérer en France sous un roi qui, ayant lui-même présidé à la révolution, était le plus propre à la maintenir, par la force qu'il empruntait au souvenir des grands services dont le pays lui était redevable, et, par la confiance qui s'attachait à ses vertus.

Tels furent les motifs de sa détermination.

L'Assemblée nationale se livrait avec ardeur au travail important de la constitution.

Deux grandes questions, de la solution desquelles devait dépendre le sort de la monarchie, furent bientôt agitées : celle de l'organisation du corps législatif, et celle de la sanction royale.

Mounier, rapporteur du comité de constitution, avait proposé au nom de ce comité le *veto* absolu du roi, et la séparation du corps législatif en deux chambres (1). Son rapport est un des documens les plus mémorables de cette époque, il sera lu et consulté avec fruit aussi long-temps que les hommes, réunis en sociétés, voudront établir sur eux un gouvernement capable de protéger leurs libertés.

Les chefs des différentes opinions de l'Assemblée s'étaient partagés sur ces questions. Mounier convaincu qu'il n'y avait pas de transaction possible, défendit le projet du comité avec toute l'autorité que devaient lui donner les puissantes raisons d'intérêt public sur lesquelles ce projet était fondé. Il fut soutenu, quant à la sanction royale ou *veto* absolu,

(1) Séance du 4 septembre 1789.

par l'abbé Maury, par de Sèze, Custine, d'Antraigues.

D'autres, à la tête desquels se trouvait Sieyès, s'opposaient à toute espèce de *veto*. La discussion fut orageuse et fréquemment interrompue; l'agitation ne fut pas moins vive dans la capitale.

Un système mixte, comme il arrive presque toujours dans l'indécision des grandes assemblées, une sorte de transaction entre les deux opinions, prévalut; ce fut celui que soutint Barnave, qu'appuya Mirabeau, et pour lequel se prononcèrent les hommes les plus éminens, Treilhard, Thouret, Malouet, Montmorency... Ce système, qui joignait à l'impopularité du *veto* absolu, les inconvéniens attachés à l'absence de toute sanction royale, fut le *veto* suspensif.

Sur l'autre question, la majorité de l'Assemblée repoussa la division du corps législatif en deux chambres; 89 voix seulement protestèrent contre l'établissement d'une chambre unique.

On pensa alors que beaucoup, membres de la noblesse avaient rejeté l'établissement d'une chambre haute par une sorte d'instinct qui leur faisait apercevoir l'abolition de leur ordre dans la concentration des pouvoirs politiques qui seraient attribués aux membres de cette chambre; ce qui donne un grand poids à cette conjecture, c'est que la minorité qui, le lendemain, se prononça en faveur du *veto* absolu, fut bien plus nombreuse : elle réunit 325 voix.

Bien que Barnave partageât à cet égard l'avis de la majorité, ce ne fut cependant pas d'une manière absolue. Il faisait de l'établissement d'une 2ᵉ chambre une sorte de question de temps. Pour le moment, il trouvait que l'aristocratie féodale venant d'être détruite, ses débris ne paraissaient pas de nature à pouvoir entrer immédiatement comme élémens dans une constitution libre ; que si on organisait une seconde chambre, il serait impossible qu'ils n'en fissent pas partie, et que dès-lors, elle serait par le fait, quelque nom qu'on lui donnât, une chambre aristocratique. Il pensait, avec les partisans du système américain : « qu'avant d'en venir là, il était indis-
» pensable de fondre et de réduire à un seul élément,
» pour quelques années du moins, le pouvoir repré-
» sentatif; d'autant plus que si l'on considérait le bi-
» camérisme, comme la seule forme solide et durable
» d'organiser la représentation du peuple dans un
» grand pays, on y arriverait beaucoup plus sûre-
» ment en l'admettant comme le terme et le remède
» des secousses inévitables de la révolution, qu'en
» l'exposant presque infailliblement à périr par ces
» mêmes secousses, alors que les préjugés de la
» nation et la situation des choses y étaient con-
» traires; que si l'instinct de l'égalité le repoussait
» aujourd'hui, l'expérience et l'amour de l'ordre
» l'établiraient quand l'égalité n'aurait plus à en
» concevoir les mêmes alarmes; que si, dès à présent,

» on faisait une fausse expérience de cette institu-
» tion, on courrait le danger de la voir décrier pour
» jamais et on exposait plus tard la nation à ne
» trouver de remède à l'anarchie que dans le pou-
» voir absolu (1). »

Car, du reste, Barnave estimait, « que la fonction
» d'une seconde chambre était de donner du poids
» et de la lenteur à la machine, de concilier les
» deux pouvoirs et d'empêcher que l'un ne pût
» subjuguer l'autre ; qu'elle maintenait la constitu-
» tion sans entraver le Gouvernement.....(2) » Il
disait encore : « que cette chambre rivalisant avec
» l'autre, aurait nécessairement un esprit diffé-
» rent, car ne pouvant lutter avec elle de popula-
» rité, elle rechercherait l'approbation et l'appui
» des propriétaires, des gens paisibles et sages,
» et prendrait un soin particulier de l'ordre et du
» respect de la propriété qu'elle représenterait,
» comme l'autre chambre représenterait la liberté
» et la population (3). » Enfin, il ne pensait pas :
« qu'il fût impossible d'introduire une aristocratie
» dans le Gouvernement, sans créer une noblesse
» dans la nation (4). »

---

(1) Voir 1ᵉʳ vol., page 113.
(2) Voir 2ᵐᵉ vol., page 39.
(3) Id. page 40.
(4) Id. page 58.

Telle était l'opinion sincère, consciencieuse, de Barnave sur cette grande question qui, ainsi que celle du *veto*, fut résolue dans les séances des 10 et 11 septembre 1789 d'une manière qui devait être si fatale à la monarchie!

Cependant les journées des 5 et 6 octobre avaient contristé tous les cœurs; pendant ces cruels instans, Mounier, qui occupait le fauteuil du président, avait montré un sublime courage; il avait, avec l'Assemblée, accompagné le roi à Paris. Mais, dès ce moment, il renonça à l'espoir d'atteindre le but qu'il s'était proposé, et il désespéra de la patrie. Dans la soirée du 7 il délivra six cents passeports à des députés qui partageaient ses opinions, et bientôt il envoya sa démission à l'Assemblée.

Mounier est une des plus grandes, des plus belles, des plus chastes figures de ces premiers temps; elle nous apparaît à travers le sang et les ruines, non seulement pure de tout excès, mais même de toute erreur. Ce qu'il proposa, ce qu'il voulut, la raison publique l'a voulu aussi, lorsque, délivrée des passions qui la comprimaient et après bien d'impuissans essais, elle a pu choisir librement les institutions qui seules devaient assurer le bonheur de la France.

Sa retraite, qui en détermina tant d'autres, fut une calamité. Est-ce un tort? Dans de telles circonstances, après une si noble vie, qui oserait le reprocher à sa mémoire ?

Barnave resta. Il commençait à avoir de l'ascendant sur l'Assemblée ; il le devait à la franchise et à l'honnêteté de ses sentimens. Il nous apprend lui-même qu'il fut bientôt plus ou moins rapproché de tous les hommes qui paraissaient devoir marquer dans le parti populaire. Trop jeune pour qu'on pût avoir la pensée qu'il voudrait diriger l'Assemblée, nul ne voyait en lui un rival, et chacun pouvait y apercevoir un élève ou un sectateur utile. Accueilli avec bienveillance par la plupart des chefs, il voulut employer l'influence que ceux-ci paraissaient lui donner sur eux, pour tenter de les réunir. « Vain espoir ! dit-il, entreprise bien digne d'un jeune homme, à l'égard de ces hommes impérieux, qui étaient arrivés pour faire prévaloir des systèmes opposés. »

Après quelque temps, ses liaisons se fixèrent et n'ont jamais varié depuis ; ce n'est pas qu'il se dissimulât les défauts de ses amis politiques, mais il reconnaissait qu'ils avaient une grande probité, un grand caractère et un grand courage ; ces amis étaient, surtout, Adrien Duport, Charles et Alexandre de Lameth. « Il est remarquable, dit-il, qu'ayant été placés au centre des plus grandes affaires, ayant vu se former et se dissoudre tant de coalitions, il n'y ait jamais eu entre eux un seul instant de mésintelligence; » et nous avons vu nous-mêmes, après de longues années écoulées depuis la mort de Barnave, ceux de ces mêmes amis qui avaient survécu à ces temps périlleux, ne parler de lui qu'avec attendrissement, honorer sa mémoire, et lui rendre presque un culte dans leur âme.

Barnave continua donc de prendre une part très active aux travaux de l'Assemblée.

Thouret, organe du comité de constitution, ayant proposé un plan de division de la France en départemens, il lui donna son assentiment, parce qu'il reconnaissait que cette division était nécessaire pour anéantir à jamais les priviléges des provinces, sans néanmoins se dissimuler, pas plus que Mirabeau, qui fit à ce sujet un admirable discours, tout ce qu'un tel fractionnement offrirait d'inconvéniens pour l'administration, dont il affaiblirait les ressorts, et pour la résistance à l'agression ennemie, si jamais le royaume était menacé (1).

Lorsqu'à la séance du 10 décembre 1789, Target vint annoncer, au milieu des applaudissemens de l'Assemblée, que le grand œuvre de la constitution administrative était terminé, et que Mirabeau proposa de décréter que nul ne pût être élu membre de l'Assemblée nationale, s'il n'avait réuni, au moins deux fois, les suffrages du peuple, comme

---

(1) Séance du 3 novembre 1789.

membre des assemblées administratives de département, de district ou de municipalité, ou s'il n'avait rempli trois ans une place de judicature, ou, enfin, s'il n'avait été membre de l'Assemblée nationale ; qu'en outre, nul ne pût être membre de l'assemblée de département, s'il n'avait été élu membre d'une assemblée de district ou de municipalité ; Barnave combattit cette proposition, bien qu'elle fût accueillie avec une grande faveur. Il démontra qu'elle aurait pour résultat de concentrer dans un petit nombre de personnes tous les pouvoirs municipaux, administratifs et législatifs. Cela suffit pour refroidir l'assemblée, et après une réplique de Mirabeau, faite avec une certaine aigreur, l'ajournement fut prononcé (1).

Le fâcheux état de nos finances, dont se préoccupaient vivement ceux qui dirigeaient les affaires publiques, n'avait pas découragé Barnave ; les immenses ressources que l'Assemblée nationale avait trouvées dans les biens du clergé, devaient, suivant lui, y faire face et au-delà ; cependant il y a lieu de croire qu'il avait compris qu'une bonne direction donnée au mouvement de 89 aurait dû avoir des résultats différens de ceux qui avaient été obtenus ; car, à la séance du 26 février 1790, à l'occasion du

(1) Séance du 3 novembre 1789.

décret portant réduction de 60 millions sur les dépenses publiques, il s'exprimait ainsi : « Je ne sau-
» rais voir dans la position où nous sommes que la
» conséquence inévitable d'un choc violent; mais
» lorsque je considère les opérations de l'Assem-
» blée nationale, l'immensité des valeurs qu'elle a
» mises à la disposition de la nation, je trouve le
» sentiment de l'espérance à la suite de l'inquiétude
» que le premier regard avait donné. »

Le mois de mai 1790 fut particulièrement employé par l'Assemblée nationale à s'occuper de l'organisation judiciaire du royaume. Introduirait-on le jury en matière criminelle et civile? la France, qui au temps de la conquête de Guillaume-le-Bâtard fit présent de cette belle institution à l'Angleterre, la lui reprendrait-elle?

La discussion de cette question est une des plus savantes à laquelle l'Assemblée se soit livrée; ses plus grands jurisconsultes et ses publicistes les plus éclairés y prirent part. Le projet présenté par Duport fut tour-à-tour défendu et combattu par Thouret, qui s'éleva à une grande hauteur de talent, par Chappelier, Garat, Rœderer et par Sieyès, qui présentait un contre-projet dans lequel se trouvait fortement empreinte la nature métaphysique de son esprit.

Il y avait à peu près unanimité pour admettre le

jury en matière criminelle ; on ne différait que sur son application aux matières civiles, encore la plupart de ceux qui adoptaient cette dernière opinion voulaient-ils en ajourner l'établissement jusqu'après la rédaction d'un code civil.

Barnave se prononça pour le principe : une fois admis au criminel, il pensa que par une déduction logique on ne pouvait se dispenser de l'étendre aux matières civiles. L'établissement du jury était, selon lui, indispensable à la liberté, et la liberté se trouvait intéressée au même degré à ce que l'appréciation de toutes les actions, de tous les faits de l'homme qui pouvaient donner lieu à répression ou à litige, échapassent à l'autorité d'un pouvoir permanent, qui, à ce titre, présentait à ses yeux, de moindres garanties d'impartialité, qu'une juridiction accidentelle, mobile, image de la société; on avait reconnu, ajoutait-il, que les atteintes les plus fortes contre la liberté étaient portées par le pouvoir judiciaire, qui frappe chaque jour ; il proposa donc que l'institution des jurés, pour juger les questions de fait, tant au civil qu'au criminel, fît partie de la constitution, et que l'Assemblée se réservât de statuer sur le mode de cette institution, et sur le moment où elle entrerait en exercice dans les différentes parties de l'administration judiciaire.

Ce fut Tronchet qui eut la gloire de mettre un terme à cette discussion, en faisant comprendre à l'Assemblée, dans un de ces discours qui font époque, tout ce qu'il y aurait d'aventureux à confier au jury le jugement de questions tellement mélangées de droit et de fait, que, comme en Angleterre, le pouvoir du juge ne tarderait pas, dans la plupart des cas, à absorber celui du juré.

L'Assemblée n'admit donc le jury que pour les matières criminelles.

Lorsqu'elle eut organisé le pouvoir judiciaire, elle chercha à couronner son œuvre en instituant une cour suprême de révision, à laquelle elle donna le nom de tribunal de cassation.

Ici, les esprits se divisèrent encore. Ce tribunal était-il nécessaire ? serait-il composé d'une ou de plusieurs sections ? serait-il ambulant, afin de le rapprocher des justiciables, ou sédentaire ; ou bien, si une partie était sédentaire, l'autre partie ne devrait-elle pas aller dans les départemens instruire les causes, qu'elle enverrait ensuite à la partie sédentaire pour être définitivement jugées par elle ?

Barnave vota pour l'institution, et ce qu'il dit à cet égard répond suffisamment à ceux qui ont mis en doute que son attachement au principe de la monarchie fût aussi ferme et prononcé qu'il l'a été depuis. «Il y a deux motifs, disait-il, pour l'établisse-
» ment d'une cour de cassation. D'abord, conser-
» ver l'unité monarchique, employer les moyens
» les plus propres à lier entre elles toutes les parties

» politiques de l'empire, et prévenir une division
» qui conduirait au gouvernement féderatif. En-
» suite, maintenir l'unité de législation et pré-
» venir la diversité de jurisprudence. Quant au
» premier motif, vous avez senti la nécessité de
» donner à chaque département des établissemens
» judiciaires et administratifs particuliers ; de là
» résulte, que pour la stabilité de la monarchie, il
» faut former un établissement qui soit un, qui
» s'étende sur toutes les parties, les lie et les réunisse.
» Quant au second motif, si les juges d'appel n'a-
» vaient pas un tribunal supérieur, il n'y aurait plus
» d'obstacle à ce que la loi fût transgressée et à ce
» que les juges fussent maîtres de la justice. »

Le principe de l'établissement admis, Barnave se prononça contre la permanence de la cour, qui, disait-il, « donnerait aux riches la faculté de se pour-
» voir en cassation en refusant cette faculté aux
» pauvres. L'ambulance pouvait seule, selon lui,
» empêcher les dépenses considérables pour les
» justiciables ; avec elle, on n'aurait pas à craindre
» la tyrannie d'une cour supérieure ; des magistrats
» réunis dans le même lieu, institués pour un
» temps considérable et remplis d'un même esprit,
» seraient une puissance formidable ; cette puissance
» serait désarmée par l'ambulance. »

Mais le savant Merlin envisagea la question sous son véritable jour : « Il faut, disait-il, assurer l'u-

» nité des tribunaux et écarter tout ce qui pourrait
» l'altérer.... Ce but est manqué si le tribunal de
» cassation n'est pas sédentaire ; il ne pourrait être
» ambulant que par sections ; si vous divisez ce tri-
» bunal, comment voulez-vous conserver les mêmes
» principes ? Avoir un tribunal unique, c'est le
» grand moyen d'empêcher dans l'état toute scission,
» toute division. Les Anglais vous en ont donné
» l'exemple, c'est à leur chambre haute qu'ils ont
» conservé les pouvoirs de la cassation.... Si les
» juges n'étaient pas résidans, la justice serait mal
» rendue : des magistrats instruits et consommés
» ne se résoudraient pas à des chevauchées perpé-
» tuelles. Cet état ambulatoire ne conviendrait qu'à
» des juges fort jeunes; et des juges jeunes sont
» souvent de mauvais juges.... Mais si l'ambulance
» est contraire aux intérêts de la justice, elle ne
» l'est pas moins à l'intérêt des justiciables; il im-
» porte de mettre des entraves aux demandes en
» cassation ; c'est un remède extraordinaire dont
» l'emploi doit être très rare et dont on ne doit pas
» faire une ressource journalière, sans cela il serait
» un troisième degré de juridiction ordinaire. »

Ces raisons prévalurent, le principe de la permanence de la cour de cassation fut adopté.

Mais pendant que l'Assemblée s'occupait de donner des institutions à la France, l'orage se formait au

dehors; le nord de l'Europe était en armes. La guerre entre la Russie et la Suède continuait en Finlande; l'impératrice Catherine n'avait pas encore fait la paix avec la Turquie, et ses troupes insultaient les frontières de la Pologne. Plus près de nous, la Confédération germanique formait une armée, sous le prétexte apparent, de protéger ses droits dans les Pays-Bas, et l'Angleterre, voulant obtenir satisfaction pour quelques vaisseaux anglais saisis par une escadre espagnole, dans la baie de Nootka, équipait une flotte considérable.

Ces préparatifs donnaient une grande inquiétude au gouvernement, qui, allié de l'Espagne, ne pouvait demeurer indifférent. Une lettre de M. de Montmorin à l'Assemblée nationale lui fut communiquée dans la séance du 14 mai 1791. Le ministre lui faisait part de cet armement, en lui annonçant que le premier devoir du roi étant de veiller à la sûreté de l'État, il avait donné les ordres nécessaires pour que 14 vaisseaux de ligne fussent armés dans les ports de l'Océan et de la Méditerranée. Comme cet armement allait exiger que quelques secours extraordinaires fussent mis à la disposition du département de la marine, le roi ne doutait pas de l'empressement de l'Assemblée à les accorder.

La discussion s'ouvrit le lendemain sur cette demande, et aussitôt la question s'agrandit. « Per-
» sonne ne blâmera les mesures prises par le roi,

» dit Alexandre de Lameth, mais cette question in-
» cidente amène une question de principe. Il faut
» savoir si l'Assemblée est compétente, et si la na-
» tion souveraine doit déléguer au roi le droit de
» faire la paix ou la guerre ? voilà la question ! »

Le débat s'engagea sur le point de savoir si on la discuterait avant de répondre à la communication faite au nom du roi. Ce fut l'avis de Barnave; mais Mirabeau proposa d'approuver d'abord les mesures prises par le roi, et d'ordonner par le même décret que dès le lendemain on commencerait la discussion de la question constitutionnelle.

Cette proposition reçut l'assentiment de l'Assemblée, et la question, ainsi formulée, fut mise à l'ordre du jour : « La nation doit-elle déléguer au roi
» l'exercice du droit de faire la paix et la
» guerre ? »

La délibération sur ce grave sujet commença le 16 mai et ne fut fermée que le 23. Un grand nombre d'orateurs furent entendus, mais ce fut surtout entre Barnave et Mirabeau que le débat prit un caractère de grandeur qui rendit toute la France attentive; jamais l'éloquence ne s'éleva si haut de part et d'autre.

Ces deux athlètes cependant ne se hâtèrent pas de monter à la tribune et de se mesurer. Pendant cinq jours, la discussion erra d'opinion en opinion; l'Assemblée était incertaine.

Jusque là on n'avait vu d'autre alternative que de conférer l'exercice du droit de faire la guerre au roi, ou de l'attribuer exclusivement au corps législatif.

Mirabeau profita de cette hésitation, je dirais presque de cette lassitude de l'Assemblée, pour poser la question d'une autre manière. Il proposa de faire concourir au même but, sans les exclure l'une par l'autre, les deux autorités qui constituent la force nationale, et d'attribuer une part égale au pouvoir exécutif et aux représentans du peuple, dans des actes qui participent tout à la fois de l'action et de la volonté, de l'exécution et de la délibération.

Tel fut le thème développé par Mirabeau, avec cette éloquence pleine de puissance et de mouvement, qui exerçait une si grande action sur l'Assemblée ; il résuma ce mémorable discours en un projet de décret, par lequel il réglait les attributions respectives, en cette matière, du roi et de la représentation nationale ; laissant au premier le soin de veiller à la sûreté extérieure de l'état, la nomination des agens diplomatiques, la distribution des troupes sur les diverses parties du territoire, et, en cas de guerre, la direction exclusive des forces de terre et de mer ; enfin la négociation des traités de paix, d'alliance et de commerce, sauf ratification, réservant au corps législatif le vote des subsides, le droit, en les refusant, d'arrêter des hostilités entreprises sans motifs légitimes, dont les auteurs pourraient être poursuivis comme criminels de lèze-nation; et celui, après les avoir accordés, de provoquer des ouvertures de paix; Mirabeau proposait en outre, comme sûreté contre les entreprises de la couronne, d'accorder au corps législatif la faculté de réunir, dans le cas où le roi ferait la guerre en personne, tel nombre de gardes nationales, sur tel point qui serait jugé convenable.

Barnave combattit aussitôt ce projet, il le saisit par tout ce qu'il avait de vulnérable, il rendit évidente à tous les yeux la lutte qu'il allait établir entre les deux pouvoirs; l'affaiblissement qui en résulterait pour l'un comme pour l'autre, et, par suite, pour la France; puis, s'attaquant à celle de ces dispositions qui avait pour objet de contre-balancer, en mettant à la disposition du corps législatif une portion des gardes nationales, la puissance que donnerait au roi le commandement en personne de l'armée. « Ce moyen, dit-il, n'est autre chose que de
» proposer la guerre civile pour s'opposer à la guerre
» étrangère. Un des avantages dominans du gou-
» vernement monarchique, un des plus grands mo-
» tifs d'attachement à la monarchie pour ceux qui
» cherchent la liberté, c'est que le monarque fait
» le désespoir de tous les usurpateurs. Or, avec le
» moyen proposé, je demande s'il ne se trouvera
» jamais un législateur ambitieux, qui veuille de-
» venir usurpateur; un homme qui, par ses talens

» et son éloquence, aura assez de crédit sur la lé-
» gislature pour l'égarer, sur le peuple pour l'entraî-
» ner ? Si le roi est éloigné, ne pourra-t-il pas lui
» reprocher ses succès et ses triomphes ? ne pourra-t-
» il pas lui venir dans la tête d'empêcher le mo-
» narque des Français de rentrer en France ? Il y a
» plus, la législature ne commanderait pas elle-
» même ; il lui faudrait un chef,.... Alors, quel
» serait le vrai roi ? N'auriez-vous pas un change-
» ment de race ou une guerre civile ? Il faut que
» M. de Mirabeau ait aperçu de biens grands incon-
» véniens dans le plan qu'il a présenté, puisqu'il a
» cru nécessaire d'employer un remède si ter-
» rible. »

Barnave proposa, en terminant, de décréter qu'au roi appartenait le droit de diriger les forces de terre et de mer, de commencer les négociations, de nommer les ambassadeurs, de signer les traités ; mais que le corps législatif pourrait seul, sur les propositions du roi, déclarer la guerre, faire la paix, et conclure les traités, auxquels le roi apposerait sa signature.

Ces deux projets, différaient peu ; ils étaient empreints du même caractère de défiance envers le monarque ; celui de Barnave, plus démocratique, découlait du principe de la souveraineté du peuple, qui dominait tout alors. Celui de Mirabeau, plus monarchique en apparence, puisqu'il laissait au roi une sorte d'initiative, était plus anarchique en réalité.

Le côté droit de l'Assemblée (le comte de Seran, Custines, Mallouet, Cazalès), demandait que le roi seul eût le droit de faire la guerre et la paix; il soutenait qu'en attribuant exclusivement ce droit à l'Assemblée nationale, les hostilités ne seraient pas moins fréquentes et seraient plus dangereuses; qu'on se priverait de l'avantage du secret, si essentiel en pareil cas, et qu'enfin l'Assemblée aurait toujours la faculté d'arrêter la guerre, en refusant les subsides. Ce système si simple, qui dans les derniers temps a prévalu, comme le seul praticable, s'éloignait trop alors des idées que la révolution avait propagées, pour trouver beaucoup de partisans.

Mirabeau reparut à la tribune; il tira un parti admirable de sa position personnelle. Animé par la contradiction, par le puissant effet qu'avait produit sur les esprits le discours populaire de Barnave; en butte à ses ennemis, qui depuis la veille criaient dans les rues : *La grande trahison du comte de Mirabeau!* il trouva dans son génie, dans sa passion, peut-être, même dans ses convictions, des forces surnaturelles, et il entraîna l'Assemblée, qui ne voulut pas accorder la réplique à Barnave, et qui vota immédiatemment les articles proposés.

Tel était le sort des débats politiques de ces temps d'inexpérience, que, quel que fût le vainqueur, son triomphe laissait à désirer ; les hommes qui dominaient l'Assemblée ne lui offrant souvent le choix qu'entre deux partis également dangereux.

Quoi qu'il en soit, jamais lutte n'eut lieu entre de plus nobles rivaux, entre des talens plus éprouvés; c'est une des plus brillantes qu'ait offertes l'Assemblée constituante.

Mais ces combats de tribune ne se renfermaient pas toujours dans de justes bornes, et quelquefois l'irritation de la parole causait des blessures dont l'impitoyable préjugé du temps condamnait trop souvent à demander compte.

Si Barnave eut la faiblesse de céder à ce préjugé, ce fut comme provoqué, jamais comme provocateur. Après un premier duel sans résultat avec le vicomte de Noailles, qui partageait d'ailleurs ses opinions, qui estimait son caractère et ses talens, et qui se réconcilia franchement avec lui, il en eut un second avec Cazalès.

Les circonstances de celui-ci sont trop honorables pour les deux adversaires, et peignent trop bien les mœurs de l'époque, pour qu'il soit possible de les passer sous silence ; nous en devons les détails à la bienveillance d'un témoin oculaire et irrécusable (1).

Cazalès et Barnave étaient à l'Assemblée dans une

---

(1) M. le général Théodore de Lameth.

complète opposition. A la séance du 10 août 1790, la noble véhémence du premier lui avait fait adresser au côté de l'Assemblée dans lequel siégeait Barnave, quelques mots très vifs, que celui-ci put prendre pour lui et auxquels il répondit avec politesse, mais avec fermeté. A la fin de la séance, Cazalès vint à Barnave et lui dit : « Au fond, il n'y a » rien, tous deux nous avons fait nos preuves, si » vous le voulez, nous en resterons là. » La réponse fut : « Je suis bien aise de votre jugement, c'était » le mien. — Cependant tout était loin d'être terminé. Le lendemain, de grand matin, Cazalès, accompagné du duc de Saint-Simon, arriva chez MM. de Lameth, où demeurait Barnave (1), qu'il réveilla en lui disant : « Je suis exactement dans les mêmes » dispositions qu'hier, mais mon parti ne veut pas » que j'en reste là, et à regret je viens vous le dire. » Je l'avais prévu, » répondit Barnave, « j'avais » pensé que ce serait comme Labourdonnaye avec » Ch. de Lameth (2). » Cazalès reprit : « J'en suis » désolé, mais enfin, quand ? où ? et quelle arme

(1) L'hôtel de MM. de Lameth était rue de Fleurus, n° 14. Un marbre placé au dessus de la porte d'entrée indique encore, selon l'usage du temps, le nom des anciens propriétaires.

(2) C'était pour une chose frivole : tout était arrangé; cependant, Labourdonnaye vint trouver Charles de Lameth, et lui dit : « J'en suis aux regrets, mais ces dames le veulent absolument. » Il fut légèrement blessé.

» choisissez-vous ? — Dans une heure, au bois de
» Boulogne, le pistolet, » fut la réponse de Barnave.

On alla bientôt sur le terrain ; Charles de Lameth assistait Barnave ; son frère Théodore était allé chercher le célèbre chirurgien du Fouarre, et l'avait placé isolé, à peu de distance du théâtre du combat ; il se tenait lui-même dans l'éloignement. — « C'est
» à vous, qui avez été provoqué, à tirer le premier, » dit Cazalès. — « Il n'y a pas eu offense d'intention, » répondit Barnave ; « je le crois de votre part, je
» l'affirme de la mienne ; nous allons donc tirer au
» sort. » Au même instant, Alexandre de Lameth présenta sa main fermée à Cazalès en disant : « *Pair*
» ou *non*? » Après quelque résistance, Cazalès prononça : « *Impair*, » et voyant qu'il s'était trompé, il ajouta : « Vous savez que je suis joueur, et vous
» avez pensé que je dirais ainsi. »

A treize pas, Barnave tira, mais n'atteignit pas ; Cazalès ajusta à son tour ; son arme fit deux fois faux feu. « Mon Dieu ! » s'écria-t-il, « que je vous
» fais d'excuses. — Je suis là pour attendre, » dit Barnave. Au troisième essai le coup partit, mais encore sans résultat. — On aurait dû en rester là ; Alexandre de Lameth le désirait vivement ; mais soigneux à l'excès de la réputation de son ami, et voyant l'autre témoin, le duc de Saint-Simon, plus âgé que lui, garder le silence, il crut devoir l'imiter.

On rechargea les armes ; les balles, selon l'usage, alors, étaient entourées de rubans pour les fixer plus exactement ; Cazalès le fit remarquer en disant, avec une innocente malignité : « Sommes-nous galans » pour vous, Messieurs ! c'est du tricolore. »

Pendant cette triste opération, les deux adversaires se promenant amicalement, Cazalès dit à Barnave : « Je serais inconsolable de vous tuer, mais » vous nous gênez beaucoup ; je voudrais seule- » ment vous mettre hors de la tribune pour quelque » temps. — La crainte qui vous occupe, » reprit Barnave, « me tourmente à votre égard depuis ce » matin, mais je suis plus généreux que vous en » désirant vous atteindre à peine, car vous êtes la » toute-puissance de votre côté, peu riche en ora- » teurs, tandis que, dans le mien, à peine s'aper- » cevrait-on de mon absence. »

Le duc de Saint-Simon fit signe qu'on pouvait s'avancer ; le sort fut de nouveau consulté ; cette fois il prononça ; Cazalès tomba, frappé au front. Son premier mot fut : « Eh bien ! je suis ici pour cela. » Un chapeau à la forme du temps avait heureusement empêché la balle de pénétrer trop avant, mais le sinus frontal était brisé. Du Fouarre accourut, il examina la blessure et s'écria : « *Ce ne sera rien !* » Cazalès répéta l'exclamation, mais craignant d'avoir montré trop d'intérêt pour lui-même, il ajouta aussitôt : « C'est la bête qui parle. » Puis, apercevant M. Théodore de Lameth qui s'était tenu à l'écart dans le bois, il dit à Alexandre : « Pourquoi » votre frère n'approche-t-il pas ? — Parce que, répondit celui-ci, vous n'avez qu'un témoin, Barnave ne peut en avoir deux. — Est-ce que, répliqua vivement Cazalès, des gens comme nous ont besoin de témoins, si ce n'est pour les ramasser? Ne le sont-ils pas d'un côté comme de l'autre ? »

La voiture d'Alexandre de Lameth, meilleure que la sienne, lui fut offerte, il la refusa d'abord, puis il reprit vivement : « Oui, je l'accepte, il faut que ce soit ainsi. » Sa bienveillante pensée fut à l'instant comprise et appréciée.

Depuis cette époque, en conservant leurs opinions, Barnave et Cazalès furent liés de la plus étroite amitié (1).

Barnave, revenu à l'Assemblée, y reçut les témoignages de la plus vive sympathie; mais personne plus que lui ne gémissait de la tyrannie de l'opinion, qui l'avait forcé à un acte qu'il réprouvait ; personne aussi ne blâmait plus hautement l'emploi des paroles irritantes, qui amenaient souvent le désordre dans l'Assemblée ; et lorsque plus tard, le duel, qui eut lieu entre Charles de Lameth et le duc de Castries,

---

(1) Président de l'Assemblée constituante, Charles de Lameth avait refusé de recevoir la démission de Cazalès. Sous le consulat, il fut heureux de parvenir à obtenir sa radiation.

qui l'avait provoqué, l'amena à la tribune, il n'hésita point à dire : « S'il est un véritable moyen de
» prévenir les vengeances personnelles, et d'ôter
» de la main des citoyens, les armes qu'ils dirigent
» contre leurs concitoyens, c'est d'armer la loi
» contre eux. Qu'on punisse les injures, et bientôt
» on cessera d'en faire. Que ce soit vous, députés,
» qui donniez l'exemple de la modération dans cette
» Assemblée, et bientôt vous la verrez régner partout (1). »

Ce que Barnave conseillait, il le pratiquait lui-même; ses paroles empruntaient la plus grande force de la haute raison dont elles étaient empreintes, jamais elles ne s'écartèrent envers ses collègues, des égards qui prenaient leur source dans son caractère honnête et bon, et aussi dans la bienveillance dont il était animé pour eux, quelles que fussent les nuances diverses de leurs opinions.

Si quelque chose pouvait égaler sa modération, c'étaient ses sentimens d'humanité et la pureté de ses principes; il en donna une grande preuve lors des troubles de Nancy ; l'Assemblée s'était émue au récit qui lui en avait été fait, et peut-être allait-elle prendre des mesures terribles; il la calma par ce peu de mots, prononcés avec fermeté :
« Sans doute il est instant de rétablir l'ordre

---

(1) Séance du 13 novembre 1790.

» dans cette ville et de faire cesser les malheurs
» qui nous affligent; il faut y procéder d'une ma-
» nière efficace, et qui rende le succès aussi pro-
» bable que la sagesse humaine puisse le prévoir;
» mais il faut y pourvoir sans s'écarter de la jus-
» tice, et en répandant le moins possible le sang
» des hommes. »

Il proposa de rédiger à l'instant une proclamation, dans laquelle l'Assemblée nationale annoncerait la ferme intention de punir les coupables, de rétablir l'ordre, en examinant tous les droits et tous les intérêts, déclarant que, jusqu'à sa décision il ne serait fait de mal à personne, et que tous les soldats et les citoyens seraient sous la sauve-garde de la nation. Cette proposition fut adoptée, et Barnave chargé de la rédaction (1).

Dans la séance du 25 octobre suivant, il fut appelé à la présidence de l'Assemblée; cette nomination fut accueillie avec joie, elle le fut surtout par les journalistes, organes de l'opinion constitutionnelle, et Marat, se chargea de la rendre chère aux gens de bien, en l'attaquant avec son cynisme éhonté dans sa feuille de l'*Ami du peuple*.

Barnave eut bientôt occasion, dans ce poste éminent, de faire preuve de fermeté, et de montrer toute sa loyauté, en prévenant l'abbé Maury qu'il

---

(1) Séance du 31 août 1790.

le rappellerait à l'ordre s'il ne prouvait certaines allégations qu'il avait légèrement avancées (1).

Lorsque la constitution civile du clergé eut été décrétée, et que le président de l'Assemblée se fut rendu chez le roi, pour le prier de faire connaître les motifs qui arrêtaient la sanction du décret, l'Assemblée eut à examiner si la réponse lue et remise au président par le roi et non signée de lui, devait être considérée comme légale et officielle : Barnave en prit occasion d'établir nettement le principe de la responsabilité, le seul propre à couvrir l'inviolabilité du monarque : « Le contre-seing est nécessaire, » dit-il, « même à l'égard des actes laissés au libre
» arbitre du roi, pour établir d'abord l'authenticité
» de la réponse, ensuite pour assurer la responsa-
» bilité. Ce n'est jamais que vis-à-vis un être res-
» ponsable qu'il peut y avoir ouverture à contesta-
« tion (2). »

S'il défendait avec conviction le principe de la responsabilité, Barnave ne mettait pas moins d'énergie à faire respecter les engagemens pris par l'état, lorsque dans la détresse où l'on se trouvait, des propositions avaient pour objet d'y porter atteinte. Une motion fut faite dans l'objet d'imposer les rentes sur l'état. Barnave la combattit : « Il y

(1) Séance du 5 novembre.
(2) Séance du 23 décembre 1790.

» a dit-il, une distinction radicale entre les deux
» impôts personnel et réel. L'impôt personnel,
» et j'entends par là tout impôt indirect, est le
» prix de la protection de la personne ; il est dû
» et doit être payé par elle, en proportion de sa
» jouissance. — L'impôt réel est mis sur la chose,
» et est le prix de la protection accordée à la pro-
» priété. — Le propriétaire de rentes, ne doit donc
» point payer la protection de la loi, parce qu'elle
» lui est garantie par son contrat ; la nation ne
» peut faire payer une sûreté qu'elle a promise ;
» ce sont là les principes de tous les peuples qui
» veulent traiter avec loyauté. »

Après ces paroles, Barnave proposa le projet suivant : « L'Assemblée nationale se référant à ces
» précédens décrets, qui consacrent les principes
» invariables de la foi publique,.... déclare qu'il
» n'y a pas lieu à délibérer sur la motion qui lui
» a été faite, tendant à établir une imposition par-
» ticulière sur les rentes dues par l'état. »

Ce projet fut adopté (1).

Les affaires des colonies tiennent une grande place dans la vie politique de Barnave : elles lui causèrent de sérieux désagrémens, affaiblirent sa popularité, et l'exposèrent aux attaques des passions les plus

_____
(1) Séance du 4 décembre 1790.

ardentes. Ce sujet pour être compris, a besoin d'être traité avec quelque étendue.

Le contre-coup de la révolution française s'était fait sentir dans nos possessions d'outre-mer et particulièrement à Saint-Domingue. Les esprits y étaient dans une grande agitation. L'Assemblée nationale cependant n'avait pas négligé de s'occuper de leurs intérêts ; le soin en avait été spécialement confié à un comité dont Barnave faisait partie, et qui, dès le 8 mars 1790, avait proposé par son organe un projet de décret qui avait pour objet d'autoriser les assemblées coloniales à faire connaître leur vœu sur la constitution, la législation et l'administration qui pouvaient convenir aux possessions françaises. Ce décret fut adopté le même jour, et suivi d'une instruction également rédigée par Barnave, et approuvée par l'assemblée le 23 suivant.

Les principes de Barnave à l'égard des colonies étaient ceux-ci : qu'elles étaient pendant long-temps encore nécessaires à la France ; que pendant tout ce temps la France pourrait les conserver ; que le moment où elle les perdrait serait celui où elle pourrait naturellement s'en passer ; que l'affranchissement civil des nègres ne devait avoir lieu que progressivement, sans ensanglanter les colonies, et qu'il était indispensable de le préparer par un régime politique très sévère (1).

(1) 2me vol. page 230.

Quoique Saint-Domingue eut trois assemblées provinciales, une assemblée générale s'était réunie à Saint-Marc, qui, avant même d'avoir eu connaissance du décret du 8 mars, avait fait des actes nombreux d'autorité.

A la réception de ce décret, elle vota une adresse de remerciment à l'Assemblée nationale, mais elle ne changea pas sa marche, et agit comme assemblée législative et souveraine ; elle cassa le conseil supérieur du Cap, elle s'occupa de la rédaction d'une constitution, rendit un décret sur la formation des municipalités, auxquelles elle donna la direction des affaires militaires, le régime des ports, et le travail relatif aux transactions commerciales entre la métropole et les colons. Tous ces actes intitulés décrets ne furent soumis ni à la ratification de l'Assemblée nationale, ni à la sanction du roi, ni à l'approbation du gouverneur de la colonie, auquel ils furent seulement notifiés, pour être exécutés sur-le-champ.

Ces mesures de l'assemblée de Saint-Marc furent désapprouvées par les assemblées provinciales, ce qui n'empêcha pas l'assemblée générale de rendre un nouveau décret le 28 mai suivant, par lequel elle s'attribua le pouvoir législatif avec la seule sanction du roi ; elle décréta aussi un serment particulier à la constitution de la colonie, et elle voulut le faire prêter aux troupes malgré la résistance du gouverneur ; enfin, sur le refus des troupes, elle rendit un décret par lequel elle les licencia et les remplaça par une garde nationale soldée.

Les assemblées provinciales, et la grande majorité des habitans, protestèrent contre ces résolutions, et déclarèrent qu'elles regardaient le décret du 8 mars rendu par l'Assemblée nationale, comme un bienfait pour la colonie.

Le gouverneur se vit obligé de dissoudre l'assemblée générale, et d'annoncer qu'il aurait recours, s'il était nécessaire, à la force des armes. Après lui avoir accordé un délai d'abord de 18 heures, puis de 24 pour se séparer, il fut obéi; l'assemblée ne se trouvant pas soutenue par l'opinion, décida qu'elle se transporterait tout entière en France, pour porter à la nation française les assurances de son inviolable attachement, et elle s'embarqua en effet.

De tels évènemens étaient trop graves pour ne pas devenir l'objet de toutes les sollicitudes de l'Assemblée nationale.

Un nouveau rapport de Barnave au nom du comité des colonies, exposa les faits avec autant de modération que d'impartialité. Sur sa proposition, l'assemblée déclara que les principes constitutionnels avaient été violés et l'exécution de ses décrets suspendue par l'assemblée de Saint-Marc; que les actes de cette assemblée étaient attentatoires à la souveraineté nationale et à la puissance législative; qu'elle était déchue de tous ses pouvoirs, comme tous ses membres dépouillés du caractère de députés, et que ceux-ci qui se trouvaient à la suite de l'assemblée, demeureraient dans le même état, jusqu'à ce qu'il eût été ultérieurement statué à leur égard. L'assemblée nationale déclara en outre que le gouverneur (1) et les militaires de tous grades avaient glorieusement rempli leurs devoirs; elle décréta, enfin, que jusqu'à ce qu'il leur en fût substitué de nouvelles, toutes les lois établies continueraient à être observées à Saint-Domingue, et que le roi serait prié de donner des ordres pour que le décret du 8 mars et les instructions du 28 y reçussent leur exécution (2).

Ce dernier décret de l'Assemblée nationale fut reçu avec de grandes démonstrations de joie dans la colonie, où il rétablissait l'ordre et la paix. L'Assemblée provinciale du nord, se hâta d'en exprimer sa reconnaissance à la mère-patrie: « Ce dé-
» cret, disait-elle dans une lettre à l'Assemblée
» nationale, a obtenu les applaudissemens les plus
» vifs et les plus généreux; nous avons voté de plus,
» des remercîmens à M. Barnave, et arrêté qu'il se-
» rait ouverte une souscription, dont le produit serait
» destiné à nous procurer son buste qui sera placé

(1) M. Peynier.
(2) Séances des 11 et 12 octobre 1790.

» dans la salle de nos séances, avec cette inscrip-
» tion :

» BARNAVE, DÉFENSEUR DE LA COLONIE (1). »

L'assemblée nationale avait annoncé dans le préambule du décret du 8 mars 1790 la ferme volonté d'établir comme article constitutionnel, qu'aucunes lois sur l'état des personnes ne seraient décrétées pour les colonies, que sur la demande précise et formelle des assemblées coloniales.

Cette sorte d'engagement concernait-il les droits politiques des gens de couleur et nègres libres, ou avait-il pour objet l'état des esclaves?

Le doute à cet égard avait donné lieu à de graves dissentions dans les colonies, il divisait aussi l'Assemblée nationale; les uns voulaient tout à la fois que sans consulter les assemblées coloniales, des droits politiques fussent immédiatement accordés aux gens de couleur ainsi qu'aux nègres libres, et que l'on s'occupa de donner la liberté aux esclaves. Les autres demandaient que les assemblées coloniales eussent l'initiative sur ces questions.

Cette dernière opinion fut soutenue par les quatre comités réunis de la marine, de l'agriculture et du commerce, de constitution et des colonies, qui par

(1) Séance du 10 décembre 1789.

l'organe de Delâtre, leur rapporteur, proposèrent un projet de décret en conséquence.

Ce projet fut vivement appuyé par Barnave, qui voyait la perte des colonies dans toute résolution sur l'état politique des gens de couleur libres, et sur l'affranchissement des esclaves, dont l'initiative ne viendrait pas des Colons eux-mêmes. Mais l'opinion de Barnave commençait à perdre de son autorité, et après plusieurs jours d'une discussion très animée, l'assemblée décréta, le 15 mai 1791, qu'elle ne délibérerait jamais sur l'état des gens de couleur non libres sans le vœu préalable, libre et spontané des colonies; mais que quant aux gens de couleur libres, ils seraient admis dans toutes les assemblées paroissiales et coloniales futures, s'ils avaient d'ailleurs les qualités requises.

Ce décret fut suivi à Saint-Domingue, immédiatement après son arrivée, d'une violente fermentation. La colonie était divisée en deux partis, l'un qui avait adopté et défendu les décrets de la mère-patrie, l'autre qui les avait transgressés; tous deux se réunirent dans un esprit commun d'opposition. D'un autre côté, les gens de couleur s'estimant à l'égal des blancs, puisqu'ils acquéraient les mêmes droits, s'animèrent contre eux, et dans plusieurs paroisses les noirs qui se crurent déjà libres, parce qu'on avait brusquement fait luire à leurs yeux l'espérance de la liberté, quittèrent leurs ateliers et se révoltèrent;

six semaines après, les plus horribles désastres eurent lieu.

Lorsque ces évènemens furent connus en France, l'Assemblée constituante chargea les quatre comités de lui en faire un rapport. Ce fut Barnave qui devint leur organe ; il ne parla jamais avec plus de raison ; il exposa quel puissant préjugé régnait aux colonies, et fit sentir combien il était nécessaire de le respecter ; il démontra que si quelque chose pouvait maintenir la subordination dans nos possessions, c'était de lier les affranchis et les esclaves aux ingénus par la reconnaissance ; tandis que si on voulait rompre violemment ce lien, sans la participation des colons, et sans que le bienfait leur en fût en partie attribué, il ne pourrait qu'en résulter les plus grands maux.

Barnave convaincu, avec les comités, de la nécessité de revenir sur le décret du 15 mai, proposa de déclarer que les lois concernant l'état des personnes non libres et l'état politique des gens de couleur, seraient faites par les assemblées coloniales, et soumises directement à la sanction du roi.

Ce rapport de Barnave, fait le 24 septembre 1791, et le projet de décret qui le terminait, reçurent l'approbation de l'assemblée ; mais s'il obtint cette haute sanction, il lui suscita de nombreux ennemis, parmi lesquels figuraient au premier rang, les partisans de l'abolition de l'esclavage ; il se vit en butte aux accusations les plus insensées: la malveillance attribua à ce rapport les troubles de Saint-Domingue, tandis que les brigandages et la guerre civile y régnaient depuis près de trois mois, lorsqu'il y fut reçu, et qu'on savait bien qu'ils avaient été produits par le décret du 15 mai.

Cette affaire des colonies qui occupa beaucoup Barnave, fut dès le principe, comme nous l'avons dit, la cause d'un grand échec pour sa popularité.

Le travail des comités l'absorbait presque entièrement; il paraissait plus rarement aux séances, et prenait ainsi moins de part aux discussions de la tribune. On profitait de son silence pour l'attaquer, et lorsqu'il put reprendre ses fonctions avec exactitude, il reconnut que ce système de détraction avait fait des progrès, et que la confiance dont il jouissait dans l'assemblée s'était affaiblie.

Ce genre de disgrâce, tout nouveau pour lui, ne lui permit pas de réfléchir froidement sur la conduite qu'il avait à suivre.

Cette époque de sa vie est la seule où, selon ses propres aveux, il n'ait pas été parfaitement lui-même. Une faute, et il le dit avec candeur (1), l'entraînait dans une autre. Il s'opposa au départ de Mesdames, tantes du roi; il se livra à une dénonciation violente contre le club

---

(1) Vol. 1ᵉʳ pages 125 et 126.

monarchique; il prit une part très subordonnée, mais enfin il prit quelque part à cette malheureuse affaire, comme il l'appelait lui-même, du serment des prêtres. Par un fâcheux enchaînement, quelques-unes de ses motions véhémentes, furent immédiatement suivies de mouvemens populaires; il y fut certainement étranger; et lorsqu'il l'affirme, il avait trop de franchise pour ne pas être cru; mais ces mouvemens serviront plus que toute autre chose à lui faire apercevoir la fausse route dans laquelle il s'était engagé, et à lui démontrer que s'il avait voulu parer à l'effet de la calomnie, sa conduite donnait quelque prise à l'hostilité dont il était l'objet, « quand le triste succès de ces moyens, ne m'eût » pas averti d'en changer, dit-il, j'y aurais été con-» duit par le mal-être où il me retenait. » Il rentra donc bientôt dans la ligne qu'il avait quittée, mais il fallait quelque temps pour détruire l'impression que sa conduite avait causée et à laquelle il attribuait l'inefficacité de sa résistance, au fatal décret du 15 mai, sur les colonies.

« Peut-être, ajoute-t-il, ceux qui ont vécu dans » les affaires publiques, et qui ont connu par ex-» périence, non seulement tout le charme de la po-» pularité, mais tous les moyens qu'elle donne de » faire le bien, m'excuseront-il de lui avoir fait alors, » quelques sacrifices, en songeant surtout, avec » quelle énergie j'ai résisté depuis.

Cependant, d'autres débats qui avaient également une grande importance, avaient permis à Barnave de rentrer dans cette voie de modération et de prudence dont il se reprochait d'avoir un moment dévié.

Dans la séance du 22 mars 1791, Thouret au nom du comité de constitution, avait proposé un projet de loi sur la régence, qui la conférait pendant la minorité du roi, à son parent le plus proche par les mâles, et qui en excluait les femmes.

Ce projet rencontra de l'opposition ; l'abbé Maury se prononça dans un long discours en faveur de la régence élective ; mais Barnave démontra par des argumens sans réplique, que les devoirs et les prérogatives de la régence étant les mêmes que ceux de la royauté, établir pour l'une un mode différent de celui adopté pour l'autre, c'était changer l'unité et la nature de notre gouvernement. « Ce n'est pas
» seulement, dit-il, pour la stabilité de celui-ci,
» c'est pour l'intérêt de la liberté que la royauté
» a été constituée héréditaire ; la régence doit donc
» l'être aussi. Un seul, supérieur à tous, ne fait
» ombrage à personne ; mais celui qui réunirait au
» prestige de la royauté, à toute la puissance qu'elle
» confère l'avantage d'avoir été appelé à la régence
» par le choix du peuple, d'être pour ainsi dire,
» l'enfant politique de la nation, aurait entre ses
» mains tous les moyens d'anéantir la liberté

» publique. La régence élective a donc, sous ce
» point de vue politique, des inconvéniens plus
» grands encore que la royauté élective.... Un ré-
» gent aurait plus de puissance par la confiance qui
» l'aurait fait élire, qu'un roi qui ne tiendrait la
» sienne que de la loi et de la naissance. La ré-
» gence ne serait qu'un passage à l'usurpation et
» à la royauté élective, car un héritier présomptif,
» arrivé à dix-huit ans, n'aurait jamais assez
» de moyens, pour obliger un régent, l'idole du
» peuple, à lui rendre les rênes de l'état. »

Ces considérations frappèrent l'Assemblée, Mirabeau, lui-même, après avoir hésité dans les premières séances, fut obligé de s'y rendre, et la régence héréditaire fut adoptée à une immense majorité.

Mais je viens de prononcer le nom de Mirabeau, et ce sera pour la dernière fois; déjà dans la discussion sur la régence et le 25 mai, il se plaignait de l'altération que sa santé avait subie; le 27 il prononça un long discours sur la loi relative aux mines; cinq fois dans cette journée il prit la parole, mais le mal faisait de rapides progrès; cinq jours après (1), le grand orateur, orgueil de la révolution, avait cessé de vivre.

Pastoret vint à la tête d'une députation demander

(1) Le 2 avril.

au nom de l'administration du département de la Seine, dont il était procureur-général syndic, que des honneurs lui fussent décernés, et que ses cendres fussent déposées à Sainte-Geneviève.

Barnave se leva aussitôt et prononça avec douleur et recueillement ce peu de mots, qui exprimaient si bien la pensée de tous : « Les détails auxquels
» nous obligeraient dans ce moment une discussion,
» troubleraient et dégraderaient le sentiment pro-
» fond dont nous sommes pénétrés. Ce sentiment
» juge M. de Mirabeau, puisqu'il est le souvenir de
» tous les services qu'il a rendus à la liberté de sa
» patrie. Je propose de décréter qu'il a mérité les
» honneurs qui seront décernés par la nation aux
» grands hommes qui l'ont bien servie, et de ren-
» voyer pour l'exécution au comité de consti-
» tution. »

Toute l'Assemblée, moins trois de ses membres, vota cette proposition, et le lendemain sur le rapport de son comité, elle décréta que l'édifice de Sainte-Geneviève serait destiné à recevoir les cendres des citoyens qui auraient illustré la patrie, et que Mirabeau était digne de cet honneur.

L'Assemblée nationale assista en corps aux funérailles de celui qui laissait dans son sein un vide irréparable.

S'il est vrai qu'à son lit de mort Mirabeau ait dit :
« qu'il emportait dans son cœur le deuil de la mo-

» narchie, dont les débris seraient bientôt la proie
» des factieux, » cette prédiction, par l'effet du plus
fatal des évènemens, ne devait pas tarder à s'accomplir.

Nous touchons à l'un de ces momens de crise où la lutte entre les ennemis de la monarchie et ceux qui s'étaient fait une loi de la défendre, allait prendre un caractère plus prononcé de violence dans l'attaque et d'énergie dans la résistance. Le roi et sa famille avaient quitté Paris. Ce départ qualifié de *fuite* pouvait livrer la France à l'anarchie; le péril était grand, mais dans cette journée qui s'annonçait menaçante, et qui fut imposante et calme, l'Assemblée n'eut pas un instant d'hésitation ; elle pourvut à tout; elle se maintint constamment à la hauteur de sa mission. A l'heure où tous les regards se tournaient vers les hommes de cœur, Barnave rentra en pleine possession de sa confiance, et il s'en montra digne.

Une voix parut vouloir répéter contre M. de Lafayette, certaines calomnies qui avaient pour objet de le faire considérer comme complice de l'évasion du roi, afin de désunir la garde nationale parisienne, et de la séparer de son chef; Barnave arrêta l'orateur avant qu'il se fût expliqué. « L'objet qui doit nous
» occuper dit-il, est de sauver la chose publique,
» et d'attacher la confiance populaire à qui elle
» appartient, au lieu d'accréditer des méfiances

» contre ceux qui peuvent seuls maîtriser les évé-
» nemens. »

Puis, prenant avec chaleur la défense de M. de Lafayette, dont depuis quelque temps cependant, il croyait avoir à se plaindre, il démontra à l'Assemblée qu'elle lui devait toute son estime ; insista vivement sur la nécessité de conserver à ce général la force morale dont il avait besoin pour maintenir la tranquillité dans Paris, et demanda, que passant à l'ordre du jour sur les insinuations du préopinant, « il fût ordonné aux ci-
» toyens de se tenir en armes, mais calmes, mais
» immobiles, avec la ferme résolution d'obéir au
» mouvement qui leur serait imprimé par l'Assem-
» blée nationale (1). »

Cette proposition fut unanimement adoptée. Le côté droit lui-même y adhéra par son vote.

L'Assemblée ordonna qu'un serment serait prêté par tous les militaires ; Barnave concourut dans les comités à la rédaction de ce serment ; il fit insérer dans la formule *fidélité au roi constitutionnel*, mais l'Assemblée retrancha ces mots.

Le lendemain on apprit l'arrestation du roi à Varennes ; aussitôt il fut décrété, que les mesures les plus promptes et les plus actives seraient prises pour protéger sa personne, et assurer son retour à

(1) Séance du 21 juin.

Paris; que Barnave, Pétion et Latour-Maubourg se rendraient à Varennes avec le titre et le caractère de commissaires de l'Assemblée, avec pouvoir de requérir les troupes et les corps administratifs; qu'enfin l'adjudant-général Mathieu-Dumas les accompagnerait pour faire exécuter leurs ordres. — Ce fut encore Barnave qui rédigea le décret destiné à régler les pouvoirs des commissaires, et qui y fit insérer la recommandation spéciale : « de veiller à ce que
» le respect dû à la dignité royale fût maintenu. »

Les trois commissaires partirent aussitôt. Ils joignirent le roi sur la route de Dormans à Épernay; l'un d'eux fit lecture du décret qui établissait leur mission. Le roi témoigna sa sensibilité au sujet des précautions prises par l'Assemblée, pour que sa personne et sa dignité fussent à l'abri de toute atteinte; puis il ajouta : « qu'il n'avait jamais eu l'intention de sortir de France. » Barnave se retourna vers Dumas et lui dit : « Voilà un mot qui sauvera
» le royaume. »

Les trois commissaires montèrent dans la voiture du roi, où étaient déjà, outre le monarque, le dauphin, la reine, madame royale, madame Élisabeth et madame de Tourzel, gouvernante du dauphin; sur le siége se trouvaient trois gardes-du-corps déguisés en courriers. Le retour du roi et de sa famille fut accompagné de grands et nombreux périls ; à plusieurs reprises, le dévouement ardent de Barnave, sa persuasive éloquence que les circonstances rendaient encore plus entraînante, protégèrent leur vie, et surtout celle des trois gardes-du-corps.

Pendant ces longues heures où l'accablement d'une chaleur excessive se mêlait aux préoccupations les plus pénibles, le jeune dauphin trouva souvent sur les genoux de Barnave les distractions dont l'ennui de la route faisait sentir le besoin à l'heureuse insouciance de son âge.

Les égards qui environnèrent constamment les personnes royales touchèrent le cœur de la reine ; elle ne put se montrer insensible à l'attitude pleine de déférence et de respect que Barnave, en particulier, garda vis-à-vis d'elle ; mais si elle lui manifesta ce sentiment par une bienveillance plus marquée, si elle causait plus habituellement avec lui, il ne put y avoir entre eux aucun échange de pensées secrètes, aucun entretien politique ; ni ouverture d'une part, ni engagemens de l'autre.

Barnave assure qu'on ne cessa pas d'être huit dans la même voiture, que, lorsqu'on s'arrêtait, les commissaires ne se quittaient pas, et que la présence de Pétion parmi eux eût d'ailleurs suffi pour commander la circonspection.

Une seule fois, en vue de disculper M. de Lafayette, et pour obtenir à cet égard un témoignage irrécusable aux yeux de ses collègues, Barnave demanda à la reine, dans les termes de la plus discrète réserve,

s'il était vrai, comme on en répandait le bruit, que M. de Lafayette eût été mis dans le secret du départ des Tuileries ? La reine répondit vivement : « Non,
» non, quand nous sortions du château, la nuit était
» sombre; le général passait par le Carrousel escor-
» té de ses gardes munis de flambeaux ; lorsque
» nous fûmes en voiture, et que je songeai à lui,
» je me pris à rire; car, quoique reine on est tou-
» jours femme de quelque côté ; madame de Tourzel
» surprise, me dit : Comment votre majesté peut-
» elle rire dans la position où elle est ? je lui répon-
» dis, c'est que je pense à la mine que fera demain
» M. de Lafayette (qu'elle qualifiait du sobriquet
» qu'on lui donnait dans les petits cercles de la cour)
» quand nous serons loin d'ici. »

Ce voyage devint l'objet de relations mensongères, qui en dénaturèrent toutes les circonstances; et lorsque Barnave fut invité plus tard à s'en expliquer devant la société des jacobins, Pétion, qui était à côté de lui, lui recommanda expressément de dire, que pendant toute la route, les trois commissaires ne s'étaient pas quittés : « parce que, » ajouta-t-il,
» dans une mission aussi délicate, ce fait est impor-
» tant à constater. »

Mais il est vrai que Barnave s'était senti fortement ému à l'aspect de cette grande adversité, que relevait une si noble et si courageuse résignation : « Époque à jamais gravée dans ma mémoire,

» dit-il, qui a fourni à l'infâme calomnie tant de pré-
» textes, mais qui, en présentant sans cesse à mon
» imagination ce mémorable exemple de l'infortune,
» m'a servi sans doute à supporter facilement les
» miennes ! »

Arrivés à Paris, les commissaires déposèrent le roi et sa famille aux Tuileries, et vinrent immédiatement rendre compte de leur mission à l'Assemblée ; Barnave fut chargé de ce soin ; il s'en acquitta avec simplicité, sans rien négliger de ce qui pouvait calmer les esprits, et les concilier à l'auguste famille.

Depuis ce jour, Barnave n'a plus approché du château ; si quelquefois il a pu, comme nous le dirons plus tard, être consulté, avec ses amis, par des intermédiaires, il est positif qu'il n'a plus eu de relations personnelles et directes avec le roi ni avec la reine. Seulement après la dissolution de l'Assemblée, il fut du nombre des députés, qui retournant dans leurs départemens, crurent qu'il était de leur devoir de prendre congé du chef de l'état.

Cependant, le voyage de Varennes avait fourni aux ennemis du roi une arme puissante contre lui ; aux jacobins, des discours violens, notamment celui de Brissot, avaient porté l'exaspération au plus haut degré ; ils demandaient que l'inviolabilité du monarque ne fût pas respectée et que Louis XVI fût mis en jugement.

L'Assemblée nationale avait chargé ses comités réunis de lui faire un rapport sur les circonstances de ce départ, et sur les mesures qu'il pouvait avoir rendues nécessaires.

Les comités avaient déclaré sans hésitation, que cet acte n'était pas un délit constitutionnel, et que d'ailleurs l'inviolabilité dont le roi était couvert ne permettait pas de le mettre en cause (1).

Mais de perfides desseins se montraient à découvert. Barnave nous apprend que Pétion, Sieyès, Buzot paraissaient se proposer de substituer au pouvoir exécutif royal un conseil électif, et de commencer à établir un gouvernement républicain de fait, comme un acheminement à ce qu'il fût constitué de droit; que d'autres se prononçaient pour une régence; et qu'on pouvait croire que Robespierre, qui s'opposa avec énergie à l'application du principe de l'inviolabilité, avait dès lors des idées de dictature et de tribunat.

La discussion s'ouvrit immédiatement après le rapport des comités. Si d'un côté l'inviolabilité du monarque fut vivement attaquée, de l'autre, tout ce qui pouvait produire un effet utile avait été présenté en faveur du principe constitutionnel. Adrien Duport et Salles avaient été entendus; l'impression qu'ils avaient faite sur l'Assemblée paraissait si dé-

(1) Séance du 13 juillet 1791.

cisive, que ce fut au regret même de ses amis, qu'on vit Barnave monter à la tribune ; mais il ne tarda pas à montrer qu'on était loin d'avoir épuisé ce grave sujet ; les sentimens qui l'avaient si bien inspiré, lorsque quatre mois auparavant il parlait sur la régence, l'animèrent de nouveau ; jamais sa parole ne fut plus éloquente, jamais cœur monarchique et français ne fit entendre un langage plus patriotique et plus élevé. L'affluence du public était extrême, et ses dispositions contraires à l'inviolabilité peu douteuses. En face de l'orateur, dans une tribune réservée, se trouvait une jeune femme, que son éclatante beauté et la vivacité passionnée de ses démonstrations en faveur de la cause républicaine désignaient à l'attention générale, comme exerçant une sorte d'empire autour d'elle.

Barnave, écouté d'abord avec froideur par les tribunes, s'imposa insensiblement à leur admiration par la puissance de sa logique et l'autorité de sa raison. Cette voix de la conscience, ce sympathique accent d'une conviction forte, remuèrent toutes les âmes, et lorsqu'il prononça ces mots : « Vous allez
» jusqu'au délire du courroux, parce que l'homme
» roi a fait une faute ; vous seriez donc comme
» des esclaves prosternés à ses pieds, s'il avait
» flatté vos goûts ! et voyez le danger d'une
» telle disposition, car la nation française, vous le
» savez, sait bien mieux aimer qu'elle ne sait haïr ! »

Alors, dis-je, l'effet fut général, les applaudissemens éclatèrent de toutes parts ; le signal en fut donné par la jeune enthousiaste, qui, avec l'impétueuse sincérité de son âge, reporta vers la vérité, dont l'éclat venait de frapper ses yeux, l'exaltation qu'avaient surprise en elle de fausses théories, et on assure que sa conversion devint si éclatante que désignée plus tard à la haine des factions, elle périt victime de l'expression imprudente et peu contenue de ses sentimens nouveaux.

Ce discours détermina l'Assemblée ; elle vota le projet de décret qui lui avait été soumis par ses comités avec les additions que Salles avait proposées. Dans cette circonstance, comme au 21 juin, Barnave rendit un immense service à son pays ; il fut en cela puissamment secondé par Duport, les de Lameth et tous leurs amis.

Paris et le royaume applaudirent au décret rendu par l'Assemblée : les jacobins s'en indignèrent ; ils proclamèrent l'insurrection, appelèrent à la révolte une multitude d'ouvriers, et rédigèrent cette trop fameuse pétition, qui occasionna bientôt après la malheureuse et sanglante affaire du Champ-de-Mars.

Cependant, l'Assemblée nationale touchait au terme de sa mission ; elle avait voté sans plan arrêté, sans ordre et à mesure que les circonstances l'avaient exigé, une foule de décrets destinés à former la constitution de la France ; mais elle n'avait pas ter-

dû à reconnaître le vice de ce défaut de méthode, et dès le mois d'août 1789 elle avait chargé un comité de réunir ces décrets, de les coordonner et d'en faire un tout, qui présentât avec clarté l'ensemble des droits et des devoirs des citoyens, la division et l'organisation des pouvoirs publics.

Le comité de révision employa deux années à accomplir sa tâche, Barnave en était membre, et sans être un des principaux auteurs du travail, il avait assisté avec une grande assiduité à ses séances.

Ce fut le 8 août 1791, que Thouret, au nom des comités de constitution et de révision, vint présenter ce travail à l'Assemblée : deux vues y présidaient, l'une de simplifier l'acte constitutionnel, l'autre de donner au nouveau pacte social l'énergie et la force nécessaires pour agir et pour se conserver ; c'est dire que le comité ne s'était pas borné à classer, à coordonner les précédens décrets, mais qu'il les avait réellement révisés et améliorés.

L'Assemblée nationale avait abattu, elle avait créé; il lui restait à consolider et à maintenir; ce fut la pensée du comité.

Les ennemis de la constitution nouvelle, royalistes purs et républicains, ne pouvaient voir sans de vives alarmes, tout ce qui tendait à lui faire prendre racine dans le sol ; ils se concertèrent, unirent leurs efforts et attaquèrent, avec une égale violence, le travail présenté.

Dans les rangs opposés, un grand changement s'était opéré : ceux qui, dès le principe, avaient été les plus ardens à réclamer pour la liberté des garanties illimitées, et, par suite, à affaiblir le pouvoir royal, éclairés par les évènemens, reconnaissaient que la liberté elle-même était intéressée à ce qu'on rendît à ce pouvoir toute l'autorité nécessaire à l'indépendance et à la vigueur de son action.

C'est alors qu'on put regretter le parti que Mounier et ses amis avaient pris de se retirer ; leur appui eût été décisif et eût probablement empêché des résolutions qui devaient avoir pour l'avenir de la France des résultats si funestes.

Parmi ces résolutions, il en est quelques-unes qui sont de nature à fixer plus particulièrement notre attention, et sur lesquelles Barnave fut appelé à se prononcer.

Les unes relatives, soit aux conditions de l'électorat et de l'éligibilité, soit à l'établissement de conventions nationales, ayant pour mandat de réviser périodiquement la constitution ; les autres, concernant l'existence plus ou moins prolongée de l'Assemblée constituante, et la non rééligibilité de ses membres.

Dans ses précédens décrets, l'Assemblée nationale, en fondant l'élection à deux degrés, avait prescrit que, pour être revêtu du titre de représentant de la nation, on fût tenu de payer un marc d'argent de contribution.

Cette disposition, ayant soulevé de nombreuses controverses, on pensa qu'il était préférable d'affranchir l'éligibilité de toute condition et de n'en imposer qu'à l'électorat.

Le comité de révision s'était rangé à cette opinion et avait proposé d'établir, pour le deuxième degré, une contribution équivalente à 40 journées de travail, trois journées étant déjà exigées de la part de l'électeur au premier degré.

Le parti républicain, au sein duquel se firent remarquer Robespierre, Buzot, attaqua vivement cette proposition qui tendait à lui ôter ses moyens d'influence dans les élections.

Barnave sentait trop la nécessité de constituer l'indépendance des électeurs pour ne pas appuyer le projet du comité. Il le fit avec cette force d'argumentation qui lui était ordinaire et qui ne souffrait pas de réplique. « Il ne suffit pas de vouloir être libre, dit-
» il, il faut encore savoir l'être... Tous ceux qui ont
» combattu le comité, se sont rencontrés dans une er-
» reur fondamentale. Ils ont confondu le gouverne-
» ment démocratique avec le gouvernement repré-
» sentatif... La fonction d'électeur n'est pas un droit,
» c'est à la société à en déterminer les conditions...
» Le gouvernement représentatif n'a qu'un seul
» piége à redouter, c'est celui de la corruption. Pour
» qu'il soit essentiellement bon, il faut donc lui ga-
» rantir la pureté et l'incorruptibilité des corps élec-

» toraux. Or, ces corps doivent réunir trois garan-
» ties éminentes : *les lumières*, et on ne peut nier
» qu'une certaine fortune ne soit le gage le plus
» certain d'une éducation plus soignée ; *l'intérêt à
» la chose publique*, et il est évident qu'il sera plus
» grand dans celui qui aura un intérêt particulier
» plus considérable à défendre ; enfin *l'indépen-
» dance de fortune* qui mettra l'électeur au-dessus
» de toute attaque et de toute corruption. »

Ces principes, exposés d'une manière si simple, jetèrent la lumière dans tous les esprits, firent taire les clameurs qui environnaient l'Assemblée, et il fut décrété que nul ne pourrait être électeur au second degré, s'il n'était propriétaire ou usufruitier d'un bien évalué sur les rôles des contributions à un revenu égal à la valeur, selon les localités, de 150 à 200 journées de travail.

Le 29 août, Chapelier fit son rapport sur l'exercice du droit appartenant au peuple de réformer ou de changer la Constitution ; il proposa d'instituer des assemblées de révision de 249 membres, dont la première se réunirait en 1800, afin d'examiner si les pouvoirs constitués étaient restés dans leurs limites, et de prononcer sur les demandes de réformes constitutionnelles, qui, dans cet intervalle, auraient pu être faites par les citoyens, dans le cas seulement où les pétitions dans lesquelles ces demandes auraient été formulées, auraient reçu l'approbation du corps législatif et la sanction du roi ; il proposa en outre : qu'à défaut de cette double condition, si, après un délai de dix-huit mois, les trois quarts des départemens exprimaient les mêmes vœux par leurs assemblées primaires, le concours du corps législatif et du roi ne serait plus nécessaire, et les réformes demandées seraient soumises de droit à l'Assemblée de révision.

Un tel projet était trop destructif de toute stabilité, pour qu'il pût être accueilli avec faveur; aussi fût-il généralement improuvé, et Barnave eut peu de peine à démontrer, que mettre dans une constitution le germe de nouveaux corps constituans pour la modifier, c'était d'avance la frapper de mort; que le mandat de l'Assemblée consistait précisément à empêcher que la nécessité de ce mode de réformation ne vînt à se révéler plus tard, à prévenir au moyen d'un système, dont l'application n'amènerait aucun trouble dans le pays, cette provocation du vœu populaire, qui n'arrive jamais ainsi que par la souffrance ou par l'altération successive des pouvoirs. Il s'éleva, surtout, contre cette idée de convoquer les assemblées primaires pour prononcer s'il y avait lieu à révision. « Ce serait, dit-il, rem-
» placer le pouvoir représentatif, le plus parfait des
» gouvernemens, par tout ce qu'il y a dans la nature
» de plus odieux, de plus subversif, de plus nuisible
» au peuple lui-même, à savoir : l'exercice immé-

» diat de la souveraineté par la démocratie, ce que
» l'expérience a prouvé être le plus grand des
» fléaux, même dans les plus petits états où le peuple
» peut se réunir... »

Barnave suppose ensuite le cas, trop facile à prévoir, où l'opinion des assemblées primaires se laisserait égarer, et où une convention sage et éclairée voudrait la rectifier : « Comment le pourrait-elle,
» dit-il, vous aurez dit au peuple qu'il est souve-
» rain, vous lui aurez demandé son avis, et vous
» voudrez, après, détruire l'opinion signée de plus
» de deux millions d'hommes ! Oui, le peuple est
» souverain, mais ses représentans peuvent seuls agir
» pour lui, parce que son propre intérêt est presque
» toujours attaché à des vérités politiques dont il
» ne peut pas avoir la connaissance nette et pro-
» fonde.... Appelez le par sa véritable manière
» d'exprimer sa volonté, c'est-à-dire par les élec-
» tions; c'est en nommant l'homme en qui il a con-
» fiance qu'il exprime vraiment son vœu... Or, ce
» vœu-là, vous l'aurez quand vous déclarerez que
» l'opinion uniforme de trois ou quatre législatures
» successives sera nécessaire pour corriger un arti-
» cle de constitution. »

Cet avis fut suivi, et par un titre final, l'Assemblée décréta que lorsque trois législatures consécutives auraient émis le même vœu pour le changement de quelque article, la révision en aurait lieu par la quatrième législature, augmentée de 249 membres élus dans chaque département par doublement du nombre ordinaire.

Mais l'œuvre de la révision, qui, comme nous l'avons dit, avait pour objet de donner quelque énergie aux pouvoirs publics, eut principalement pour adversaires tous les anarchistes.

L'admissibilité des membres de l'Assemblée nationale aux fonctions conférées par le gouvernement, et surtout leur rééligibilité à la nouvelle législature, leur eussent donné le moyen de veiller à la conservation de leur ouvrage. Si, au moins l'Assemblée constituante eût siégé quelques mois encore après l'acceptation de la constitution, elle aurait pu, en l'exécutant elle-même, l'affermir, désarmer les factieux en les décourageant, et préparer ainsi les voies à une législature nouvelle.

Barnave et ses amis firent de vains efforts pour que ces sages mesures fussent adoptées ; il explique par quelles intrigues et dans quelles vues elles furent repoussées : « Le côté droit se flattait que la non
» rééligibilité donnerait dans la législature la majo-
» rité aux partisans de son système, ou préparerait
» la ruine de la constitution, en la remettant à des
» mains inexpérimentées ; tandis que cinq ou six ré-
» publicains, mus par une impulsion dont les chefs
» étaient en dehors de l'Assemblée, opinaient pour
» l'exclusion, afin de laisser la place libre à ceux de

» leurs chefs qui devaient dominer la législature.
» La majorité des membres de la gauche était mue
» par de bien moindres motifs ; les uns ne s'atten-
» daient pas à être réélus ; d'autres, fatigués de leurs
» longs travaux, étaient effrayés de l'idée de les con-
» tinuer ; tous étaient convaincus que les membres
» les plus connus et les plus éminens seraient re-
» nommés ; la non rééligibilité, en effaçant toutes ces
» distinctions, rassurait l'amour-propre des uns,
» favorisait la lassitude des autres, et faisait rentrer
» dans la foule tous ceux qu'on était fatigué de
» suivre et d'entendre nommer... » Les mêmes
motifs firent prononcer l'exclusion des emplois à la
nomination du roi.

Barnave ne cessait de déplorer cette disposition
des esprits ; ce fut inutilement aussi que les comités déclarèrent, par l'organe de Thouret, qu'ils ne
voyaient aucune possibilité que le gouvernement pût
marcher, et qu'ils affirmèrent qu'avec les résolutions adoptées, la chûte de la constitution était inévitable.

Les journaux de tous les partis avaient, sur cette
question, dépassé toutes les bornes d'une polémique
passionnée, et contribué puissamment à égarer
l'opinion publique ; l'aveuglement était si grand
que les plus modérés, faisant appel au désintéressement des membres de l'Assemblée, leur montraient, comme un point d'honneur, l'obligation

de se retirer. Serait-il vrai que la cour ne fût pas étrangère à leur action ? Un homme, bien digne d'être cru, nous a assuré avoir entendu ces paroles sortir de la bouche de M. de Montmorin : « Combien » la cour doit regretter les millions employés par » elle, pour éloigner les seuls hommes qui pouvaient » sauver la monarchie et le roi ! »

L'Assemblée brusqua donc le terme de cette première phase de la révolution, où elle avait été appelée à jouer un si grand rôle ; croyant, comme le dit encore Barnave, « pouvoir finir la révolution » par un coup de baguette, elle fit en quelques jours » l'ouvrage de plusieurs mois, et fuyant, pour ainsi » dire, au moment où son expérience était le plus » nécessaire, elle laissa à ses ennemis leurs moyens » entiers, son ouvrage sans défense, sans protection » et, pour ainsi dire, sans racine. »

Cette discussion sur la révision de l'acte constitutionnel avait commencé le 8 août 1792, et le 3 septembre suivant, l'Assemblée, après avoir entendu une dernière lecture de l'acte entier, déclarait que la constitution était achevée. Le 14, le roi se rendit dans son sein pour l'accepter et en jurer le maintien.

L'Assemblée termina sa mission par un dernier décret qui l'honore ; il portait amnistie pour tous les faits relatifs à la révolution, comme pour tous les délits militaires, et il rapportait le précédent décret relatif aux émigrés, en déclarant qu'il ne serait plus mis d'obstacle au droit de tout citoyen français de voyager librement dans le royaume et d'en sortir à volonté.

Ainsi finit cette mémorable législature, qui, quelque jugement qu'on en porte, aura occupé une immense place dans l'histoire de notre patrie.

Parmi les membres qui en ont fait partie, nous avons eu occasion de nommer ceux qui figurent au premier plan. Quelques-uns ont acquis une grande célébrité; mais il n'en est pas qui ait inspiré plus d'intérêt que Barnave, et dont le nom excite une plus réelle sympathie. Ses erreurs furent celles de son temps. Ses fautes (eh! qui, sur ce point, a été plus rigoureux que lui-même?) pèsent également sur la mémoire de cette illustre Assemblée, avec laquelle il fut presque constamment solidaire d'opinion et de conduite; époque d'inexpérience et de patriotisme, d'entraînement irréfléchi, et d'abnégation fervente, où, à quelques exceptions près, chacun se dévouait avec l'abandon et le courage des convictions fortes, aux idées qu'il croyait utiles à l'intérêt du pays. Ces erreurs, pour lesquelles nous nous montrons aujourd'hui des juges sévères, ces fautes qu'ont dénoncé à l'avenir les calamités qui en ont été la suite, elles prenaient leur source dans un principe vrai, incontestable, qui a présidé à l'établissement de la plupart des gouvernemens, celui de la *souveraineté du peuple*; principe qui, rendu plus énergique par la longue compression du despotisme, se fait jour quand l'heure des révolutions a sonné, avec une violence égale à la résistance qu'on lui oppose; mais qui, s'il est poussé logiquement et sans réserve à ses dernières conséquences, s'il reçoit une application exagérée, comme le fit trop souvent l'Assemblée constituante, aboutit par la confusion à l'impuissance, et ne parvient, en établissant une autorité incapable de protéger les libertés publiques, puisqu'elle ne saurait suffire à sa propre défense, qu'à organiser l'anarchie.

Le talent de Barnave mûrit, grandit avec les évènemens; lors de ses débuts à la tribune, on put ne remarquer en lui que la facilité, la clarté, le mérite de résumer les opinions; mais ce talent ne tarda pas à se fortifier et à s'élever à la hauteur des questions et des circonstances auxquelles il fut appelé à prendre part, et lorsque la retraite d'un grand nombre de députés eut privé l'Assemblée de leur concours, lorsque la voix de Mirabeau s'éteignit, la sienne fut une de celles qui conservèrent le plus d'autorité, et qui agirent le plus puissamment sur l'Assemblée; il justifia pleinement ce que ce grand orateur avait dit de lui à son lit de mort : « Barnave est un » jeune arbre qui deviendra un mât de vaisseau. » Tous ses discours furent improvisés, ses rapports seuls étaient écrits.

La séduction de sa parole tenait aussi à la pureté

de son caractère ; on le savait loyal, plein d'une noble franchise, irréprochable dans ses mœurs, d'un désintéressement devenu proverbial ; on le savait aussi doué d'un ferme courage ; il l'avait montré au 21 juin, il le montrera plus tard en affrontant l'échafaud, et ces qualités si rares à toutes les époques, donnèrent un grand relief à son talent oratoire.

Sa figure ajoutait une grande valeur à l'effet qu'il produisait ; quoique les traits en fussent irréguliers, elle était belle d'expression et s'animait facilement. Il avait les cheveux blonds, les yeux bleus et doux, la bouche grande, mais ornée de dents d'une éblouissante blancheur ; sa taille était moyenne et bien prise, et toutes ses manières respiraient la grâce la plus parfaite, unie à cette gravité recueillie, caractère particulier des hommes qui ont l'habitude de la réflexion.

Napoléon, qui savait apprécier, et qui honorait tous les genres de gloire, devenu consul, fit placer sa statue au sénat ; elle en fut retirée en 1814, par ordre du nouveau gouvernement, et depuis elle a disparu.

L'esprit de parti a souvent mis à la charge de Barnave des maximes qui étaient loin d'être les siennes : c'est ainsi que plusieurs biographies lui ont attribué ces mots : « *Périssent les colonies plu-* » *tôt qu'un principe.* » Une telle inculpation montre avec quelle légèreté les choses les plus invraisemblables sont accueillies. Barnave repoussait au contraire l'application aux colonies des principes que les amis des noirs voulaient y faire dominer, ce qui, dans les derniers jours de l'Assemblée constituante, lui valut l'honneur d'une dénonciation violente de la part de Robespierre.

On a supposé aussi que Barnave fut, avec Duport et Alexandre de Lameth, le fondateur de la société des Amis de la Constitution, qui s'était formée après la translation de l'Assemblée nationale à Paris, et qui reçut, du lieu où elle se réunissait, le nom de Jacobins, devenu depuis si affreusement célèbre ; rien ne justifie cette assertion, et on doit croire que si elle avait quelque réalité, les regrets qu'en aurait eu Barnave eussent percé quelque part dans ses écrits. Mais il est vrai qu'il fit partie de cette société avec environ trois cent soixante de ses collègues.

Dans une lettre qu'on a cru devoir reproduire (1), parce que, outre qu'elle est d'un grand intérêt historique, elle montre combien ceux qui composèrent d'abord le club des Amis de la Constitution, quelle que fût l'énergie de leurs sentimens populaires, étaient loin de prévoir les excès auxquels ce club se livra depuis ; dans cette lettre, dis-je, Barnave explique l'origine, le but primitif d'une institution qui de-

---

(1) 4ᵉ vol., pag. 333.

vint si désastreuse, et les circonstances dans lesquelles elle fut fondée. Hélas! l'expérience n'avait pas encore appris que toute influence qui s'exerce en dehors du gouvernement, lors-même que dans le principe elle a eu pour objet de le soutenir, finit par devenir un instrument de destruction dirigé contre lui.

Barnave explique aussi dans la même lettre ce que fut le club de 1789, dont Sieyès fut le premier nommé président, après en avoir rédigé le règlement, et dont firent partie Lafayette, Bailly, Chapelier, et quarante à cinquante membres de l'Assemblée nationale. Malgré l'époque de ferveur où cette lettre fut écrite, on reconnut l'impartialité de Barnave, à la manière dont il caractérise les opinions et les sentimens de ceux qui composaient ces deux sociétés.

Mais après que le club des Jacobins se fut mis en insurrection contre les décrets de l'Assemblée, la presque totalité des députés, qui en étaient membres, se réunirent pour prendre une détermination commune, et ils résolurent, à la presque unanimité, de se retirer, et de transférer à l'ancienne église des Feuillans le noyau primitif et demeuré sain de la société des amis de la constitution, dans l'intention, loyalement avouée, de combattre l'influence et de s'opposer aux excès des Jacobins. Ce mouvement fut spontané; il honore ceux qui y prirent part. Barnave fut l'un d'eux, mais il affirme que personne ne put réclamer l'honneur de l'avoir provoqué (1); et, avec la même sincérité dont il a donné tant de preuves, il reconnaît : « que la nation n'était pas dans » une situation où des sociétés, instituées pour main- » tenir et pour défendre la constitution, pussent se » soutenir et lutter avec avantage contre celles qui » poussaient les esprits à de nouveaux change- » mens. » Aussi, après la séparation de l'Assemblée constituante, le club des Feuillans ne tarda-t-il pas à se dissoudre.

Rentré dans la vie privée, Barnave séjourna encore quelques mois à Paris ; pendant ce temps, le roi, qui avait complètement dépouillé les préventions dont il avait été long-temps animé contre lui et contre ses amis, Duport et les Lameth, leur fit plusieurs fois demander leurs avis sur la marche des affaires ; ces avis, donnés avec sincérité, dictés par le plus pur dévouement, devaient avoir le sort de tant d'autres qui furent si obstinément négligés !

Barnave ne revint à Grenoble que dans les premiers jours de janvier 1792 ; il reçut de ses concitoyens l'accueil le plus flatteur, mais il trouva dans sa famille un vide qui laissa une grande amertume dans son cœur : son père était mort ; cette perte qui l'avait surpris pendant ses travaux parlementaires lui

---

(1) Voir 1er vol., pag. 137.

avait causé une vive affliction. Néanmoins, le bonheur de se retrouver auprès de sa mère et de ses sœurs adoucit ses regrets, et il put espérer de goûter encore ces douceurs de famille qui avaient toujours été pour lui d'un si grand prix.

Il se livra de nouveau aux études qui avaient fait le charme de ses premières années, mais ces études devaient prendre un caractère plus élevé. Un esprit observateur comme le sien n'avait pu assister et prendre une part active aux évènemens de l'immortelle époque qui venait de finir sans y puiser de grandes leçons. Il rechercha le principe de ces évènemens pour les expliquer, et il écrivit cette magnifique introduction à la révolution française, qui, placée en tête de ses œuvres, suffirait seule à la réputation d'un écrivain.

A l'appui de cette vérité de tous les temps, que les révolutions existent dans les esprits, avant de passer dans les faits, Barnave signale la préparation lente mais progressive, et les symptômes précurseurs de ce grand mouvement, dont nos désordres financiers furent moins la cause que l'occasion. Il fit suivre cette introduction de simples récits auxquels ne saurait être donné le nom de mémoires, sur les travaux de l'Assemblée nationale et sur sa coopération à ces travaux. C'est là que, sans ménagement, sans réserve, avec la courageuse franchise d'une noble conscience, il fait l'aveu de ses torts politiques et désarme ainsi toute critique par la rigueur des jugemens qu'il porte sur lui-même.

Exemple digne d'être offert aux partis et à ces hommes d'état dont l'orgueil se fait une sorte de point d'honneur de défendre, avec une obstination de mauvaise foi, ceux mêmes de leurs actes auxquels l'opinion publique et les évènemens ont attaché la plus éclatante réprobation.

Barnave traita aussi les plus hautes questions de droit public ; ses idées, à cet égard, sont précieuses à recueillir, et soit que dans ses études politiques il se demande si l'établissement d'une république est possible en France, et s'il est favorable à l'égalité ; soit qu'il apprécie l'utilité de l'opposition dans un gouvernement constitutionnel ; soit qu'il juge le rôle d'un parti mixte, ou tiers parti, dans les assemblées délibérantes ; soit qu'il examine ce que sont et ce que doivent être, dans une monarchie, les ministres, les magistrats, le clergé ; soit, enfin, qu'il suive les progrès de l'ordre social dans ses divers périodes, il se montre toujours publiciste profond, écrivain éloquent. C'est surtout en homme de bien, qu'après avoir fait ressortir les avantages de la probité en politique et ceux de la force unie à la raison dans les affaires, il expose tout ce qu'il y a de faux et de vain pour un homme public dans la popularité : ses aperçus sont de tous les temps, et la plupart ont tellement le mérite de l'à-propos, qu'on les croirait écrits d'hier. La composition et la marche des partis dans les révolutions, l'influence des capitales sur les empires, la balance du commerce, les lois de l'impôt; un rapide abrégé du droit international de l'Europe depuis la paix de Westphalie, sorte de manuel que consulteront toujours avec fruit ceux qui voudront avoir une juste idée des rapports de la France avec les autres états : tels sont les graves sujets sur lesquels s'exerça tour-à-tour la supériorité de cette haute et lumineuse intelligence.

Si dans le cours de ses recherches politiques, Barnave est appelé à tracer quelques-uns des portraits qui appartiennent, soit à notre révolution, comme ceux de Mirabeau et de Robespierre, soit à l'histoire, comme ceux d'Elisabeth et de Charles II, la hardiesse du pinceau, la vérité de l'expression, la sobriété des couleurs, tout y révèle le grand peintre dont le coup-d'œil est aussi juste que sa main est sûre.

Mais dans cette sphère d'action où Barnave avait vu les hommes de près, il les avait aussi observé avec soin ; les appréciations auxquelles il s'est livré en font foi. Après avoir considéré les agrégations, leurs gouvernemens, leurs lois, il juge les individus, et recherche le mobile de leurs actions ; ainsi, pénétrant dans les profondeurs de l'âme, il examine quelles sont ses facultés, ses qualités, ses vices, ses faiblesses.

Il soumet l'esprit au même examen ; il indique ce qui constitue sa grandeur ou son abaissement, ce qui le rend tantôt philosophique et spéculatif, tantôt exclusif et sceptique, tantôt méthodique et universel, grave ou frivole ; il se montre sans pitié pour ses caprices, ses ridicules, ses préjugés ; mais quand il parle de sa marche rapide, et que, suivant ses progrès, il s'élève jusqu'à la hauteur du génie, jusqu'à cette illumination de la pensée, qui enfante les choses dignes de mémoire, et donne la vie aux sublimes ouvrages, il se laisse voir à nu, et manifeste à quel point il est lui-même un grand esprit, une grande lumière ; puis, distinguant avec un discernement parfait l'homme pensant de l'homme sensible, il signale la différence de leurs aperçus, la diversité de leurs jugemens ; l'un, guidé par la raison, l'autre, conduit par le cœur, et tous deux se rencontrant rarement dans une route qui, dès l'abord, semblait cependant devoir leur être commune.

Les femmes n'échappent pas à ses observations ; en exposant les diverses nuances de leur caractère, leur susceptibilité, la finesse de leur tact, il les juge avec peu d'indulgence, ce qui ne s'explique que par l'impression qu'avait dû faire sur lui la corruption élégante, étalée dès ses plus jeunes années à ses regards, par cette partie de la société qui, dans la ville qu'il habitait, avait fourni ses traits les plus saillans, ses tableaux de mœurs les plus scandaleux à l'autour d'un de ces romans dont la licence fit la principale célébrité ; corruption trop réelle, mais qui, se concentrant dans une sphère très limitée, ne pouvait entrer dans une appréciation philosophique qu'à titre d'exception.

Toutefois, c'était peu d'avoir exposé le principe de nos passions et de nos erreurs, de nos qualités et de nos vices ; il fallait, pour que cette étude présentât toute l'efficacité dont elle était susceptible, demander, en outre, à la nature de l'homme, à la constitution de la société, des maximes de conduite propres à servir de règle à nos actions, et à nous défendre des écueils contre lesquels se brise trop souvent la fragilité humaine.

Ainsi fit Barnave, et c'est surtout dans cette partie complémentaire de son œuvre que ressort tout ce qu'il y avait d'honnêteté et de candeur dans une âme assez généreuse, assez élevée, assez sûre d'elle-même, pour ne pas craindre, en indiquant aux autres les moyens de s'affermir dans le bien, de dévoiler ses plus secrets mouvemens, et jusqu'à ses plus intimes faiblesses ; admirable et naïf enseignement qui persuade en même temps qu'il éclaire, et communique irrésistiblement, avec le désir d'être meilleur, la force et le pouvoir de le devenir !

Mais les observations de Barnave n'avaient pas seulement l'homme moral pour objet, il voulut les porter aussi sur l'homme physique. Ce fut après l'époque où nous sommes parvenus, et pendant sa détention, que s'accomplit principalement ce travail de sa pensée; l'uniformité de la prison lui permettant comme il le dit lui même, de saisir plus facilement, et dans leurs plus légères nuances, les influences qu'il avait à étudier et à décrire.

Alors Haller avait bien exposé ses savantes théories, mais Cabanis, Bichat ne les avaient pas encore rendues populaires; Barnave était complètement étranger aux sciences physiologiques, il ne put donc en recevoir aucun secours; mais il rendit compte de ce qu'il éprouvait, il constata ce qui résultait de ses impressions, et si quelques-uns de ses aperçus paraissent aujourd'hui aux hommes spéciaux, en opposition avec certaines règles de l'art, le philosophe y trouvera matière à méditation sur l'usage et le ménagement des forces, sur le relâchement et la tension des organes, sur les sens, sur les effets divers de la température, des alimens, de certaines boissons, de l'activité, du repos; il y recueillera des notions que la science elle-même n'offre pas toujours. On lira surtout avec intérêt et profit des remarques intitulées *Hygiène de l'esprit*, applicables aux savans, aux gens de lettres, à tous ceux qui vivent de la vie intellectuelle.

Selon son habitude, Barnave n'écrivait jamais long-temps sur le même sujet; il variait ses travaux, et souvent, dans la même journée, il passait plusieurs fois d'une matière à l'autre ; ainsi il se délassait de ses études toutes politiques ou toutes morales, en se livrant à d'autres études purement littéraires.

Ce qu'il a laissé dans ce dernier genre atteste la pureté de son goût : soit qu'il traite de la didactique, de la dialectique, ou de la littérature en général ; soit qu'il expose ses idées sur l'éloquence et l'art oratoire, sur l'histoire et sur la manière de l'étudier avec fruit, soit qu'il se délasse à des compositions légères, comme il le fait dans la gracieuse allégorie intitulée : *De la Poésie et de la Philosophie*, on reconnaît toujours l'écrivain distingué qui s'est formé à l'école des grands maîtres.

Il a même eu le mérite, dans la plupart de ses jugemens littéraires, de devancer son époque.

Ainsi, protégés alors par le despotisme philosophique du siècle qui finissait, certains écrivains avaient obtenu sur l'opinion une puissance qu'ils n'ont pas conservée au même degré ; Barnave, dans son indépendance, les appréciait déjà au point de vue vrai, sous lequel ils nous apparaissent aujourd'hui. Rousseau, Voltaire, Raynal, Diderot, Mably, étaient à ses yeux, il y a un demi-siècle, ce qu'ils sont pour nous à cette heure ; il savait admirer le génie sans s'en laisser éblouir, preuve irrécusable de cette fermeté d'esprit indépendante de toute influence extérieure !

Et, cependant, Barnave n'écrivait que pour lui-même : quelque sujet qu'il traitât, rien n'annonce qu'il eût l'intention de publier un jour ses réflexions; il jetait ses pensées sans ordre, sans suite, avec l'abandon dans lequel elles venaient à lui, mêlées plus souvent sur la même feuille à d'autres pensées relatives à des sujets tout différens ; encore moins les classait-il, et ce n'a pas été un travail facile que de les séparer, puis de les réunir dans un ordre méthodique, de les placer sous des titres généraux, et de les subdiviser en titres secondaires, chaque fois que la matière l'exigeait. C'est ainsi qu'après un demi-siècle, Barnave va nous apparaître sous un jour nouveau, avec son intelligence tout entière, et dans toute la vérité de son âme et de ses idées.

Cette publication de ses œuvres ne renferme pas une ligne qui ne soit de lui ; au fond comme en la forme, aucune modification n'est venue altérer un texte pour lequel le respect a été porté si loin qu'on a laissé subsister jusqu'à des obscurités et des incorrections de langage, toutes les fois qu'on a pu craindre qu'un changement, si léger qu'il fût, n'atteignît dans sa substance la pensée de l'auteur, ou ne lui ôtât son caractère d'originalité.

Mais pendant qu'il se livrait à ses douces occupations, l'orage grossissait à Paris et répandait sur toute la France un reflet de tristesse et de douleur.

La nouvelle assemblée, toute composée d'hommes sans expérience, bien qu'animés d'intentions pures, était devenue l'instrument de ceux dont les desseins étaient depuis long-temps arrêtés, et qui cherchaient à précipiter le mouvement révolutionnaire. La guerre étrangère était déclarée; les massacres d'Avignon avaient eu lieu. Pour pouvoir plus facilement commettre un attentat sur la personne du roi, on l'avait privé de sa garde constitutionnelle, et cette fatale mesure n'avait pas tardé à être suivie de la journée du 20 juin, triste précurseur d'une journée plus fatale encore.

Rien ne peut peindre la consternation de Barnave en apprenant ces tristes événemens. Il sentit un moment le découragement s'emparer de lui, et il lui fallut pour le surmonter toute la force de sa raison, toute l'énergie de sa confiance dans le triomphe de la vraie liberté et dans l'avenir de la France. Ces lignes, qu'il écrivit alors, peignent la situation de son âme : « Quel espace immense franchi dans ces
» trois années, et sans que nous puissions nous flat-
» ter d'être arrivés au terme! — Nous avons remué
» la terre bien profond, nous avons trouvé un sol
» fécond et nouveau, mais combien en est-il sorti
» d'exhalaisons corrompues? Combien d'esprit dans
» les individus, combien de courage dans la masse;
» mais combien peu de caractère réel, de force
» calme et surtout de vertu! — Arrivé sur nos

» foyers, je me demande s'il n'eût pas autant valu
» ne jamais les quitter? Et j'ai besoin d'un peu de
» réflexion pour répondre, tant la situation où nous
» a placés cette nouvelle assemblée abat le courage
» et l'énergie. » — Puis il ajoute : « Cependant,
» pour peu qu'on réfléchisse, on se convainc que,
» quoi qu'il arrive, nous ne pouvons pas cesser d'ê-
» tre libres, et que les principaux abus que nous
» avons détruits ne reparaîtront jamais. Combien
» faudrait-il essuyer de malheurs pour faire oublier
» de tels avantages! »

Hélas! ce qui avait été tenté le 20 juin réussit le 10 août, et l'assemblée législative, trop faible pour sauver la royauté, ne sut que léguer à la Convention la triste mission de prononcer sur le sort du monarque et de sa famille.

Des commissaires avaient été nommés dans le sein de l'assemblée, pour se transporter aux Tuileries et visiter les papiers qui pouvaient s'y trouver : le 15 août le député Larivière monta à la tribune et annonça en leur nom, qu'ils avaient trouvé dans un des secrétaires du cabinet du roi, une pièce écrite par le ministre de Lessart, ayant pour titre : *Projet du comité des ministres, concerté avec Messieurs Alexandre Lameth et Barnave*; il ajouta, que le titre de cette pièce était de la main de Louis XVI, assertion rectifiée plus tard par les commissaires, qui, tout en prétendant qu'ils avaient cru reconnaître l'écriture du roi et celle de M. de Lessart, convinrent qu'ils n'avaient à cet égard aucune certitude.

Cette pièce, sans authenticité, sans caractère ni signature, était une sorte de conseil donné au roi, en forme de note sommaire ; elle portait :

« 1° Refuser la sanction (au décret qui condamnait
» les émigrés à la mort et les prêtres à la dépor-
» tation) ;

» 2° Écrire une nouvelle lettre aux princes, d'un
» ton fraternel et royal ;

» 3° Nouvelle proclamation sur les émigrans, d'un
» style ferme, en marquant bien l'intention de main-
» tenir la constitution ;

» 4° Réquisition motivée aux puissances, de ne
» souffrir sur le territoire aucun rassemblement,
» armement, ni préparatifs hostiles ;

» 5° Établir trois cours martiales, et faire, s'il
» est nécessaire, de nouvelles dispositions, déser-
» tions, remplacemens, etc... »

La note était terminée par cette indication que tous les ministres devraient se rendre à l'assemblée, pour lui faire connaître ces mesures et rendre compte de leur exécution.

Certes, rien n'était plus constitutionnel que de tels projets ; rien aussi n'était plus patriotique, puisqu'ils avaient pour objet d'éloigner la guerre étrangère.

Cependant, l'esprit de parti voulut y voir un plan de conjuration. Cambon y trouva une preuve de l'existence du cabinet autrichien : « La cour » croyait, dit-il, que le jour des vengeances était » arrivé pour elle ; ces jours doivent être ceux de la » justice du peuple; » et il demanda que les deux ex-constituans fussent décrétés d'accusation.

Pas une voix ne s'éleva pour prendre leur défense, et l'assemblée, à l'unanimité, adopta la proposition.

Fauchet fit alors observer que l'assemblée ne serait pas conséquente avec elle-même, si elle ne prenait la même mesure à l'égard du comité des ex-ministres, et, aussitôt, Duportail, Duport-Dutertre, Bertrand, Montmorin et Tarbé, furent également décrétés.

L'acte d'accusation fut présenté à la séance du 26 août et adopté dans celle du 29. En conséquence, Barnave, Alexandre Lameth et les ex-ministres furent renvoyés devant la haute cour nationale, comme inculpés « d'avoir conspiré contre la cons- » titution, la sûreté générale de l'État, la liberté et » la souveraineté de la nation française. »

Ce fut au milieu de sa famille que Barnave fut informé de cette accusation. Trois députés, en mission à l'armée du Midi, et qui se trouvaient à Grenoble, s'étaient hâtés, dans l'excès de leur zèle, de faire publier et afficher dans tout le département de l'Isère, les pièces dénoncées à l'Assemblée.

Barnave qui en ignorait complètement l'existence, ne savait à quoi les rattacher, ni comment son nom pouvait s'y trouver mêlé. Seulement, en consultant ses souvenirs, il se rappela les circonstances que voici : Lié depuis long-temps avec l'ancien ministre de la justice Duport-Dutertre, pour lequel il avait une profonde estime, il était allé plusieurs fois chez lui, pendant le temps qui s'était écoulé depuis la clôture de l'Assemblée constituante, jusqu'à son départ de Paris; s'y étant rendu un soir avec Alexandre de Lameth, il y trouva plusieurs de ses collègues. On y parla du décret que l'assemblée venait de rendre contre les émigrés; le ministre laissa entrevoir que le roi refuserait sa sanction à l'article 4 de ce décret : Barnave objecta que la sanction était indivisible, et qu'on ne pouvait rejeter un article et adopter le reste. La conversation devint alors générale; on parla de l'avantage qu'il y aurait à faire tourner au profit de la chose publique ce premier acte de la liberté du monarque, et il parut désirable à tous qu'au moment où le roi prouverait à l'Europe qu'il était libre, il annonçât avec force son intention de maintenir la constitution ; on pensa qu'il devait agir avec vigueur auprès des émigrés, pour les déterminer à rentrer dans le royaume, et auprès des puissances pour les engager à les repousser de leurs états et à dissoudre leurs rassemblemens. Cette conversation n'eut rien de mystérieux ni de concerté; il est possible que le ministre, d'accord avec ses collègues, eût remis au roi le résumé des principaux points qui y avaient été traités, et que, pour leur donner plus de poids, il les lui eût présentés comme ayant l'assentiment de Barnave et d'Alexandre de Lameth, dont il connaissait le dévouement à sa personne et à la monarchie. Telle était l'unique part que l'un et l'autre pouvaient avoir eu dans un fait si insignifiant, d'ailleurs, par lui-même; et c'était cependant sur cette frêle base que reposait l'imputation d'avoir trahi leur patrie, dirigée contre deux ex-constituans et un ancien cabinet tout entier!

Barnave fut immédiatement arrêté; il se trouvait alors dans sa maison de campagne à Saint-Robert. Ce fut pendant la nuit que la force armée se présenta chez lui; il devait, le lendemain, passer la revue des gardes nationales environnantes, dont il était le commandant, et on avait craint leur opposition.

Conduit dans les prisons de Grenoble, il fut mis au secret; sa mère parvint cependant à le voir, sous le déguisement d'une servante chargée de lui porter ses repas. Lorsque le secret fut levé, elle put, avec ses filles, passer toutes les soirées auprès de lui. Un jeune homme de dix-huit ans, M. David, élevé dans sa famille, et de l'éducation duquel Barnave avait particulièrement pris soin, lui donna les plus grandes marques de dévouement : il s'enferma avec lui, ne le quitta plus, et adoucit, autant qu'il fut en lui, les longues heures de sa captivité (1).

Le caractère de Barnave ne reçut aucune altération des rigueurs dont il était l'objet ; soumis et résigné, il s'occupait moins de lui que de la France, et des maux que la guerre pouvait attirer sur elle : « Vous me rendez, sûrement, assez de justice, écri- » vait-il à un de ses amis, pour croire que le pre- » mier vœu de mon cœur et le dernier de mes sou- » pirs sera pour l'indépendance de mon pays, et » que j'aimerais mieux voir nos affaires intérieures » encore plus embrouillées qu'elles ne paraissent » l'être, que raccommodées par les étrangers. »

Il lisait les papiers publics, et suivait avec une grande attention la marche des évènemens; il les méditait ; puis, selon son usage ordinaire, il jetait sur le papier les réflexions que ces évènemens lui suggéraient.

Le sort du roi le préoccupait beaucoup ; il eût ardemment désiré pouvoir le défendre, et il fut au moment d'écrire pour en solliciter l'autorisation ; mais il réfléchit que la défaveur attachée à son nom rejaillirait inévitablement sur l'auguste accusé, et ce fut avec douleur qu'il renonça à ce projet, déplorant amèrement, dans cette circonstance, sa popularité perdue et la privation de sa liberté.

(1) M. David est maintenant receveur de l'enregistrement à Vienne (Isère).

Les notes imparfaites, laissées par lui, indiquent quel est le plan qu'il aurait adopté, s'il lui eût été donné d'accomplir cette noble mission.

Après dix mois de séjour dans les prisons de Grenoble, il fut transféré au fort Barraux; ce fut l'arrivée de Dubois de Crancé, commissaire de la Convention, qui détermina cette mesure. L'officier chargé de l'exécuter refusa d'emmener le jeune David; celui-ci courut chez le proconsul, afin d'en obtenir la périlleuse faveur à laquelle il aspirait de toute la généreuse ardeur de sa belle âme. « Pourquoi, lui demanda Dubois de Crancé, voulez-vous vous enfermer avec Barnave? Avez-vous bien pensé à ce que vous faites? — Pour me dévouer à son malheur, répondit David. » Dubois de Crancé, après avoir fixé sur lui un long regard, « Allez, dit-il, brave jeune homme, le commandant du fort vous recevra. »

Pendant son séjour à Barraux, Barnave eût pu facilement s'évader; le voisinage de la frontière lui en offrait les moyens; la surveillance n'était d'ailleurs pas sévère, les fenêtres de son appartement étaient basses et n'avaient pas de barreaux. Un jour, la sentinelle qui le gardait, jeune recrue, s'étant endormie, Barnave la réveilla et lui dit: « Si je m'échappais, que deviendrais-tu? »

Ses amis, sa famille, le pressaient vivement de fuir. Il s'y refusa constamment; il leur opposait

l'engagement pris avec lui-même de ne jamais donner l'exemple de ce qu'il avait une fois blâmé. « Je pourrais émigrer, leur disait-il, si j'étais de-
» meuré étranger aux affaires de mon pays; mais
» lorsque j'y ai pris une part aussi active, c'est l'é-
» vidence même des dangers que vous redoutez
» pour moi, qui me défend de quitter ma patrie, si
» malheureuse en ce moment! »

Les amis de Barnave, cependant, ne se reposaient pas; l'un d'eux, dont la situation était aussi fort critique, conçut le projet de lui faire rendre la liberté. Il savait que Danton, quand le désordre des passions ne l'entraînait pas, était parfois accessible : il alla le trouver et obtint la promesse de son appui. « Mais, objecta Danton, plusieurs individus, puis-
» sans aujourd'hui, croient avoir été personnellement
» désignés par Barnave, lorsqu'il disait à la tribune :
» *Ces hommes qui grandissent et grossissent dans*
» *les troubles, comme les insectes dans la corrup-*
» *tion!* ils ne lui ont pas pardonné ces mots, et c'est
» eux que nous avons à craindre. »

Danton ne tarda pas à annoncer que tous les chefs étaient d'accord, que les portes de sa prison seraient ouvertes à Barnave, mais qu'il fallait qu'il écrivît à la Convention pour lui en faire la demande.

Cette réponse fut transmise au prisonnier du fort Barraux; on ne s'attendait pas à ce que l'obstacle le plus invincible vînt de lui-même; de lui, qui, si indulgent pour les autres, ne pactisait jamais avec ce qu'il croyait être son devoir. Il se refusa à cette démarche, la seule cependant qui pût le sauver, et il écrivit à son ami : « Leur demander justice, ce » serait reconnaître la justice de leurs actes anté- » rieurs, et ils ont fait périr le roi ! Non, j'aime » mieux souffrir et mourir que de perdre une nuance » de mon caractère moral et politique. »

De son côté, Boissy-d'Anglas, cette gloire de la France, cet homme auquel son sublime courage non moins que ses talens, a valu l'insigne honneur d'être réélu, après la Convention, par plus du tiers des départemens, n'avait pas cessé de porter à Barnave l'intérêt le plus actif; c'est lui qui avait réussi par des efforts persévérans à le retenir jusque là dans les prisons de l'Isère.

Après trois mois de séjour à Barraux, l'approche de l'armée sarde, qui menaçait cette partie de la frontière, fit transférer Barnave à Saint-Marcellin. Il fut retenu encore pendant deux mois dans les prisons de cette ville ; mais le commissaire de la Convention en mission à Grenoble, voulant donner des gages de son zèle, et fatigué de voir Barnave l'objet des plus vives sympathies de ses concitoyens, donna enfin l'ordre de sa translation à Paris.

Cet ordre s'exécuta le 3 novembre 1793. Barnave, sans espoir, mais calme, monta dans une voiture avec l'officier de gendarmerie chargé de com-

mander l'escorte. Il voyagea à petites journées, et de Bourgoin il écrivit à Boissy-d'Anglas pour le prévenir de son sort. « Homme vertueux, lui di-
» sait-il, qui, ne m'ayant point recherché quand
» j'étais dans la prospérité, êtes devenu mon
» ami quand j'ai été malheureux. Ma conscience
» est pure, je défie qu'on prouve contre moi un
» seul fait dont j'aie à rougir. — J'ai recom-
» mandé à ma mère de vous voir. (Elle le sui-
» vait)...... Devenez son ami dans un temps plus
» tranquille, elle en est digne, et si les choses tour-
» naient contre ses vœux, elle aurait un besoin
» extrême de consolation.... Je ne me dissimule
» pas la force des préventions que je vais avoir à
» combattre, et quoique je regarde mon sort comme
» à peu près fixé d'avance, je crois devoir à moi-
» même de ne rien omettre pour les surmonter;
» et ne fût-ce que pour laisser après moi une mé-
» moire honorable, je donnerai tous mes soins à
» ma justification. »

Les dispositions des populations qu'on eût traversées, si on eût suivi la route directe, faisant craindre qu'on ne tentât d'enlever le prisonnier, on passa par la Bourgogne. Il fut rejoint à Beaune par madame Barnave, accompagnée de l'une de ses filles, depuis madame Saint-Germain, et du jeune David. Le lendemain elle le rejoignit encore à Dijon, et chaque fois, grâce à l'humanité de l'officier de gendarmerie,

elle put loger dans le même hôtel. C'est de cette dernière ville que Barnave écrivit à celle de ses sœurs qui était restée à Grenoble, cette lettre déjà plusieurs fois publiée, et qui respire toute la tendresse et toute l'énergie de son âme. Il n'y pense qu'à sa mère, à ses sœurs, il veut qu'elle soit lue en commun après qu'il ne sera plus; il les console, il les exhorte à la résignation, il leur donne des conseils pour l'avenir; il les supplie de ne pas s'affliger sur son sort. « J'ai cru long-temps
» aux chimères, leur dit-il, mais j'en suis bien
» désabusé, et au moment où je suis prêt à quitter
» la vie, le seul bien que je regrette c'est l'amitié....
» La mort n'est rien, ajoute-t-il.... Aujourd'hui
» c'est mon idée habituelle, et j'existe avec elle
» aussi calme et serein, que si je ne l'apercevais
» comme les autres hommes que dans un vague
» éloignement. — Séparez donc tout-à-fait de la
» douleur que vous causerait mon sort, tout ce qui
» se rapporterait au sentiment de mon propre mal-
» heur; n'y voyez que le vôtre, car il sera réel, et
» donnez lui tous les adoucissemens dont une perte,
» si grande qu'elle puisse être, est toujours suscep-
» tible, lorsqu'elle n'affecte que soi, et qu'on n'y
» fait point entrer un sentiment de compassion
» pour ce que l'on aime. »

A Dijon, l'escorte de Barnave fut renvoyée et le voyage s'acheva en poste avec deux gendarmes dans la voiture. Il fallut se séparer de sa mère et de sa sœur qui, dans l'espoir que leurs démarches auraient quelque succès, le devancèrent et arrivèrent à Paris deux jours avant lui.

Mais, hélas! qu'espérer des hommes de sang qui gouvernaient la France? Le zèle, l'amitié si ardente de Boissy d'Anglas avaient tout tenté inutilement. La circonstance que nous allons rapporter montrera si alors un appel à l'humanité était possible!

Le député Bazire, après avoir participé à tous les crimes qui avaient souillé cette déplorable époque, en avait maintenant horreur; il portait quelque intérêt à Barnave, et c'était par son moyen, et en employant auprès de lui une tierce personne, que Boissy d'Anglas était parvenu à faire retarder cette translation à Paris, fatal acheminement vers l'échafaud; l'intermédiaire était absent et le moment pressait.

Boissy d'Anglas prit le parti de se rendre chez Bazire, auquel il n'avait jamais parlé. Il lui exposa en peu de mots le motif de sa visite. Bazire lui répondit avec douleur: « Je suis affligé de ce que vous
» me dites, mais je ne puis rien faire pour votre
» ami; j'ai moins d'influence que vous et vous ne
» tarderez pas à le voir... Je suis touché de l'inté-
» rêt que vous prenez à un jeune homme que j'aime
» et de la confiance que vous m'accordez; je veux
» vous prouver combien j'y suis sensible en vous
» donnant un conseil utile: Ne faites auprès d'aucun

» autre, pour Barnave, la démarche que vous venez
» de faire auprès de moi : vous vous perdriez in-
» failliblement et vous ne le sauveriez pas. »

Un mois après cet entretien, Bazire périssait lui-même sous les coups de ses anciens complices.

Barnave fut déposé à la Conciergerie, parmi les nombreuses victimes dévouées comme lui à la mort. Il y trouva Duport-Dutertre, le seul de ses co-accusés qui eût été arrêté, et qui devait être jugé avec lui. Ce jugement eut lieu dix jours après.

Dans cet intervalle, Barnave ne put voir sa mère que deux fois et sa sœur seulement une ; c'était la commune de Paris qui délivrait aux parens les permissions de communiquer, et elle s'en montrait toujours avare. Ces momens de douloureux épanchemens furent donc bien courts ; encore avait-on ordre de les abréger !

Mais le jour du jugement approchant, on voulut exercer sur Barnave la plus cruelle des tortures ; on connaissait la trempe de son âme ; on redoutait l'influence de cette parole puissante lorsqu'il serait en présence du tribunal révolutionnaire, et on espéra se rendre maître de son courage en affaiblissant ses forces physiques.

Si c'est un devoir pour nous de ne pas dissimuler ce qui dégrade l'humanité, nous sommes heureux de proclamer également ce qui l'honore. Un homme, qu'une protection céleste a seule pu sauver, lorsque chaque jour il exposait sa vie pour le salut ou la consolation des proscrits, Baillot, qui avait été député de Tonnerre à l'Assemblée constituante, et qui depuis fut membre du tribunal de cassation, sans se laisser arrêter par le danger auquel il s'exposait, parvint à pénétrer dans la prison de Barnave. Il savait quelle était la force morale de son infortuné collègue. Il recula d'étonnement en remarquant dans son accent et dans ses traits des signes non équivoques d'abattement. Barnave le devina et lui dit : « Non, mon généreux ami, l'épreuve » n'est pas plus forte que mon âme; mais ce n'est » pas assez de m'ôter la vie, ils veulent encore » m'enlever l'honneur de ma mort; on me prive de » nourriture et je succombe au besoin. » Baillot courut chercher quelques alimens, qu'il eut grand-peine à dérober à l'œil vigilant des gardiens; Barnave lui en témoigna sa reconnaissance; et, lorsque ses forces furent réparées, il lui dit : « Quel service » vous m'avez rendu! à présent, je puis mourir » comme je le dois. »

Ce fut le 7 frimaire an II, ou 28 novembre 1793, que Barnave comparut devant le sanglant tribunal, devenu l'instrument le plus terrible de la révolution. Hermann le présidait; Foucauld, Verteuil, Lame, l'assistaient comme juges; Fouquier-Thinville remplissait les fonctions d'accusateur public : noms justement exécrés, puisse l'infamie qui y demeure attachée préserver à jamais l'humanité de leur voir des imitateurs! Douze individus, qui usurpaient le nom de jurés, prêtèrent serment de n'écouter *ni la haine, ni la méchanceté, et de juger avec impartialité et selon leur conscience.* Amère dérision, profanation de ce qu'il y a de plus saint dans l'administration de la justice!

A côté de Barnave, fut placé Duport-Dutertre, âgé de trente-neuf ans, que ses vertus, sa capacité et la voix de tous les citoyens de Paris avaient porté au ministère de la justice, et qui sut toujours allier ce qu'il devait à son pays et à l'infortuné monarque qui eut toutes ses affections.

Chaque accusé fut autorisé à se faire assister d'un conseil; celui qui eut le courage de prêter son appui à Barnave fut Lépidor, jeune homme qui n'avait pas encore de position au barreau, mais qui plus tard s'en fit une très honorable, et qui était digne, par ses sentimens, de remplir la périlleuse mission qu'il avait lui-même sollicitée (1).

La première séance, commencée à neuf heures, fut remplie par la lecture de l'acte d'accusation et par l'audition de quelques témoins à charge, au

(1) La vie et les plaidoyers de Lépidor ont une place distinguée dans les Annales du Barreau français, tome IX. C'est par erreur que, dans le procès-verbal du jugement de Barnave, il est nommé Lépidarale.

nombre desquels on peut être surpris de trouver le nom de Merlin de Thionville. La séance, suspendue à deux heures, fut reprise à cinq et continuée jusqu'à dix. De nouveaux témoins furent entendus; ils le furent encore dans la journée du lendemain; et, par un raffinement de cruauté, comme pour ne laisser aux accusés aucun doute sur le sort qui leur était réservé, les débats furent un moment interrompus pour donner lecture d'un décret de la Convention, qui accordait un supplément de traitement aux exécuteurs des jugemens criminels.

Ce ne fut que dans la soirée de ce second jour que Fouquier-Thinville prit la parole. Il s'arrêta peu aux motifs qui avaient fait mettre Barnave en accusation; ils étaient si frivoles qu'il était impossible d'en faire la base d'une condamnation capitale; car s'il était vrai qu'il eût conseillé au roi de refuser sa sanction aux décrets portés contre les prêtres et contre les émigrés, quel reproche avait-il encouru, puisque ce refus était au nombre des droits garantis au monarque par la constitution? Mais Fouquier-Thinville, comme le président l'avait fait dans le cours des débats, rechercha scrupuleusement les opinions de Barnave à l'Assemblée constituante; il lui fit surtout un crime de ses rapports sur les colonies; et, ce qu'il y eut d'étrange, c'est qu'après avoir fait déposer contre lui des colons réfugiés en France, sur l'effet des mouvemens que Barnave avait proposé de réprimer à Saint-Domingue, Fouquier argumenta des mêmes témoignages qui avaient servi, peu de jours auparavant, pour faire condamner Brissot par le même tribunal, quoique les opinions de cet ex-conventionnel, accusé également d'avoir causé la perte de Saint-Domingue, eussent toujours été diamétralement contraires à celles de Barnave. Entre autres griefs, Fouquier fut jusqu'à lui reprocher d'avoir parlé au jeune prince royal, pendant le retour de Varennes, et de lui avoir adressé des complimens.

Rien ne peut se comparer à la violence de ce réquisitoire; elle fut telle qu'elle indisposa même un public aguerri à ces sortes de spectacles, et qui, pour la plupart, était composé des séides de l'accusateur.

Barnave se défendit lui-même; il exposa toute sa vie, il en expliqua toutes les circonstances; et, avec la fierté d'un homme dont la conscience est irréprochable, il l'opposa en défi aux ardentes agressions de son accusateur. Plusieurs fois, il fut interrompu, soit par Fouquier, soit par le président; mais son énergie, la puissance de sa parole, les réduisaient au silence, et il put terminer cette éloquente improvisation, dont le succès, devant tout autre tribunal, n'eût pas été un moment douteux.

Sa jeunesse, son courage sans ostentation, l'évidence de son innocence, le souvenir de services si récens encore, ce langage si digne et si ferme, firent une profonde impression sur cette foule, plus nombreuse que d'ordinaire, accourue au nom de la victime et que l'attendrissement commençait à gagner ; les jurés eux-mêmes, pour la première fois, sans doute, paraissaient émus ou incertains, et un instant les amis de Barnave, qui suivaient ces débats avec une tendre et inquiète sollicitude, Boissy-d'Anglas, Baillot, osèrent espérer qu'il leur serait rendu.

Mais le président se hâta de comprimer ce mouvement ; dans un résumé aussi violent que l'accusation, où le juge s'effaçait devant l'homme de sang, Hermann s'abandonna à toutes ses haines : il fit honte au jury de son émotion, et parvint bientôt à lui rendre ces sentimens implacables qui n'admettaient ni justice ni pitié.

Les jurés s'étant retirés immédiatement après dans la salle de leurs délibérations, ils reparurent presque aussitôt et rapportèrent contre les deux accusés la déclaration qui leur était demandée. Ce fut fort avant dans la nuit que l'arrêt de mort fut prononcé.

Barnave et Duport l'entendirent sans étonnement : forts l'un et l'autre de la vertu des belles âmes, ils conservèrent leur tranquillité, et rentrèrent dans leur prison, s'entretenant avec calme, non d'eux-mêmes, ils avaient trop prévu leur sort, mais des malheurs de leur pays.

Ils n'avaient plus que quelques heures à vivre, pendant lesquelles le généreux Baillot put encore serrer la main de son ami, et à peine purent-ils prendre un peu de repos que le fatal convoi fut prêt. Barnave et Duport furent conduits sur la place de la Révolution, avec trois autres victimes, parmi lesquelles étaient un vénérable curé et sa sœur.

Bien que le public de Paris eût pu s'accoutumer à un spectacle si souvent répété, cependant le nom de Barnave réveilla ses sentimens d'humanité ; partout sur son passage, il put entendre des regrets; partout il put voir la tristesse et le deuil.

Monté sur l'échafaud, son inébranlable fermeté ne l'abandonna pas; encore une fois il voulut s'adresser à ce peuple, qui avait eu jadis pour lui, comme il le disait, presque de l'idolâtrie : pour parler à cette foule assemblée il retrouva la chaleur, l'entraînement de ses meilleurs jours; mais on en craignit les effets, il fallut précipiter le moment fatal. Barnave, pressé de terminer, le fit en adressant au ciel des vœux pour la liberté de sa patrie, et quelques secondes après, cette éloquente voix fut éteinte pour toujours, ce noble cœur cessa de battre, cette haute intelligence n'exista plus.

Barnave mourut sans avoir eu la consolation de dire un dernier adieu à sa mère et à sa sœur. Ces femmes infortunées étaient allées deux jours avant, à la commune de Paris, solliciter un nouveau permis pour se rendre auprès de lui; on s'attendait à cette démarche; des ordres les avaient prévenues, et au lieu de leur accorder l'autorisation qu'elles sollicitaient, on les y retint prisonnières. Pendant quarante-huit heures d'une douloureuse anxiété on leur laissa tout ignorer. La liberté leur fut enfin rendue, grâce encore aux démarches actives de Baillot, et ce fut en sortant qu'elles apprirent de la bouche d'une sentinelle, le jugement et la fin d'un être si cher.

Cette vie que nous venons de retracer, est pour le moraliste un grand sujet d'étude.

Jeté au milieu d'une révolution à l'âge où la plus généreuse des passions, l'amour du bien, a, comme toutes les autres, ses illusions et ses dangers; à cet âge où un cœur ardent, une imagination facile à décevoir, la confiance qui naît de l'enthousiasme, l'enivrement de la popularité, tout conspire pour nous faire dépasser le but que nous voulions atteindre, Barnave eut à lutter à la fois contre les évènemens et contre lui-même. Les évènemens! Il n'était pas en son pouvoir d'en triompher; mais il sut se vaincre, et c'est là son plus beau titre de gloire. A peine eut-il reconnu qu'il était sorti des voies dans lesquelles un patriotisme éclairé autant que sincère, lui prescrivait de se renfermer, qu'on le vit y rentrer avec un courage prêt à tout braver, résigné à tout souffrir. Modèle à présenter à ceux qui, se dévouant à la carrière publique, ne savent point assez avec quelle énergique résolution il faut affronter ses écueils, et quelle abnégation d'eux-mêmes leur impose la nécessité, souvent inévitable, de résister à ses propres entraînemens, de s'élever au-dessus des partis, au-dessus de son époque.

Barnave, en mourant, n'espéra pas des hommes une prompte justice, il y avait alors trop de passions; mais il l'espéra du temps. Il eut la confiance que sa mémoire serait un jour réintégrée dans tous ses droits à l'estime publique, et nous, qui sommes la postérité pour lui, rendons-lui le témoignage que cette confiance qui l'aida à bien mourir, n'aura pas été trompée.

BÉRENGER.

INTRODUCTION

A LA

RÉVOLUTION FRANÇAISE.

PREMIÈRE PARTIE.

CHAPITRE PREMIER.

Point de Vue Général.

On voudrait vainement se faire une juste idée de la grande révolution qui vient d'agiter la France, en la considérant d'une manière isolée, en la détachant de l'histoire des empires qui nous environnent et des siècles qui nous ont précédés. Pour en juger la nature, et pour en assigner les véritables causes, il est nécessaire de porter ses regards plus loin, il faut apercevoir la place que nous occupons dans un système plus étendu : c'est en contemplant le mouvement général qui depuis la féodalité jusqu'à nos jours, conduit les gouvernemens européens à changer successivement de forme, qu'on apercevra clairement le point où nous sommes arrivés, et les causes générales qui nous y ont conduits.

Sans doute que les révolutions des gouvernemens comme tous ceux des phénomènes de la nature qui dépendent des passions et de la volonté de l'homme ne sauraient être soumises à ces lois fixes et calculées qui s'appliquent aux mouvemens de la matière inanimée ; cependant parmi cette multitude de causes dont l'influence combinée produit les évènemens politiques, il en est qui sont tellement liées à la nature des choses, dont l'action constante et régulière domine avec tant de supériorité sur l'influence des causes accidentelles, que, dans un certain espace de temps, elles parviennent presque nécessairement à produire leur effet. Ce sont elles presque toujours qui changent la face des nations, tous les petits évènemens sont enveloppés dans leurs résultats généraux ; elles préparent les grandes époques de l'histoire, tandis que les causes secondaires auxquelles on les attribue presque toujours, ne font que les déterminer.

CHAPITRE II.

Ce qui produit la forme des Gouvernemens.

La volonté de l'homme ne fait pas les lois : elle ne peut rien, ou presque rien sur la forme des gouvernemens. C'est la nature des choses, le période social où le peuple est arrivé, la terre qu'il habite, ses richesses, ses besoins, ses habitudes, ses mœurs, qui distribuent le pouvoir; elles le donnent, suivant les temps et les lieux, à un, à plusieurs, à tous, et le leur partagent en diverses proportions. Ceux qui sont en possession du pouvoir par la nature des choses, font les lois pour l'exercer et pour le fixer dans leurs mains; ainsi les empires s'organisent et se constituent peu à peu, les progrès de l'état social créent de nouvelles sources de puissance, altèrent les anciennes, et changent la proportion des forces. Les anciennes lois ne peuvent alors subsister long-temps; comme il existe par le fait des autorités nouvelles, il faut qu'il s'établisse de nouvelles lois pour les faire agir, et les réduire en système. Ainsi les gouvernemens changent de forme quelquefois par une progression douce et insensible, et quelquefois par de violentes commotions.

Parmi les différentes bases sur lesquelles le pouvoir peut être établi, il en est trois principales dont l'influence domine toutes les autres, et qu'il importe surtout d'étudier, savoir : 1° la force armée, ou le commandement militaire ; 2° la propriété ; 3° l'empire de l'opinion. Ce sont ces puissances naturelles qui, quelquefois réunies, quelquefois opposées, servent à constituer les gouvernemens.

CHAPITRE III.

Application générale de ces idées depuis le Gouvernement féodal.

Je vais appliquer ces idées à l'histoire des institutions politiques de l'Europe depuis le gouvernement féodal. Mes observations ne seront point fondées sur des subtilités historiques, mais sur des faits universellement reconnus ; elles peuvent être susceptibles de beaucoup d'objections de détail, mais je crois le système général une solide vérité, et quelque vagues que soient nécessairement les notions qu'on peut donner en quelques pages sur un sujet aussi étendu, elles peuvent cependant jeter un plus grand jour sur ce que j'ai à dire de la marche des pouvoirs politiques en Europe.

Dans le premier période de la société, l'homme vivant de la chasse connaît à peine la propriété : son arc, ses flèches, le gibier qu'il a tué, les peaux qui servent à le couvrir, sont à peu près tout son bien. La terre entière est commune à tous. Alors, les institutions politiques, s'il en existe quelque commencement, ne peuvent avoir la propriété pour base; la démocratie n'y est autre chose que l'indépendance et l'égalité naturelle; la nécessité d'un chef dans les combats y donne les premiers élémens de la monarchie; le crédit du savoir, toujours d'autant plus grand que la masse des hommes est plus ignorante, y donne naissance à la première aristocratie, celle des vieillards, des prêtres, des devins, des médecins, origine des brames, des druides, des augures; en un mot, de toute aristocratie fondée sur la science, qui partout a précédé celle des armes et celle de la richesse, et qui, dès l'origine de la société, acquiert toujours un grand pouvoir par quelques services réels soutenus d'un grand accessoire de tromperie.

Lorsque l'accroissement de la population fait sentir à l'homme le besoin d'une subsistance moins précaire et plus abondante, il sacrifie pour exister une portion de son indépendance, il se plie à des soins plus assidus : il apprivoise des animaux, élève des troupeaux et devient peuple pasteur. Alors la propriété commence à influer sur les institutions; l'homme attaché au soin des troupeaux n'a plus toute l'indépendance du chasseur; le pauvre et le riche cessent d'être égaux, et la démocratie naturelle n'existe déjà plus. La nécessité de protéger et de défendre les propriétés oblige de donner plus d'énergie à toute autorité militaire et civile; ceux qui en disposent attirent les richesses par le pouvoir, comme par les richesses ils agrandissent le pouvoir et le fixent dans leurs mains; enfin, dans cet âge des sociétés, il peut exister des combinaisons où le pouvoir aristocratique ou monarchique acquiert une extension illimitée. Des exemples pris dans plusieurs régions asiatiques le prouvent, mais il n'entre pas dans mon sujet de les développer.

Enfin, les besoins de la population s'accroissant toujours, l'homme est obligé de chercher sa nourriture dans le sein de la terre; il cesse d'être errant, il devient cultivateur. Sacrifiant le reste de son indépendance, il se lie pour ainsi dire à la terre et contracte la nécessité d'un travail habituel. Alors la terre se divise entre les individus, la propriété n'enveloppe plus seulement les troupeaux qui couvrent le sol, mais le sol lui-même;

rien n'est commun : bientôt les champs, les forêts, les fleuves même deviennent propriété; et ce droit, acquérant chaque jour plus d'étendue, influe toujours plus puissamment sur la distribution du pouvoir.

Il semblerait que l'extrême simplicité d'un peuple purement agricole devrait s'accorder avec la démocratie; cependant un raisonnement plus approfondi, et surtout l'expérience prouve que le moment où un peuple est parvenu à la culture des terres et où il ne possède pas encore cette industrie manufacturière et commerciale qui lui succède, est de tous les périodes du régime social celui où le pouvoir aristocratique acquiert le plus d'intensité. C'est à cette époque qu'il domine et qu'il subjugue presque toujours les influences démocratique et monarchique.

Rarement, et jamais peut-être, il n'est arrivé que la première distribution des terres se soit faite avec une certaine égalité. Si le partage a lieu sur une terre vierge et possédée par le simple droit d'occupation, le peuple ayant toujours quelques institutions politiques, quelques pouvoirs établis au moment où arrive ce troisième période de la société, la distribution des terres se fera en raison des rangs, du pouvoir et de la quantité de troupeaux dont chacun jouit ; que ferait le pauvre et le faible d'un vaste champ qu'il ne pourrait défricher ? il se réduira de lui-même au nécessaire, tandis qu'un chef occupera toute l'étendue qu'il peut couvrir par ses troupeaux et cultiver par ses serviteurs et ses esclaves ; car c'est une circonstance humiliante de l'histoire des sociétés, que la propriété des hommes a presque toujours précédé celle des terres, comme l'usage de la guerre, qui fait les esclaves, a précédé le degré de population qui fait un besoin de la culture et du travail.

Si la possession de la terre est le fruit de la conquête, l'inégalité de la distribution sera plus grande encore, suivant les usages qui règnent à cette époque. La conquête presque toujours dépouille les vaincus de la plus grande partie de leurs biens et souvent les réduit à l'esclavage ; parmi les vainqueurs, elle n'enrichit guère que les chefs, à peine le soldat trouve-t-il dans son lot à nourrir, pendant quelque temps, son orgueilleuse oisiveté.

Ainsi, dès le premier moment où un peuple cultive la terre, il la possède ordinairement par portions très inégales. Mais quand il existerait d'abord quelque égalité, pour peu que par la marche nécessaire des choses elle s'altérât, l'inégalité des portions deviendrait bientôt excessive. C'est un principe certain, que là où il n'existe d'autre revenu que celui des terres, les grandes propriétés doivent peu à peu engloutir les petites ; comme là où il existe un revenu de commerce et d'industrie, le travail des pauvres parvient peu à peu à attirer à lui une portion des terres des riches.

S'il n'existe d'autre produit que celui des terres, celui qui n'en possède qu'une petite portion sera souvent réduit, ou par sa négligence, ou par l'incertitude des saisons, à manquer du nécessaire ; alors il emprunte du riche, qui lui prêtant chaque année une faible portion de son épargne, parvient bientôt à s'approprier son champ. Plus il l'a appauvri, plus il le tient dans sa dépendance ; il lui présente alors, comme une faveur, la proposition de le nourrir en lui faisant cultiver ses propres terres et de l'admettre parmi ses serviteurs ; si même la loi l'y autorise, il achètera jusqu'à sa liberté.

Le cultivateur sacrifie ainsi toute l'indépendance que la nature lui a donnée ; le sol l'enchaîne parce qu'il le fait vivre.

Pauvre, disséminé dans les campagnes, assujetti par ses besoins, il l'est encore par la nature de ses travaux qui le sépare de ses semblables et l'isole. C'est le rassemblement des hommes dans les villes qui donne au faible le moyen de résister par le nombre à l'influence du puissant, et c'est le progrès des arts qui rend ces rassemblemens nombreux et constans.

Enfin, dans cet âge de la société, le pauvre n'est pas moins asservi par son ignorance, il a perdu cette sagacité naturelle, cette hardiesse d'imagination qui caractérisent l'homme errant dans les bois, ces usages et ces maximes de sagesse qui sont le fruit de la vie contemplative des peuples pasteurs. Il n'a point encore acquis les lumières et la hardiesse de penser, que la richesse et le progrès des arts font pénétrer dans toutes les classes de la société; habituellement seul, absorbé par un travail continuel et uniforme, il offre l'exemple du dernier degré d'abaissement auquel la nature humaine puisse tomber : toutes les superstitions ont alors le droit de l'asservir. C'est ainsi que quelques citoyens acquièrent facilement sur la multitude le triple empire de la richesse, de la force et de l'instruction, et qu'ils fixent dans leurs mains le gouvernement de l'état, la juridiction, le commandement militaire, le sacerdoce.

Ordinairement, à cette époque, le pouvoir monarchique décroît dans la même proportion que le pouvoir aristocratique s'agrandit.

Tant que les peuplades ont vécu par la chasse ou par les troupeaux, errantes sur la terre, faisant sans cesse des émigrations, disputant le territoire à d'autres peuplades, joignant souvent la ressource du brigandage à leurs occupations habituelles, et faisant la guerre par nécessité ou par oisiveté, elles ont presque toujours eu besoin d'un général, ou d'un chef; mais, en se pliant à la culture des terres, elles se fixent; leur existence, dans les commencemens encore, chancelante et agitée, devient toujours plus pacifique et tranquille, et le pouvoir monarchique déchoit parce qu'il cesse d'être utile, et parce que l'aristocratie, qui s'élève alors, lui dispute et lui enlève bientôt la prééminence.

Dans cet état de choses, il se formera difficilement de grands empires; si les évènemens politiques les établissent, ils ne pourront guère subsister que sous une forme fédérative; comme il n'existe point de commerce, les parties ne sont point unies entre elles par leurs besoins et leurs communications réciproques, et, comme il n'existe presqu'aucun moyen de lever des tributs dans un pays où il n'y a aucune accumulation de capitaux, la puissance du centre ne peut entretenir une force assez considérable pour maintenir l'unité et l'obéissance ; la force reste dans les parties de territoire où les richesses se recueillent et se consomment, et, si ces portions sont unies entre elles, ce ne peut être que pour leur sûreté réciproque et par un pacte fédératif.

Le règne de l'aristocratie dure autant que le peuple agricole continue à ignorer ou à négliger les arts, et que la propriété des terres continue d'être la seule richesse.

Comme la marche naturelle des sociétés est de croître sans cesse en population et en industrie jusqu'à ce qu'elles soient parvenues au dernier degré de la civilisation, l'établissement des manufactures et du commerce doit naturellement succéder à la culture ; cependant deux causes puissantes peuvent considérablement presser ou retarder les progrès de cette dernière époque : la situation géographique, qui appelle les hommes au commerce ou les isole, multiplie entre eux les communications ou les leur refuse, leur ouvre ou leur ferme la mer ; et les institutions politiques, qui leur font estimer ou mépriser le commerce, et qui portent leur activité ou vers les arts de la guerre qui consomment la population et arrêtent les richesses, ou vers les arts de la paix qui multiplient rapidement les hommes et les biens.

A la longue, les institutions politiques adoptent, si l'on peut s'exprimer ainsi, le génie de la localité; quelquefois cependant, elles peuvent le contrarier long-temps. Comme, avant l'époque où le commerce existe, l'aristocratie est, par la nature des choses, en possession du pouvoir, c'est elle alors qui fait les lois, qui crée les préjugés et qui dirige les habitudes du peuple; elle a soin, sans doute, de les combiner de manière à conserver toujours la puissance, et, si elle a autant d'habileté que de zèle à en calculer les moyens, elle pourra balancer long-temps, par l'énergie des institutions, l'influence des causes naturelles. Ainsi, l'inaliénabilité des biens ecclésiastiques, le droit d'aînesse, les substitutions, et tant d'autres lois créées par l'aristocratie féodale au temps de son plus grand pouvoir, ont retardé sa chute de plusieurs siècles; ainsi, les institutions romaines eurent assez d'énergie pour conserver, pendant six cents ans, le mépris des arts et du commerce dans une des régions du monde les plus heureusement situées pour les cultiver.

Quoi qu'il en soit, dès que les arts et le commerce parviennent à pénétrer dans le peuple et créent un nouveau moyen de richesse au secours de la classe laborieuse, il se prépare une révolution dans les lois politiques; une nouvelle distribution de la richesse produit une nouvelle distribution du pouvoir. De même que la possession des terres a élevé l'aristocratie, la propriété industrielle élève le pouvoir du peuple; il acquiert sa liberté, il se multiplie, il commence à influer sur les affaires.

De là, une deuxième espèce de démocratie : la première avait l'indépendance, celle-ci a la force; la première résultait du néant des pouvoirs pour les opprimer, celle-ci d'un pouvoir qui lui est propre ; la première est celle des peuples barbares, celle-ci des peuples policés.

Dans de petits états, la force de ce nouveau pouvoir populaire sera telle, qu'il y deviendra quelquefois maître du gouvernement, et une nouvelle aristocratie, une sorte d'aristocratie bourgeoise et marchande, pourra s'élever par ce nouveau genre de richesse.

Dans les grands états, toutes les parties se lient par une communication réciproque; il se forme une classe nombreuse de citoyens qui, avec les grandes richesses de l'industrie, a le plus puissant intérêt au maintien de l'ordre intérieur, et qui, par le moyen de l'impôt, donne à la puissance publique la force nécessaire pour faire exécuter les lois générales. Une somme considérable d'impôts qui sans cesse se porte des extrémités au centre et du centre aux extrémités, une armée réglée, une grande capitale, une multitude d'établissemens publics deviennent autant de liens qui donnent à une grande nation cette unité, cette cohésion intime qui la font subsister.

CHAPITRE IV.

Application de ces idées aux anciens États.

Ces principes ne seraient pas sans application dans l'histoire ancienne.

Les petits états de la Grèce eurent des rois pendant les temps héroïques : ils ne formaient, alors, que des troupes d'aventuriers, chasseurs, ou pasteurs errans, et sans cesse occupés du pillage et de la guerre, il leur fallait des chefs ; quand ils se furent fixés à la culture ils cessèrent bientôt d'avoir des rois, et ils se forma des républiques aristocratiques dans les contrées intérieures et bornées à l'agriculture, et des démocraties dans les villes qui s'adonnèrent au commerce.

Quand l'existence de Rome fut consolidée et qu'elle cessa de craindre ses voisins, et lorsque les patriciens eurent déjà absorbé une grande partie des terres des pauvres, l'aristocratie abolit la royauté.

Quelque foi qu'on veuille accorder à la tyrannie scandaleuse des Tarquin et à la vertu désintéressée de Brutus, si Rome avait eu besoin d'un roi, après avoir chassé Tarquin, elle lui eût donné bientôt un successeur, et si le pouvoir avait été remis aux mains de l'aristocratie par une cause accidentelle et non par la nature des choses, elle ne l'aurait pas conservé pendant plusieurs siècles. La démocratie, qui ne put jamais être entièrement étouffée dans Rome, parce que tout l'état était dans une ville, acquit des forces immenses quand les capitaux y affluèrent par le progrès des arts et par les dépouilles du monde, et l'influence du peuple, l'étendue de l'empire et les armées soldées, y rétablirent la royauté.

Carthage devenue république, aussitôt qu'elle fut solidement fondée, vit aussi son gouvernement devenir de plus en plus démocratique à mesure que son commerce et ses richesses s'agrandirent.

Quoique le pouvoir semble avoir d'autres sources dans les climats d'Asie, et que l'homme y semble constitué pour exister sous le gouvernement monarchique, il paraît cependant que les grands empires despotiques de l'Orient étaient, comme aujourd'hui la Chine et l'Indostan, parvenus à un degré d'industrie et de richesses pre-

pre à soutenir l'autorité despotique; ce qui le prouve au moins autant que les histoires, ce sont les maximes politiques de l'antiquité, où le pouvoir monarchique est considéré comme l'effet de l'opulence, du luxe et de la mollesse. Les peuples des contrées les plus heureuses de l'Asie semblent être arrivés depuis très long-temps à ce degré de civilisation qu'ils ne peuvent dépasser; leur complexion physique arrête à un certain degré le progrès de leurs arts, et s'oppose à ce développement de richesse et à cette énergie de caractère qui font qu'un peuple parvient à tempérer le despotisme par la démocratie.

Le peu qui nous est connu des grandes régions de l'Occident, s'accorde avec ce que j'ai dit des peuples chasseurs et pasteurs et de ceux où l'agriculture commence à être connue.

CHAPITRE V.

Application des mêmes idées à l'Europe moderne.

Mais laissons ces exemples dont nous avons des notions trop incertaines et trop imparfaites, c'est l'histoire de l'Europe moderne qu'il nous est important de bien connaître, et c'est celle qui répand la plus haute évidence sur les principes que j'ai posés.

Dans les gouvernemens d'Europe, la base de l'aristocratie est la propriété de la terre, la base de la monarchie, est la force publique, la base de la démocratie, la richesse mobilière.

Les révolutions de ces trois agens politiques ont été celles des gouvernemens.

Pendant la plus grande énergie du régime féodal, il n'y eut de propriété que celle des terres; l'aristocratie équestre et sacerdotale domina tout, le peuple fut réduit à l'esclavage, et les princes ne conservèrent aucun pouvoir.

La renaissance des arts a ramené la propriété industrielle et mobilière qui est le fruit du travail, comme la propriété des terres est originairement le produit de la conquête ou de l'occupation.

Le principe démocratique, alors presque étouffé, n'a cessé depuis de prendre des forces et de tendre à son développement. A mesure que les arts, l'industrie et le commerce enrichissent la classe laborieuse du peuple, appauvrissent les grands propriétaires de terre, et rapprochent les classes par la fortune, les progrès de l'instruction les rapprochent par les mœurs, et rappellent, après un long oubli, les idées primitives de l'égalité.

On peut diviser en trois branches la grande révolution que l'influence du progrès des arts a opérée dans les institutions européennes.

1º Les communes acquérant des richesses par le travail ont acheté d'abord leur liberté et ensuite une portion des terres, et l'aristocratie a perdu successivement son empire et ses richesses; ainsi le régime féodal s'est écroulé sous le rapport civil.

2º La même cause appuyée par le progrès de l'industrie qui l'accompagne toujours, a affranchi l'Europe entière de la puissance temporelle du pape, et en a enlevé la moitié à sa suprématie spirituelle.

3º La même cause c'est-à-dire le progrès de la propriété mobilière qui est en Europe l'élément de la démocratie et le ciment de l'unité des états, a modifié successivement tous les gouvernemens politiques. Suivant qu'elle a été plus ou moins favorisée par la situation géographique des lieux, elle a établi des gouvernemens divers ; là où le peuple s'est trouvé très fort dans un petit état, il a établi des républiques ; là où, dans une grande région, il n'a eu que la force de soutenir par l'impôt le pouvoir monarchique contre l'aristocratie, ennemi commun du prince et du peuple, il a graduellement établi des monarchies absolues ; là, où il a pu pousser plus loin ses progrès, après avoir servi long-temps d'accessoire au trône contre les grands, il a fait explosion, et, prenant sa place dans le gouvernement, il a établi la monarchie limitée ; là seulement, où il n'a pu que faiblement pénétrer, les formes aristocratiques et fédératives du gouvernement féodal ont pu se maintenir, et ont même acquis, par le temps, une forme plus solide et plus régulière.

C'est cette progression, commune à tous les gouvernemens européens, qui a préparé en France une révolution démocratique, et l'a fait éclater à la fin du xviii° siècle.

Voilà les idées générales dont il reste à donner le développement et la preuve par quelques raisonnemens et surtout par des exemples et des faits. L'histoire entière de l'Europe en est la démonstration ; si quelques états semblent faire exception à la règle commune, on verra que les causes qui les ont soustraites à la loi générale sont tellement évidentes, tellement déterminées, qu'elles ne sauraient détruire cette loi.

CHAPITRE VI.

Développement et preuve de ce qui précède par des exemples et des faits.

Les Romains avaient vaincu et civilisé la plus grande partie de l'Europe; ils avaient apporté de nouveaux arts aux nations soumises, et, en dégradant leur courage et leurs mœurs, ils les avaient rendues incapables de se défendre.

Il paraît qu'au même temps les peuples qui habitent les régions les plus septentrionales étaient parvenus à ce degré de force et de population où la chasse et l'éducation des troupeaux ne pouvaient plus suffire à leur subsistance; le sentiment du besoin les portait donc à chercher dans la possession de nouvelles contrées les moyens d'y satisfaire. Si ces peuples eussent été retenus dans leurs limites par la puissance de leurs voisins, ils auraient suivi la marche naturelle des sociétés; instruits par la nécessité, la culture de la terre leur eût suffi. Mais trouvant, dès les premiers essais, que les habitans du Midi étaient incapables de défendre leurs troupeaux et les terres fertiles dont ils étaient en possession, ils préférèrent à de nouveaux travaux un moyen d'acquérir plus conforme à leurs penchans et à leurs habitudes. Ils fondirent donc par troupes sur les peuples que Rome avait soumis en les incorporant à l'empire. Le succès des premières entreprises en produisit de nouvelles; ils passèrent du pillage à la conquête: après avoir fait des incursions heureuses, ils tentèrent, ce qui était plus conforme à leurs besoins, de véritables émigrations. Des peuples entiers du Nord se transportèrent dans le Midi, occupèrent les provinces romaines, et fondèrent la plupart des états qui divisent aujourd'hui l'Occident.

Ces nouveaux conquérans, loin d'apporter en Europe de nouveaux arts et de nouvelles richesses, les détruisirent; loin d'augmenter la population, ils l'anéantirent ou la dispersèrent par leurs ravages: tout ce qui ne pouvait s'allier avec leurs mœurs et leur civilisation imparfaite, tels que le commerce, les beaux-arts et les lettres, disparut à mesure que leurs incursions se multiplièrent et que leur domination se consolida. Cependant, tandis que toutes les institutions de l'Europe disparaissaient, les leurs firent quelques progrès par le mélange de ce qu'ils purent s'approprier des usages des vaincus : ils avaient apporté avec eux les mœurs et l'indépendance d'un peuple sauvage et guerrier, ils reçurent des vaincus la religion et la culture des terres. Ce fut la combinaison de ces trois choses qui constitua le gouvernement féodal.

Quoique dans la marche naturelle des sociétés, la culture des terres précède l'industrie manufacturière et le commerce, ces périodes se suivent cependant d'assez près, et, lorsqu'une grande région est en entier cultivée, les arts ont déjà fait assez de progrès pour que leurs résultats politiques soient de donner au peuple quelque force, et de balancer et modérer considérablement les effets qui naîtraient d'une situation exclusivement agricole.

Un peuple, parvenu naturellement à ce période, pourrait aussi avoir des institutions plus perfectionnées qui en modéreraient l'abus; il ne formerait que de petits états où la volonté commune pourrait avoir quelque énergie et tempérerait l'influence des riches; enfin, en suivant la progression naturelle, il arriverait promptement à des mœurs plus douces.

Les circonstances de la conquête changèrent ces effets, et l'aristocratie modérée qui s'établit naturellement dans le troisième période des sociétés humaines fut transformée en une tyrannie.

Voici les principales causes de ces circonstances :

Lorsque, par les effets successifs de la conquête, l'Europe fut arrivée à l'état des peuples qui ne connaissent encore d'autre art que l'agriculture, elle ne s'y trouva point par le progrès commun de toute la nation, mais par l'effet du mélange de deux races d'hommes dont l'une sortait d'un état de civilisation beaucoup plus avancé, et l'autre d'un état beaucoup plus barbare. De sorte que, dans ce mélange, les vaincus apportèrent toute la faiblesse d'un peuple dégénéré, et les vainqueurs, toute la barbarie d'un peuple énergique et fort.

La conquête produit toujours une grande inégalité dans les partages ; non seulement elle dépouille les vaincus, mais, nous l'avons déjà dit, parmi les vainqueurs elle n'enrichit guère que les chefs.

La manière dont elle s'était faite avait aggravé la situation. La conquête n'avait point été l'effet d'une seule invasion semblable à ces révolutions rapides qui ne changent presque rien à l'état des choses et, soumettant les vaincus à la domination du vainqueur, soumettent presque toujours aussi le vainqueur aux mœurs, aux usages du vaincu; une longue suite d'incursions successives, de longues dissensions entre les diverses peuplades des conquérans avaient désolé l'Europe pendant deux siècles; ses richesses s'étaient anéanties, sa population avait disparu, et, ce qui était alors, ce qui est presque toujours parmi les peuples une conséquence inévitable de la guerre, une portion considérable du peuple qui restait avait été réduite à l'esclavage.

Quand les hommes arrivent naturellement au troisième période de la société, qui est la culture de la terre, ils abandonnent une grande partie du terrain qu'ils étaient en possession de parcourir; ils se rapprochent en groupes, ne cultivent qu'une petite étendue, et forment de petits états dont le centre est une ville naissante, et où la volonté commune exerce quelque pouvoir sur l'influence des riches; mais lorsque des barbares, chasseurs ou pasteurs sur leurs foyers, inondèrent l'Europe, ils la parcoururent avec la rapidité qui convenait à leurs habitudes; des nations formées de quelques centaines de mille hommes couvrirent des régions immenses, et fondèrent de vastes états dans une époque du régime social où il ne peut exister quelque ordre et quelque liberté que dans de très petites associations.

Aussi long-temps qu'il subsista quelques débris des richesses des arts et de la civilisation des vaincus, l'aristocratie fut tempérée, et le peuple conserva encore quelque force.

Aussi long-temps que les nations conquérantes se disputèrent les grandes régions de l'Europe, chacune d'elles, soit pour conquérir, soit pour se défendre, eut besoin de se tenir unie, et de donner quelque autorité à son chef. Ainsi, le pouvoir monarchique, quoique exposé à de fréquentes révolutions, conserva cependant l'énergie nécessaire pour assurer la défense des acquisitions communes, et, dans cet intervalle qui sépare l'invasion de l'empire du parfait établissement du gouvernement féodal, l'aristocratie fut encore assez limitée. Mais, peu à peu, il arriva deux choses, le commerce et les arts, reculant toujours devant les ravages de la guerre, achevèrent de disparaître, et la richesse mobilière, cette nature de propriété qui est le fruit du travail, qui est le partage de la portion active et laborieuse du peuple, et qui fait sa force et sa liberté, enfin qui, comme je le prouverai bientôt, est le principal ciment de l'unité des états, fut tout-à-fait anéantie; avec elle disparut la liberté du peuple et la police intérieure des états; les grands empires de l'Europe prirent leur assiette, les nations se fixèrent sur leurs territoires, existèrent sur elles-mêmes et cessèrent d'être aussi belliqueuses. — Il résulta de là que le pouvoir monarchique, étant moins nécessaire, eut moins d'énergie, et que ses liens, qui ne tenaient qu'à la nécessité de la défense commune, se relâchèrent ; alors l'Europe se trouva divisée en grandes monarchies, où le prince n'avait presque aucune autorité, où le peuple était sans industrie, où se trouvaient deux classes d'hommes, dont l'une disposait de la force des armes qui est tout, là où la puissance publique n'a aucune énergie, dont l'autre avait le pouvoir de la superstition si important chez un peuple dont l'ignorance est excessive, et qui, l'une et l'autre, étant en possession des terres, seule richesse de cette époque, achevèrent bientôt d'asservir le peuple, de s'affranchir de l'autorité du prince, et, par leurs progrès, par la subordination qui s'établit entre eux, par les lois qu'ils créèrent pour régulariser cet étrange régime, fondèrent ce que nous appelons le gouvernement féodal.

J'ai dit que dans un pays où la seule propriété est celle des terres, et où le travail industriel n'est pas connu, les grandes propriétés tendent toujours à absorber les petites ; mais ce qui ne s'opère que par des moyens légaux dans un pays où l'autorité publique a quelque force, et où les mœurs tendent à se civiliser, devait s'opérer par des voies plus promptes et plus violentes dans de grandes monarchies où le prince était sans pouvoir, et où les mœurs d'une partie de la nation étaient encore presque aussi barbares que son origine.

Telle était la nature du régime féodal, il atteignit le plus haut degré de force et d'intensité au moment où les barbares eurent détruit toutes les traces du commerce et des arts.

Les progrès pour les rétablir devaient être lents, car les mêmes causes qui avaient plongé l'Europe dans l'esclavage, l'ignorance et l'anarchie féodale, tendaient à les y maintenir ; mais l'influence lente de la nature l'emporte toujours à la longue sur celle des causes accidentelles ; les hommes, modifiés par de grands évènemens, redeviennent peu à peu ce que le sol, le climat, et toutes les causes générales veulent qu'ils soient. La nature a destiné les Européens à surpasser par leur active industrie tous les habitans du globe, ou du moins tous ceux de l'ancien monde ; elle a voulu que la zone tempérée, qui ne renferme en Asie que des terres intérieures et qui, en Afrique, n'existe pas, fût en Europe entrecoupée par des mers, des golfes, des lacs, et une multitude de rivières navigables, de sorte que là où la température du climat donne à l'homme plus de force et d'activité, la nature du sol assure aux terres plus de fécondité, plus de moyens aux communications commerciales, et que les deux grandes causes qui modifient la nature humaine, l'influence du ciel et celle de la terre, s'y réunissent pour donner aux peuples toute l'étendue de faculté dont ils sont susceptibles.

L'industrie et les arts devaient donc y renaître, et si le régime féodal les retarda, les débris qui subsistaient en Orient des arts et des sciences des Grecs et des Romains, transportés en Occident par différentes causes, contribuèrent à les répandre.

Malheureuse circonstance qui, avec tant d'autres, a fait que dans nos sciences et nos arts, comme dans nos langues, nos mœurs, nos institutions, rien n'est indigène, rien n'est primitif, mais le fruit de mille sources différentes, altérées et corrompues les unes par les autres! Nous avons épuisé dans de vaines imitations l'âge où notre génie avait toute sa force. Quand nous avons commencé, la nature était le vrai modèle, nous n'avions déjà plus cette jeunesse avec laquelle on peut la sentir et la peindre : le génie et le goût qui chez les Grecs existèrent ensemble, chez nous se sont succédé. Chose bien remarquable, celui des beaux-arts où les anciens n'ont point laissé de modèle, est le premier, et peut-être le seul, où les modernes ont excellé, je veux parler de la peinture.

Les hautes sciences furent long-temps corrompues par la même cause, mais le mal fut moins grand parce que dans la marche naturelle des sociétés leur règne arrive plus tard que celui des productions de l'imagination et du sentiment; nous déraisonnâmes dans un âge où les nations ne peuvent savoir encore raisonner, et nous avons pu réparer nos erreurs depuis, mais nous usâmes dans de fausses connaissances et de faibles imitations, cet âge destiné à sentir la nature et à la peindre : âge précieux qui, comme les sensations de la jeunesse, une fois passé ne revient plus.

Mais à côté de ces productions qui sont la partie la plus brillante et la plus fastueuse du génie humain, il en est qui sont d'une utilité plus habituelle, et dont l'influence sur les mœurs et les gouvernemens est plus puissante parce qu'elle est plus générale : ce sont les arts utiles, les métiers, le commerce dans toutes ses branches, et cette partie des sciences qui s'applique immédiatement à la simplification et à la perfection de ces arts; aucune cause n'ayant contrarié les progrès des peuples de l'Europe dans ce genre d'industrie et de connaissance auquel la nature semble les avoir particulièrement destinés, à peine purent-ils se faire jour à travers l'anarchie féodale, que leurs progrès devinrent rapides et universels, et on doit les considérer comme le principal agent qui, dans l'espace de quatre à cinq siècles, a modifié tous les gouvernemens et changé la face de l'Europe.

J'ai dit que la propriété territoriale, lorsque son influence n'est pas limitée et modifiée par les richesses industrielles, est le principe de l'aristocratie, parce que sa première origine date de la conquête ou de l'occupation qui ne favorise que le petit nombre ; parce que sa progression naturelle est l'envahissement des petites propriétés par les grandes ; parce qu'il est dans sa nature de donner l'empire et la force militaire à ceux qui la possèdent.

La richesse industrielle, au contraire, est le partage de la portion laborieuse du peuple ; son origine est le travail ; c'est par elle que le riche devient tributaire de l'industrie du pauvre ; c'est par elle que le pauvre industrieux attire, peu à peu, à lui des parcelles de la propriété du riche, et finit par acquérir quelque portion de ses terres, c'est par elle qu'il acquiert, avec l'aisance, cette instruction, cette fierté qui la suit, c'est par elle que le peuple se rassemble dans ces grands ateliers de manufactures qu'on appelle les villes, et qu'il parvient, par sa réunion, à opposer une résistance efficace à l'oppression des grands propriétaires ; la propriété industrielle et mobilière est donc le principe de la démocratie, comme la propriété territoriale est le principe de l'aristocratie.

J'ai dit que, dans un grand état où il n'existe

d'autre industrie que la culture de la terre, et, par conséquent, d'autre propriété que la propriété territoriale, le lien social, et, pour ainsi dire, la cohésion entre les différentes parties ne peut être que très faible.

L'industrie et la propriété mobilière produiront l'effet opposé; par elles, les objets d'échanges se multiplient, de grandes richesses se transportent facilement, toutes les distances se rapprochent, une circulation continuelle s'établit entre toutes les parties d'un empire, les capitaux venant à s'accumuler, l'état peut, par l'impôt, acquérir le moyen de payer un gouvernement civil, et une armée qui appartienne, non à chaque section qui la fournit, mais à la société tout entière. Il se formera une classe nombreuse de citoyens appliqués au commerce et aux manufactures qui, ayant un grand besoin de paix et de protection, fourniront au gouvernement, par l'octroi de l'impôt, le moyen d'acquérir une force suffisante.

Ainsi, tout comme la propriété territoriale est, dans les grands états, la base de l'aristocratie et du fédéralisme, la propriété mobilière est le principe de la démocratie et celui de l'unité.

C'est un beau sujet d'observations que de voir comment cet agent politique a travaillé depuis cinq cents ans tous les gouvernemens européens, de suivre ses effets généraux sur cette immense surface de terre, et ses effets divers à raison des causes particulières et de la situation géographique de chaque état qui lui a donné plus ou moins d'énergie, qui a plus ou moins pressé ou retardé l'époque de sa puissance ; tantôt travaillant d'une manière lente et sensible, tantôt, lorsque sa force accumulée devient supérieure aux obstacles qui l'ont contenue, changer en un moment, et par une violente explosion, la face des empires et celle même de l'Europe entière.

Tandis que, par le travail et les arts, le peuple s'enrichissait, se multipliait dans les villes et se préparait à acquérir et à diviser en petites portions les propriétés territoriales, les seigneurs, devenant chaque jour esclaves de nouvelles jouissances, consumant dans les besoins du luxe nouveau les revenus qui, consacrés à l'hospitalité et à la guerre, auraient été la base de leur pouvoir, devenant peu à peu et trop faibles pour contenir des vassaux qui acquéraient l'esprit de liberté avec l'accroissement de population et d'aisance, et trop pauvres pour suffire à leur nouvelle magnificence, vendirent peu à peu à leurs industrieux sujets des droits que, par la nature des choses, il n'était plus possible de leur disputer. La franchise et la division des terres suivirent les progrès de la liberté des personnes; l'homme qui, dans l'esclavage, avait cultivé les terres pour son maître, acquérant par son pécule une partie de sa liberté, ne travailla plus sans intérêt et devint une espèce de métayer; acquérant, par ses profits accumulés, sa liberté tout entière, il acquit aussi la propriété de la terre à la charge d'un cens.

Ces effets civils, cette intervention dans les moyens d'acquérir, ce changement, dans les rapports réciproques du peuple et des seigneurs, eurent lieu dans tous les pays soumis au régime féodal; plus les évènemens politiques et leur situation géographique y pressèrent les progrès de l'industrie, du commerce et des arts, plus cette révolution qui changeait la condition des hommes y fut rapide et complète.

Il y eut plus de diversité dans les effets que la même cause produisit. Dans le système politique et le gouvernement des états placés sur un petit territoire où l'avantage de la situation lui assurait une grande intensité, cette cause donna toute la force au peuple et créa des républiques : dans de grands empires, où les campagnes conservent nécessairement une influence supérieure à celle des villes, où le centre du pouvoir ne peut exister que dans le chef de l'armée, la force politique qui devait résulter de l'affranchissement et de la richesse du peuple, fut se résoudre dans le monarque, à la charge de protéger contre l'anarchie et l'aristocratie les droits civils des sujets; il reçut d'eux la plus grande partie de l'exercice du pouvoir politique. Avec l'impôt, payé par le peuple, il retira des mains des grands le pouvoir militaire, la juridiction, et une portion plus ou moins étendue de la puissance législative. Des différences remarquables s'établirent entre les différentes monarchies, mais, comme elles sont toutes relatives au plus ou moins d'énergie que le principe général a dû y exercer, loin d'en rendre l'influence douteuse, elles en sont la meilleure démonstration. L'aperçu que je tracerai bientôt portera cette démonstration au dernier degré d'évidence; mais je vais parler, auparavant, d'une autre révolution que la même cause effectua dans la situation de l'Europe.

CHAPITRE VII.

Conséquences des progrès de la civilisation.

Il est trois choses qui se lient et qui suivent de front les progrès de la civilisation parmi les hommes : ce sont la population, la richesse et l'indépendance de l'opinion.

Avec les arts, qui nous enrichissent et qui accroissent le nombre des hommes en multipliant les moyens de les nourrir, naissent ces connaissances plus sublimes qui portent la lumière du raisonnement sur tous les objets de la crédulité ; la hardiesse de penser, comme tous les genres de courage, est le produit du sentiment de la force ; elle naît naturellement chez un peuple riche et nombreux, l'opinion se forme naturellement de l'accumulation des hommes, de leur aisance et de leur loisir.

Le progrès de l'industrie et de la richesse mobilière, qui affranchit le peuple et abaissa les grands, qui constitua les états sous des formes plus régulières, devait donc aussi parvenir à briser les liens de la superstition et saper par la base cette puissance que s'étaient acquise les ministres du culte catholique.

La révolution qui abaissa le clergé, comme celle qui affaiblit l'empire des seigneurs, tenant à des circonstances générales, eut plus d'uniformité dans sa marche que celle qui changea la forme des gouvernemens; toutes deux se déclarèrent en Europe par des crises remarquables qui peuvent être considérées comme les plus grands évènemens de l'histoire moderne, je veux dire les croisades et la réforme de Luther.

Les humiliations qu'éprouvèrent les pèlerins de la part des Turcs et les prédications de l'ermite Pierre, le scandale des indulgences et le ressentiment du moine Luther, ne furent pas les véritables causes de ces grandes explosions.

Lorsque des faits généraux les ont préparées, il se trouve toujours quelque incident pour les déterminer.

On peut, sous un certain point de vue, considérer la population, la richesse, les mœurs, les lumières, comme les élémens et la substance qui forment le corps social, et voir dans les lois et le gouvernement le tissu qui les contient et les enveloppe. Dans tout état de choses, il faut que l'un et l'autre soient en proportion de force et d'étendue; si le tissu se dilate à mesure que la substance augmente de volume, les progrès du corps social pourront s'effectuer sans commotion violente ; mais si, au lieu d'une force élastique, il oppose une rigidité cassante, il arrivera un moment où toute proportion cessera et où il faudra que l'humeur soit consumée, ou qu'elle brise son enveloppe et s'extravase.

Les circonstances accidentelles qui auront lieu au moment de la crise ne l'opéreront pas, mais pourront la diriger.

Nous avons vu que les barbares du Nord, lorsque leurs institutions cessèrent de convenir à leur population et à leurs besoins, trouvèrent les limites du Midi sans défense, et l'inondèrent ; s'ils eussent été contenus sur leur territoire, la même force aurait réagi sur eux-mêmes et aurait changé leur régime social. Je dirai plus bas qu'un grand empire de l'Europe tendait à une révolution dans son gouvernement, lorsque la force qui devait l'opérer trouva une issue dans la découverte du Nouveau-Monde et s'y précipita. Combien de révolutions intérieures n'ont pas prévenu ou retardé ces guerres longues et sanglantes qui, tout à la fois, consument les richesses et la population, ouvrent une grande carrière à l'impatience du génie, et semblent augmenter la force du gouvernement dans la même proportion qu'elles diminuent celle des peuples.

Lorsque les liens étroits et rigides du régime féodal ne purent plus contenir la masse de population, d'industrie et d'activité que les premiers progrès de la civilisation avaient produite en Europe, arrivèrent les croisades, crise heureuse et salutaire qui pressa, mais qui adoucit la révolution destinée à opérer l'affranchissement des communes; cette inquiétude naturelle des peuples soumis à un gouvernement qui ne peut plus leur convenir étant attirée vers l'Orient par des causes accidentelles, ils y ensevelirent une partie de leur population. Ainsi, l'une des causes qui devaient changer la face des évènemens se trouva diminuée et ralentie; d'autre part, les seigneurs, pour fournir aux dépenses de ces expéditions lointaines, furent au-devant des vœux de leurs vassaux et leur accordèrent, pour de l'or, l'abandon de ces droits rigoureux qu'ils ne pouvaient plus maintenir. Une partie du levain de la révolution s'échappa donc, et le reste opéra son effet sans commotion, au moyen de ces arrangemens amiables.

Le clergé avait acquis d'immenses richesses et fondé un pouvoir absurde et excessif sur l'ignorance générale, sur la faiblesse du peuple et l'abaissement où la puissance royale avait été retenue par le régime féodal. Une tyrannie odieuse opprimait les rois, les nobles et le peuple, s'appropriait les biens, exerçait ou s'attribuait toute autorité politique et civile. Cette autorité, contraire à l'intérêt de tous, ne pouvait exister aussi longtemps que les moyens qui l'avaient élevée conserveraient leur énergie. Dès que les lumières se répandirent, que le peuple, affranchi, connut l'aisance et sentit sa force, que les rois, sortis de tutelle, purent exercer un pouvoir indépendant, cet édifice immense n'eut plus de base, et le choc le plus léger devait suffire pour le renverser ; aussi les premières paroles de Luther furent-elles comme une étincelle qui tombe sur un amas de matières combustibles. Depuis que l'Église romaine existait, une multitude de sectaires l'avaient attaquée ; plusieurs d'eux paraissent n'avoir été inférieurs au chef de la réforme ni par le caractère, ni par le talent, et cependant, malgré leurs efforts, l'Église romaine ne cessa de s'agrandir ; mais, lorsque le moment marqué pour sa décadence fut arrivé, au faîte de sa grandeur apparente, un seul homme lui devint redoutable. Chacun de ses apôtres eut des imitateurs qui lui succédèrent, qui s'attribuèrent le droit de convertir des peuples et de faire des révolutions. Une partie de l'Europe suivit les novateurs et échappa à l'Église de Rome, et si elle conserva le reste, ce fut par l'abandon successif de ses droits les plus précieux, ce fut en sacrifiant sans cesse la réalité du pouvoir pour en garder la représentation.

Il me suffit d'avoir cité ces deux grandes crises,

qui marquèrent l'affaiblissement du pouvoir des nobles et de l'autorité du sacerdoce ; je ne suivrai point les vicissitudes que chacune de ces deux puissances essuya dans les différens états ; elles sont liées aux révolutions de leurs gouvernemens, elles en font partie et trouveront leur place dans l'esquisse que je vais tracer de la progression de chacun d'eux. On ne s'attend pas à trouver dans quelques pages cet immense tableau ; je ne puis qu'en indiquer l'ensemble et quelques traits caractéristiques propres à jeter un nouveau jour sur le principe général que j'ai annoncé.

CHAPITRE VIII.

Influence démocratique.

L'industrie et le commerce, étant le principe de la propriété mobilière et de la force du peuple, l'influence démocratique a dû se faire sentir dans les différens états plus ou moins hâtivement, et avec plus ou moins de force, suivant que leur situation géographique et quelques autres causes moins puissantes les ont appelés plus tôt ou plus tard à la culture des arts et de la navigation.

L'Italie était située sur la mer du monde la plus navigable, elle avait été le siége de l'empire, et la civilisation, les arts et la richesse, qui y avaient été portés au plus haut degré, devaient y avoir laissé quelques traces ; placée près de l'empire d'Orient, où s'étaient réfugiés les restes de l'industrie humaine, tout ce qui se passait en Occident devait nécessairement s'y arrêter ; enfin, au milieu de la barbarie générale, il avait subsisté quelques relations de commerce entre l'Orient et l'Occident, et l'Italie en était le centre et l'entrepôt naturel : elle a donc été de toutes les régions de l'Europe la plus progressive.

Lisez son histoire, et vous verrez dans ses institutions politiques tous les effets qu'a dû produire l'état de sa civilisation.

Le régime féodal n'y a jamais eu une grande force, et n'a fait, pour ainsi dire, qu'y passer ; le sacerdoce qui, à raison de la proximité du saint-siége, devait y exercer un grand empire d'opinion, y a moins envahi de propriétés et de pouvoir, que dans aucune autre partie de l'Europe ; parmi ses nombreux prélats, le seul évêque de Rome est devenu prince temporel ; la liberté, l'influence et la puissance des villes, y a existé plus tôt, avec plus d'étendue que dans aucune autre région. Toute l'Europe était encore asservie lorsque l'Italie comptait déjà plusieurs républiques démocratiques, entièrement indépendantes, et dont quelques-unes se placèrent bientôt au nombre des états les plus puissans.

Après le commerce de l'Orient et de l'Occident, dont l'Italie était l'entrepôt, le plus naturel, le plus important était l'échange des productions du Nord et de celles du Midi; l'Italie, où était l'entrepôt de l'Orient et toutes les manufactures subsistantes, était le point du Sud où ce commerce devait aboutir, mais il dut s'en établir un dans le Nord, et de là, l'existence des villes anséatiques leur commerce, leur richesse et leur liberté!

Elles connurent le commerce, l'industrie et les arts, au milieu des siècles de l'ignorance et de la barbarie, et par une suite de ce principe, elles connurent la liberté.

La prospérité des villes anséatiques, et de plus le voisinage de l'Angleterre, riche en productions qu'elle ne savait pas encore manufacturer, favorisaient les villes des Pays-Bas : aussi furent-elles, après celles que j'ai citées, les premières où l'industrie et les richesses s'accumulèrent et où l'esprit de liberté et les efforts de la démocratie se firent sentir. Une partie de ce pays s'affranchit et a fondé la république la plus puissante de l'Europe.

La partie des Pays-Bas, qui est restée sous le pouvoir des rois, de la noblesse et du clergé, est par la profondeur des terres et par leur fertilité, un pays plus territorial, que commerçant; il a contre lui d'être de toutes les régions de l'Europe, la plus accessible à l'invasion des armées; enfin, loin que son histoire contredise le principe général que j'ai énoncé, c'est en proportion de ce que le commerce et les arts y ont diminué, que la démocratie y a perdu ses forces, et on a pu observer dans les derniers temps, que la province maritime où sont ces villes anciennement si florissantes, est celle où les principes démocratiques ont eu le plus d'accès, et les provinces intérieures, celles où les ordres privilégiés ont conservé le plus d'ascendant.

CHAPITRE IX.

Idées générales sur les républiques d'Europe.

Je crois devoir répondre à quelques objections, qu'on pourrait fonder sur l'exemple même de ces républiques contre le principe que j'ai posé, que le commerce, l'industrie, en un mot la propriété mobilière, est en Europe, le principe de la démocratie et le lien de l'unité des états.

En effet, toutes ou presque toutes ces républiques sont aujourd'hui plus ou moins aristocratiques ; les villes anséatiques, indépendamment de leur lien à l'empire, ont long-temps formé entre elles une ligue politique, et les provinces unies, qui sont le pays du monde où la richesse mobilière est le plus accumulée, n'ont cessé d'être régies par un gouvernement fédératif. On opposera aussi l'exemple de la Suisse existant depuis plusieurs siècles au centre des terres sous une forme républicaine et même en partie démocratique ; celui de Genève, celui des villes impériales, situées dans l'intérieur de l'Allemagne. Je suis d'autant moins disposé à éluder ces objections que ce qui est propre à les éclaircir jettera, d'avance, un grand jour sur ce que j'ai à dire des monarchies.

L'aristocratie, qui régit aujourd'hui la plupart des républiques, n'a rien de commun avec l'aristocratie équestre et féodale.

La plupart de ces républiques ont commencé dans un esprit véritablement démocratique, mais le commerce, qui, d'abord, avait été le principe de la force du peuple et de son affranchissement, ayant ensuite conduit quelques familles à l'acquisition d'une richesse excessive, elles ont usurpé peu à peu le pouvoir public et sont parvenues, par divers moyens, à rendre les magistratures héréditaires ; de là cette aristocratie bourgeoise qui finit ordinairement par dominer dans les républiques commerçantes, mais qui, quoiqu'elle affecte le titre de noble et d'autres encore plus pompeux, n'est pas moins essentiellement différente, dans sa nature que dans son origine, de l'aristocratie équestre qui provient de l'exercice des armes et de la possession des terres.

La démocratie pure, conséquence naturelle de l'égalité dans les fortunes, offre, dans un territoire circonscrit, une situation tellement violente que l'état se précipite nécessairement dans la monarchie ou dans l'aristocratie.

En Italie, la république de Florence, après avoir échappé à l'aristocratie qui était la suite naturelle de son grand commerce, tomba sous la domination des Médicis.

Mais il n'en est pas moins vrai que toutes ces républiques ont été fondées par la démocratie. Dans les républiques commerçantes où, des deux grands ressorts du pouvoir qui sont la force militaire et l'argent, il n'existe, pour ainsi dire, que le dernier, les riches capitalistes, n'ayant rien au-dessus d'eux, deviennent aristocratie, par rapport au peuple, tandis que, dans les monarchies, ils demeurent démocratie, en opposition avec la noblesse équestre et le pouvoir militaire.

La fédération, sous laquelle quelques républiques de l'Europe existent, tient également à la nature du gouvernement républicain, et ne nuit point aux principes que j'ai posés, que la richesse mobilière est le lien de l'unité des états.

Voici comment cela s'explique : en général, rien n'est moins disposé à la fédération qu'une république commerçante ; comme toute la puissance y va aux villes, et que le premier caractère qui distingue les marchands est une extrême jalousie, on peut s'assurer que la plus puissante voudra dominer et écrasera les autres, ou que, si elles ne peuvent se subjuguer, elles se sépareront, à moins qu'une raison extérieure très puissante ne vienne contrarier ces dispositions naturelles.

Quel que soit le gouvernement d'un pays et de quelque source que ceux qui le régissent tiennent le pouvoir, il est deux moyens ou, si on peut s'exprimer ainsi, deux instrumens principaux avec lesquels il l'exerce : ce sont les hommes et les richesses, la force militaire et l'argent.

Ces deux moyens de gouverner étant les principaux ressorts du pouvoir, la manière dont ils existent et se répartissent dans chaque pays, doit puissamment influer sur la forme de sa constitution ; et, par exemple, il est clair que chaque gouvernement ne peut couvrir au-delà de l'étendue de pays qui peut être dominée avec l'instrument de pouvoir qui lui est propre.

J'ai dit qu'en laissant de côté les Suisses qui

font une exception au système de nos institutions modernes, toutes nos républiques d'Europe sont fondées sur les arts et le commerce; or, la première loi d'une république commerçante, c'est qu'il ne doit pas y avoir d'armée, ou qu'au moins le pouvoir militaire doit y être extrêmement subordonné, j'en conclurai bientôt qu'une république commerçante ne peut contenir que l'étendue de pays qu'il est possible de rallier par la seule force des richesses. Mais je dois prouver avant cette proposition.

Dans tout pays où il y a une force armée considérable, c'est nécessairement son influence qui domine; le pouvoir va à ceux qui en disposent : il faut donc, ou que la constitution donne le pouvoir à ceux qui disposent de l'armée, ou que l'armée change la constitution.

Ainsi dans les républiques militaires, telles que Rome et Lacédémone, le peuple lui-même forme l'armée; ainsi dans le gouvernement féodal, à ses diverses périodes, la force militaire est dans la disposition des propriétaires de fiefs; ainsi dans la monarchie le roi est essentiellement chef de l'armée. Mais dans les républiques commerçantes, le peuple, ouvrier, manufacturier ou marchand, n'est pas soldat et ses magistrats ne sont point capitaines. L'existence, la richesse et le pouvoir y sont fondés sur les arts de la paix, la force armée y est en quelque sorte étrangère au gouvernement, et n'entrant pas dans sa composition, si elle existe à côté de lui, elle doit l'attaquer et le détruire.

C'est pour cela qu'un pays extrêmement exposé aux invasions, peut difficilement exister sous la forme d'une république commerçante, parce que le moyen qui est nécessaire à sa sûreté, tend à changer sa constitution. On peut remarquer que la Hollande, quoique gardée par les eaux et par le peu de valeur naturelle de son sol, a été toujours amenée par ses guerres à rétablir le stathoudérat et à lui donner une plus grande énergie. Là où une armée est nécessaire, il lui faut un chef constitutionnel, ou on aura sans cesse à craindre que son chef momentané ne devienne tyran.

Les républiques commerçantes arrivent, à certains momens, à une richesse excessive, et l'ambition des conquêtes en est ordinairement l'effet. C'est une illusion qui doit les conduire à leur ruine. Il faut étudier la politique de Carthage et de Venise, envers leurs armées et leurs généraux, et l'opposition frappante qui s'établit entre leur désir de conquérir d'une part, et de l'autre leur méfiance et leur jalousie contre la force armée : faisant toutes les deux la guerre avec des mercenaires étrangers, l'une les fit commander par ses citoyens, et l'autre eut soin de ne remettre le commandement qu'à des aventuriers sans considération; mais à cela près, leurs soins pour contenir, pour surveiller, pour abaisser leurs généraux, sont les mêmes. Il en arriva qu'outre le danger de perdre leur liberté intérieure, par l'audacieux attentat d'un de ces chefs, elles augmentèrent le danger de voir leur indépendance opprimée par leurs voisins. Elles excitèrent toute la haine et toute la jalousie qui sont l'effet des vues immodérées d'agrandissement et n'osèrent jamais donner à leurs moyens militaires toute l'énergie et le développement dont ils étaient susceptibles. C'est par là que Carthage périt; ayant excité la haine de Rome, il y eut un moment où elle pouvait anéantir sa rivale, mais sa jalousie contre Annibal l'empêcha d'en profiter; ayant sacrifié à sa politique intérieure le moyen de pousser ses succès au dehors, aussi loin qu'il était possible, elle succomba bientôt elle-même sous un ennemi victorieux à son tour, et qui par l'esprit de sa constitution n'avait pas les mêmes ménagemens à garder.

L'histoire de Venise est presque la même : ayant excité par son ambition une ligue formidable, son mauvais régime militaire fit qu'au moment du danger, elle se trouva presque sans défense ; elle échappa, il est vrai, au dernier degré du malheur, mais elle le dut à la politique de ses ennemis, plutôt qu'à ses propres ressources; il n'y eut entre le sort de Carthage et le sien, que cette différence, que Carthage eut à combattre une rivale unique, qui n'eut jamais d'autre intérêt et d'autre politique, que de la détruire, et Venise, heureusement, eut affaire à une ligue, et lorsqu'elle fut au moment de sa ruine, ses ennemis, ayant des vues et des intérêts divers, la sauvèrent par leur division.

Mais il est cependant vrai que, long-temps avant le moment où sa force réelle fut énervée par la diversion de son commerce, elle avait perdu les conquêtes continentales, qui s'acquièrent et se conservent par la puissance militaire, et qu'elle ne possédait plus que ce territoire borné, qui peut être dominé par une ville puissante, et celles de ses possessions éloignées, qu'elle pouvait soumettre et défendre par ses vaisseaux.

C'est en effet par l'ascendant d'une ville opulente, sur les campagnes et sur les petites villes de son voisinage, qu'elle domine et qu'elle enrichit, et par sa force maritime, qu'une république commerçante remplace le moyen, si dangereux pour elle, d'une puissante armée ; une flotte puissante est l'effet naturel d'un grand commerce, d'une grande richesse et d'une grande industrie ; elle est parfaitement conforme à ses facultés, elle est très propre à acquérir et à protéger les établissemens utiles à son commerce, elle ne saurait menacer la liberté civile, et n'emploie presque que des hommes soumis par leur état au citoyen commerçant ; elle est conforme à ses besoins.

L'unité d'un état exige une puissance centrale, qui attire fortement à elle toutes les parties et les subordonne à son influence. Comme dans les monarchies, le centre est au roi, et comme le caractère le plus essentiel de la royauté est le commandement de l'armée, l'unité monarchique peut s'étendre sur toute la surface du territoire qu'une grande armée peut contenir ; mais dans les républiques, le centre de l'unité de l'état ne peut être qu'une ville, et dans celles surtout qui sont fondées sur le commerce, l'existence d'une force armée est incompatible avec leur constitution. L'unité politique ne pourra donc s'étendre que sur l'étendue de territoire, qu'une grande ville peut dominer sans le secours d'une armée, et telle est la borne rigoureuse de l'unité, dans les républiques commerçantes, que si un état plus étendu se trouve conduit par les évènemens à la forme républicaine, et si les dangers qu'il peut courir de la part de ses voisins, ne lui permettent pas de se diviser en autant d'états indépendans, qu'il y existe de grandes villes, il se fédérera : c'est le gouvernement de la Hollande.

Si la Hollande n'avait pas des voisins dangereux, renfermant un territoire trop étendu pour qu'une seule ville le soumette, et plusieurs villes assez considérables pour former chacune le centre d'un état, il est probable qu'elle se diviserait en plusieurs républiques tout-à-fait distinctes et rivales; les dangers du dehors y maintiennent, contre l'effet naturel du commerce, le gouvernement fédératif, et, si le stathouder parvenait à attirer à lui la puissance de l'or, comme il a celle de la force armée, cette fédération ferait bientôt place à l'unité monarchique.

Concluons de ces observations que l'aristocratie et la fédération, qui se font remarquer dans quelques républiques commerçantes d'Europe, ne contrarient point les principes généraux que j'ai posés ci-dessus : 1° parce que l'aristocratie de ces républiques n'a rien de commun avec l'aristocratie féodale, et qu'elle n'est, en quelque sorte, qu'une démocratie dégénérée ; 2° parce que leur fédération ne provient point de leur propre disposition, mais de la petite étendue que peut comporter le gouvernement républicain, comparée à celle qu'exige impérieusement leur sûreté, de sorte qu'on peut dire que dans ces états l'influence du dehors fait violence à l'esprit du gouvernement intérieur.

CHAPITRE X.

Idées générales sur les Monarchies.

Passons aux monarchies.

Dans tout gouvernement qui a quelque chose de monarchique, il y a un centre de pouvoir et un centre très énergique qui tend à attirer à lui toute l'autorité, et, par là même, à l'unité de l'état.

Les progrès de la richesse mobilière lui donnent, d'abord, le moyen d'agrandir le pouvoir en abattant l'aristocratie, et les monarchies féodales passent ainsi de la fédération aristocratique à l'unité monarchique.

Si telles sont les dispositions de l'état, que le peuple acquiert une force plus grande que la puissance militaire dont le prince dispose, la démocratie prendra place dans le gouvernement, et la monarchie se combinera avec une représentation nationale.

Si, au contraire, la nature des choses borne les progrès populaires et donne une grande énergie à la force armée, celle-ci acquérant, dans la main du prince, une supériorité décidée, l'unité monarchique dégénérera dans un despotisme militaire.

Il n'est pas une page de l'histoire moderne qui ne dépose pour ces vérités. Éclaircissons encore ces idées avant d'en venir aux exemples.

Lorsqu'il n'existait, ni art, ni commerce, ni richesses mobilières, il n'existait aucune circulation et aucun impôt ; les états ne pouvaient rien entreprendre au dehors, et n'avaient presque rien à craindre de leurs voisins : ils existaient et s'agitaient sur eux-mêmes. La richesse, telle qu'elle existait, la force militaire et, par conséquent, la puissance publique, résidaient dans les grands propriétaires de terres ; le peuple était esclave et le prince était sans pouvoir.

Le peuple, acquérant quelques richesses avec les progrès de l'industrie, consentit à en céder au prince une partie pour obtenir sa protection contre la tyrannie des grands, qui virent, dans la même progression, leur richesse diminuer, et le prince, fort de l'appui des premiers et surtout de l'affaiblissement de ceux-ci, vit, d'un autre côté, son autorité sortir d'une longue tutelle.

Par le produit de l'impôt, il établissait et payait des juges et toute la machine du gouvernement ; mais il fit quelque chose de plus important, il changea la nature des armées, et ce fut ce moyen là surtout qui fit la révolution.

Puisqu'une grande armée, là où elle existe, est la principale base du pouvoir, la manière dont elle est organisée doit influer sur la distribution de l'autorité.

Il existe deux sortes de force armée essentiellement distinctes :

La première est composée de troupes réglées qui sont une réunion d'hommes pris indistinctement dans toutes les parties de l'état, employées à un service continuel, payées et commandées par la puissance qui domine au centre de l'état ; comme une telle armée ne forme qu'un corps des habitans de toutes les provinces, comme elle appartient à toute la nation et obéit à une autorité unique, toujours prête à soumettre chaque partie à la volonté qui gouverne le tout, il est facile de concevoir qu'elle est un puissant lien de l'unité.

Une telle armée, se ralliant à la volonté centrale qui, pour elle, est toujours celle de son chef, est essentiellement monarchique.

La seconde espèce de force armée, est celle qui est appelée milice dans les gouvernemens européens ; je comprends, sous ce nom, toute force armée dont chaque corps est levé sur un canton de l'état, commandé par des officiers du même canton, qui n'est employée au service général de l'état que dans le moment du besoin, qui n'est point payée par le trésor public, ou ne l'est que dans les courts intervalles de son service.

Autant la première espèce d'armée tend à l'unité, autant celle-ci penche vers la fédération; il est facile de concevoir qu'elle ne peut point former un tout bien amalgamé, que chaque corps appartient moins à l'état qu'à son canton, que les troupes dépendent moins du chef commun et du général avec lequel leurs rapports sont aussi rares qu'éloignés, que de leurs officiers vivant au milieu d'elles et raffermissant chaque jour les liens de l'autorité ou de la confiance.

La force armée des temps féodaux était tout entière de cette dernière espèce; jamais soudoyée par l'état, servant seulement au moment du besoin, commandée par les seigneurs, composée d'hommes dont les uns étaient leur vassaux et les autres leurs esclaves, elle ne dépendait que d'eux, n'obéissait qu'à eux, et retenait ainsi l'autorité dans chaque fief, liés entre eux et à leurs chefs communs par ce lien fédératif dont la foi et l'hommage étaient l'expression.

Lorsque les rois obtinrent les subsides des communes enrichies par la renaissance des arts, ils commencèrent à former et à soudoyer des troupes réglées. Ces nouvelles forces, plus exercées, toujours actives, soumises à une discipline plus exacte, mues par une volonté unique, augmentant de nombre à mesure que l'impôt qui les soudoyait croissait avec la richesse publique, balancèrent d'abord, puis surpassèrent, ensuite firent totalement disparaître la milice féodale, et, dans la même progression, l'autorité passa des mains des seigneurs, chefs de celle-ci, dans les mains du roi, général de celles-là.

Ici se trouve une nuance délicate entre les diverses monarchies dont l'effet, d'abord léger, mais, grossissant toujours, finira par conduire les unes au despotisme militaire, et les autres à une liberté bien organisée.

La base de l'aristocratie est la terre; la base de la monarchie, la force publique; la base de la démocratie, la richesse mobilière.

Il est des empires où l'influence de la terre est si dominante, que le principe monarchique, soutenu des faibles efforts du peuple, n'a jamais pu y prendre le dessus; leur sort est de rester sous une sorte de fédération féodale légèrement adoucie par les mœurs du siècle où nous sommes parvenus. Leur sort ultérieur est, peut-être, d'être conquis au moment où les gouvernemens qui les environnent parviennent à une énergie que leur extrême faiblesse ne peut balancer.

Il en est où les forces sont tellement partagées que le peuple a pu en acquérir assez pour donner à la royauté les moyens d'abattre l'aristocratie, et jamais pour pouvoir lutter lui-même contre le monarque. La force démocratique et la force aristocratique, s'y balancent avec égalité, le pouvoir royal, s'élevant sur toutes les deux, les paralyse l'une par l'autre, et parvient à les subjuguer : d'abord, il abat les nobles avec l'argent du peuple ; ensuite, il abat le peuple avec l'esprit des nobles, qui dégénère en une sorte de servilité militaire ; car la noblesse est aussi disposée à s'allier au prince, contre le peuple, quand elle craint de voir dominer celui-ci, qu'à subjuguer elle-même le pouvoir royal. La destinée de ces états est d'arriver, par une progression lente de l'anarchie féodale, au régime militaire le plus absolu.

Enfin, il est des empires que leur situation met à couvert du fléau de la guerre, toujours favorable aux rois dépositaires de la force publique, aux nobles, dont la propriété territoriale ne peut pas périr, destructive du peuple dont le travail exige le repos, appelle à la navigation et au commerce, où par la nature des choses la richesse mobilière, et par conséquent la puissance du peuple, doivent acquérir une immense étendue. Là, le peuple qui donne au prince l'or avec lequel il paie son armée et gouverne l'état, acquerra un jour assez de force pour le lui refuser ; il y mettra des conditions, il voudra en surveiller l'emploi, il voudra que l'autorité qu'il soutient, soit organisée pour son plus grand avantage, il voudra faire lui-même ses affaires dans les parties qu'il est capable de conduire, et surveiller celles qu'il ne peut gérer. Alors s'organisera la monarchie libre et limitée, le plus heureux, le plus beau des gouvernemens qui ait jamais régné sur la terre.

Le pouvoir royal y sera fondé sur la nécessité bien sentie par tous, et sur l'influence de toutes les parties du gouvernement, dont il sera dépositaire.

Le pouvoir populaire sera contenu.

L'aristocratie, si elle existe, y sera retenue dans ce cercle qui l'empêche de nuire, et qui la rend utile; privée de l'espoir d'accroître son pouvoir, qui la rend toujours factieuse, elle se tiendra sur la défensive, et deviendra le lest du gouvernement. Par sa lenteur conservatrice, placée entre deux pouvoirs plus forts et plus actifs, qui l'influenceront, l'un par l'opinion, et l'autre par la distribution des honneurs, elle les liera l'un à l'autre, et adoucira les coups trop violens, qu'ils pourront se porter.

L'unité sera fortement établie par l'intérêt des deux pouvoirs dominans, celui du peuple et celui du roi, et il arrivera que l'étendue du territoire appellera le peuple dans le gouvernement, sous la forme représentative.

Je ne puis m'arracher à ce tableau. Peuples à qui la nature a permis d'arriver à cette forme de gouvernement, quels que soient les sacrifices qu'il vous ait coûté, vous ne l'aurez pas acheté trop cher !

Quoique chacune des monarchies de l'Europe soit entraînée, par sa situation, vers l'un de ces trois résultats, il est vrai cependant que de grands évènemens politiques peuvent quelquefois les faire dévier, au moins pour quelque temps, de la route que leur assignent les causes générales. Il arrivera, dans la plupart de ces états, un moment où l'aristocratie étant affaiblie, sans être détruite, et le prince et le peuple fortifiés, l'influence des trois pouvoirs se trouvera, sans que le pouvoir soit organisé, dans une sorte d'équilibre. Des causes accidentelles peuvent décider alors celui qui l'emportera, et profitant du triomphe que les circonstances lui auront acquis, pour se fortifier et pour affaiblir les autres, il donnera à la progression du gouvernement une direction différente de celle que la nature des choses lui destinait.

Telle est l'influence du despotisme, que si, aidé de causes accidentelles, il vient à l'emporter pendant quelque temps, il arrêtera par sa force compressive les progrès de la population et de la richesse, et même les fera rétrograder, et prolongera son empire contre l'influence des lieux et du climat.

De même, si le peuple aidé des évènemens l'emporte, dirigeant l'esprit du pouvoir vers le travail et l'acquisition, et dilatant, pour ainsi dire, les fibres du corps politique, il introduira dans celui-ci un nouvel élément d'hommes et de richesses et le rendra capable de soutenir la forme du gouvernement, que des causes fortuites y auraient établie contre la nature des choses.

Ainsi de l'aristocratie ; nous avons vu comment, favorisée par l'invasion des barbares, elle institua des usages et des lois, qui la firent dominer pendant plusieurs siècles.

Mais l'erreur qu'ont commise les historiens dans l'interprétation de l'histoire moderne, c'est qu'ils ont attribué presque tout à ces causes accidentelles, tandis qu'il est vrai de dire que toutes puissantes, pour le moment, ou, si on le veut, pour fixer l'époque des révolutions, elles ne changent presque rien à la longue, et dans les grands résultats.

On me demandera, où, dans ce tableau des monarchies, j'ai placé celle de Montesquieu ; elle est précisément au point que je viens de dire, là où le gouvernement sorti de la féodalité, s'achemine vers une autre forme qui n'est pas encore développée, où l'aristocratie a cessé d'être tyrannique, sans que le prince soit encore despote, ou que le peuple soit encore libre ; époque où domine le pouvoir royal, contenu par le souvenir du pouvoir des nobles, et par l'opinion, qui est le prélude du pouvoir du peuple.

Le respect et les honneurs, qui ne naissent qu'après le pouvoir, lui survivent aussi quelque temps. Une noblesse chevaleresque, fera encore régner ces maximes, après que la base réelle de son pouvoir ne sera plus. Ces hommes, ces maximes et son exemple, sont alors le plus puissant des principes moraux, qui donnent l'impulsion au gouvernemeent, et c'est aussi la doctrine de Montesquieu.

Mais Montesquieu me semble avoir fait un gouvernement de ce qui n'est qu'un état précaire, et un passage entre deux formes plus déterminées; il a peint la situation où il a vu plusieurs parties de l'Europe, au moment où il écrivait, sans considérer que cette situation ne pouvait durer, parce qu'elle était fondée sur une force d'opinion dont la base n'existait plus, et qu'il fallait bientôt à la monarchie d'autres limites et d'autres supports. La monarchie de Montesquieu s'achemine vers le despotisme militaire, ou vers la monarchie organisée.

CHAPITRE XI.

Application de ce qui précède aux États intérieurs d'Europe et aux États maritimes.

Suivons l'application de ces idées aux différentes monarchies de l'Europe.

§ 1ᵉʳ. — ÉTATS INTÉRIEURS.

Les états intérieurs et sans aucune communication avec la mer, sont ceux où l'aristocratie a dû continuer à dominer et où le peuple n'a pu même acquérir assez de force pour fortifier le pouvoir royal contre ses tyrans.

Voyez l'état politique de l'Allemagne, celui de la Pologne, celui de la Hongrie, jusqu'au milieu du siècle dernier, qui sont les trois grandes régions intérieures de l'Europe.

Après la conquête des barbares et sous le régime féodal, le gouvernement de ces pays fut à peu près le même que celui de tous les autres empires de l'Europe.

Mais tandis que ceux qui communiquaient avec la mer s'acheminaient, par les progrès du commerce et de l'industrie, vers une forme de gouvernement plus favorable au peuple et à la royauté, l'aristocratie étendait de jour en jour dans ses états intérieurs sa force et son indépendance; le pouvoir d'élire les rois s'y conservait; ces états continuaient d'être des espèces de fédérations aristocratiques sous la direction d'un chef électif.

Je ne conçois pas comment des historiens très ingénieux ont pu attribuer aux querelles des empereurs et des papes cette forme de fédération aristocratique à laquelle l'Allemagne est parvenue à travers les siècles, comme si une cause aussi puérile pouvait avoir eu quelque influence! comme si le gouvernement de la Pologne, où les rois n'ont jamais eu rien à démêler avec les chefs de l'Église, n'était pas de la même nature que celui de l'empire, avec cette différence, qu'étant encore plus rigoureusement intérieur, encore plus privé de commerce par sa position, les villes libres y sont encore plus faibles, et la constitution plus parfaitement aristocratique.

Je ne puis me refuser ici à une observation sur l'empire d'Allemagne, et qui n'est pas étrangère à mon sujet. Parmi les causes puissantes qui ont donné tant de gloire et tant de durée au système politique de l'Europe, il n'en est peut-être aucune de plus efficace que cette forme géographique qui a mis au centre une grande région fertile, habitée par une nation riche et vaillante, mais que la forme de son gouvernement oblige au système défensif.

Je trouve que l'Allemagne est comme le noyau ferme de l'Europe, dont les parties qui l'environnent sont les parties mobiles. Sa constitution lente et conservatrice empêche qu'elle n'envahisse autour d'elle, et sa force impénétrable empêche les états qu'elle sépare de s'atteindre.

La puissance royale a fait en Hongrie quelques progrès, mais il est évident qu'elle les a dus à une cause qui, dans tout autre pays, eût établi le despotisme le plus absolu, à la politique de la maison d'Autriche, qui, depuis plusieurs siècles, en possession de plusieurs royaumes, a su les subjuguer les uns par les autres ; la très grande puissance que la noblesse a conservée dans ce pays, et l'éligibilité de la couronne maintenue jusqu'au milieu du siècle dernier, prouvent avec quelle énergie la nature des lieux y lutte contre une force qui, partout ailleurs, eût établi le despotisme.

L'histoire politique des royaumes du nord n'est pas moins remarquable.

La féodalité n'eût jamais de grandes racines en Suède, mais par une raison fort différente de celle des pays commerçans et bien plus comparable à celle de la Suisse. La pauvreté du sol et l'âpreté du climat ont fait que les hommes y ont toujours conservé quelque chose de leur primitive indépendance. L'ordre des bourgeois y a toujours été très faible, mais les paysans y avaient une représentation à la diète dans des siècles où ils étaient esclaves dans toute l'Europe. Si donc la puissance royale n'y a pas acquis une existence solide, c'est parce que l'ordre des bourgeois, c'est-à-dire le commerce, l'industrie et la propriété mobilière qui a émancipé les rois dans tous les pays, n'y a pas eu la force nécessaire; les rois qui n'ont jamais eu d'appui constant que les bourgeois, n'y ont eu qu'une autorité variant sans cesse; cette autorité étant dépourvue d'un appui solide, elle n'a jamais reposé que sur les talens militaires de quelques monarques.

En Danemarck, qui est une espèce d'archipel situé à l'entrée de la mer Baltique, l'influence de l'industrie a dû être bien plus précoce et bien plus grande; aussi, depuis très long-temps, la puissance royale y était mieux établie qu'en Suède, et elle a fini par y devenir absolue.

Je ne dirai rien de la Russie. Cet état, qui paraît participer de la féodalité, de la barbarie du Nord et des gouvernemens orientaux, ne peut point être jugé par les mêmes principes que les gouvernemens européens; chercher à l'approfondir serait l'objet d'une étude bien plus difficile qu'avantageuse.

Le roi de Prusse était, il n'y a pas long-temps, un aristocrate du corps germanique. Ses acquisitions, opérées en grande partie par la force des armes, ont contribué, avec la situation de ses états, à y favoriser le passage immédiat du gouvernement féodal au despotisme militaire.

Telle est aussi, quoique plus lentement, la progression de toutes les possessions de la maison d'Autriche. Les progrès de la richesse, lents dans ses états intérieurs, y servent cependant peu à peu la puissance royale, en lui donnant le moyen de lever l'impôt, et ne conduiront probablement jamais le peuple à y être politiquement quelque chose, les immenses ressources militaires que renferment ces régions appartenant toujours de plus en plus au monarque, à mesure qu'il aura plus de moyens de les payer.

Je pourrais, en parcourant les petits états de l'intérieur, régis sous une forme monarchique, prouver que la même cause y a agi avec la même régularité; mais ces détails, peu nécessaires, ne serviraient qu'à la confusion. D'ailleurs, plus les états sont puissans, moins ils tiennent du dehors leur manière d'être intérieure, plus ils sont eux-mêmes.

§ 2. — ÉTATS MARITIMES.

Je passe aux monarchies où la situation géographique, sur les bords de la mer, sous un climat tempéré, semble permettre à la richesse mobilière et à la puissance populaire, qui en est l'effet, le plus grand développement.

Laissons de côté les royaumes de Naples et de Sicile; ces pays, sans cesse disputés par les premières puissances de l'Europe, ont tenu leur existence politique de l'influence étrangère.

Je ne m'arrêterai pas davantage au Portugal; c'est l'Espagne, l'Angleterre et la France qu'il faut surtout examiner.

L'histoire de l'Espagne est frappante. Cette région était l'une des plus heureusement situées pour le commerce et la navigation, et le pouvoir démocratique devait y faire de grands progrès. Aussi, malgré l'état de guerre où l'ont retenue si long-temps les querelles des chrétiens et des Maures, les manufactures, les arts et la puissance des villes y ont été plus précoces qu'en aucune autre monarchie de l'Europe. Dès le xiv° et le xv° siècle, l'industrie et la puissance des villes égalaient et surpassaient, dans la plus grande partie de l'Espagne, l'influence de l'aristocratie. L'unité monarchique, qui s'établit sous Ferdinand et Isabelle, dut sans doute beaucoup à l'influence de ce prince secret, par les secours que ce prince habile sut en retirer. Ce second période de la monarchie eût été bientôt suivi par celui qui devait l'organiser; les progrès rapides que devait faire la puissance du peuple, et le caractère généreux de la nation espagnole, n'eussent pas laissé au despotisme le temps de s'y établir, si la découverte du Nouveau-Monde ne fût venue changer tous les rapports du peuple et du prince, et intervertir les destinées de la monarchie.

Une monarchie commerçante, instruite et civilisée, qui découvre de nouvelles régions, établit avec elles des rapports vraiment utiles, et y puise une source d'accroissemens pour son commerce et son industrie. A l'époque où les Espagnols découvrirent l'Amérique, ils n'étaient point arrivés à ce degré de science et de politique : regardant l'or comme la seule richesse, ils ne traitèrent point les pays qu'ils avaient conquis en nation commerçante et manufacturière, mais en conquérans ambitieux, avides, et en fanatiques intolérans. Deux effets principaux résultèrent de cet évènement et réagirent sur le système politique de l'Espagne.

Le premier, c'est que la nation, au lieu de puiser dans cette découverte de nouveaux moyens pour son commerce et son industrie, et, par conséquent, pour sa richesse et sa population, entraînée par une fausse gloire et des espérances exagérées de richesse, abandonna ses arts et ses travaux utiles pour aller s'y ensevelir; de sorte que ces deux choses qui font la puissance démocratique, la richesse industrielle et la population, s'anéantirent par une cause qui, dans un autre temps, eût servi à la fortifier.

Le second effet fut que, au moment où les autres princes de l'Europe, voyant leurs besoins s'augmenter et les anciennes sources de leurs revenus tarir, devenaient dépendans des communes par le besoin d'en obtenir des subsides, les rois d'Espagne, enrichis par les tributs et les mines du Nouveau-Monde, s'affranchirent totalement de leurs sujets.

Ainsi, par une grande cause accidentelle, la force populaire rétrograda, la puissance royale s'agrandit, et tous les rapports furent changés : la politique profonde et détestable de Philippe II, cette politique d'un prince qui, n'ayant pas besoin des richesses de ses sujets, les appauvrit et les dégrade pour les subjuguer, en comprimant l'une des plus industrieuses, des plus nobles, des plus vaillantes nations du monde, ainsi dégradée par un évènement qui semblait devoir l'élever au comble de la gloire, et qui parvint à la vieillesse sans avoir passé par la virilité.

L'Angleterre est le pays le plus heureusement situé de l'Europe pour la navigation et pour toutes les branches d'industrie qu'elle soutient ; c'est par la mer qu'elle peut être attaquée et qu'il faut qu'elle se défende ; c'est par la mer que se font les transports entre les différens points de sa côte et toutes les îles qui l'entourent : ses besoins de chaque jour lui font une marine, et ce que les autres peuples ne possèdent que par luxe et par ambition, il faut qu'elle l'acquière par nécessité. Mais l'Angleterre est séparée du reste de l'Europe; dans l'état d'une grande civilisation, elle touche à tous les points du monde par ses vaisseaux; dans l'état d'une faible civilisation, elle en est en quelque sorte reléguée. L'un des pays de l'Occident où l'industrie et les arts ont eu le plus de peine à s'établir, elle est celui où, une fois qu'ils y ont pénétré, ils ont fait les plus rapides progrès.

L'histoire d'Angleterre a été écrite par le meilleur des historiens modernes, et sa constitution, avec les causes qui l'ont établie, a été développée par le plus profond des écrivains politiques, après Montesquieu. Je ne puis cependant renoncer à jeter encore quelques idées sur ce sujet, déjà presque épuisé, car nulle preuve n'est plus puissante à l'appui des principes que j'ai posés, que l'histoire politique de l'Angleterre.

Quoiqu'il soit vrai que l'énergie de pouvoir due à la conquête, et la distribution des fiefs faite par le conquérant, soient une cause accidentelle, qui a agi puissamment sur les destinées politiques de l'Angleterre, je suis loin de penser qu'elle y ait autant influé que sa situation géographique.

L'Angleterre a eu, comme les autres empires de l'Europe, son anarchie féodale; si les grands fiefs y ont eu moins de force et d'étendue qu'ils n'en ont eu en France, si l'état y a mieux conservé son unité, les causes les plus naturelles en sont : 1º L'étendue du territoire qui laissait à la monarchie plus de moyens d'agir et offrait moins de base à l'aristocratie ; 2º La mer qui, en la séparant des autres peuples, lui donnait par ses flottes la facilité d'atteindre dans toutes les parties du monde ; 3º La ville de Londres, qui étant tout à la fois une ville politique et un grand port de mer, a toujours eue une population d'une force excessive, en proportion de l'étendue de l'empire, et a contribué puissamment à en maintenir l'unité.

Les rois d'Angleterre ont, comme tous les autres, abattu l'aristocratie par le secours des communes. Ils furent absolus jusqu'à ce que les communes eussent acquis assez de force pour partager cet empire qu'elles leur avaient donné, et par l'effet de la situation géographique, cette époque arriva plus tôt qu'en aucune autre monarchie.

La nation s'y étant démocratisée et fondue en un seul élément, toute la représentation s'était d'abord réunie dans une seule chambre, la chambre des pairs, cette espèce de sénat législatif et judiciaire des temps féodaux.

Il en est résulté une constitution, qui certainement est la plus belle et la plus solide qui ait jamais été dans un pays insulaire, mais dont l'application à un empire territorial, serait d'un succès extrêmement douteux. Dans un empire territorial, une chambre de seigneurs héréditaire subjuguerait le peuple et le roi.

L'aristocratie en Angleterre, étant naturellement faible, relativement aux autres pouvoirs, le peuple y étant au contraire très fort à cause des richesses industrielles, et la monarchie y ayant une grande énergie, à cause de la grande force d'unité, la chambre des Pairs ne peut jamais être en Angleterre que sur la défensive; sa constitution héréditaire, ne peut lui donner que la force nécessaire pour exister, elle lui donne cependant cette lenteur et cette permanence de principes, qui affermissent les gouvernemens.

Quelque force naturelle que reçoive le principe monarchique de l'unité nécessaire de l'Angleterre, comme le roi n'a pas d'armée, la puissance dominante en ce pays est incontestablement les communes. Cette puissance est telle, que sans les grands moyens que le gouvernement a de l'attirer à lui, par le système naturel des élections, je doute qu'elle laissât subsister long-temps la constitution. Si ceux qui veulent en Angleterre la réforme de la représentation sont ennemis, comme ils le disent, d'un changement dans les bases de la constitution, il se pourrait bien que leurs vœux fussent contradictoires. Je ne sais si, n'ayant pas vu les choses de près, je suis mal instruit sur la manière dont elles se passent en Angleterre, mais s'il est vrai que la majorité ministérielle y existe moins en faveur d'un certain pouvoir qu'en faveur d'une certaine manière d'administrer, qu'elle est tellement contenue par l'opinion publique et par l'intérêt de conserver sa propre importance, qu'elle se détacherait du ministre au moment où il attaquerait la constitution ; s'il est vrai que cette corruption tant citée, ne soit pas l'infâme soif de l'or, qui dissout les meilleures choses, mais une habile distribution des emplois, sans laquelle aucun gouvernement ne peut marcher ; en un mot, si tel est l'arrangement actuel, qu'il résolve ce grand problème des institutions politiques, de rendre la constitution stationnaire et le gouvernement actif, il est bien malheureux que les droits d'une partie des représentés se trouvent lésés par un pareil ordre de choses, car il y a les plus fortes probabilités que les plus légers changemens en détruiraient tous les effets.

La France située sur deux mers, placée pour ainsi dire, au centre de l'Europe commerçante, était destinée à arriver à un haut degré d'industrie et de richesse mobilière ; mais l'immense étendue de ses terres dut assurer long-temps la prépondérance à l'aristocratie. Quand les ténèbres de l'anarchie féodale commencèrent à se débrouiller, elle se vit divisée en grands fiefs : comme l'autorité royale ne pouvait avoir aucune prépondérance, sur une si grande étendue, des seigneurs avaient conquis autour d'eux, et étaient devenus des puissances. Mais avec les armes d'une politique suivie et le secours des communes, les rois absorbèrent peu-à-peu les grands fiefs, et s'ils ne virent plus dans leurs sujets des princes aussi puissans qu'eux, ils ne cessèrent point d'avoir à combattre les grands et leurs ligues. L'institution des troupes réglées, sous Charles VII, et la politique profonde, perfide et sévère de Louis XI son fils, commencèrent à acquérir à la puissance royale une supériorité décidée; elle dura jusqu'à ces minorités qui suivirent la mort imprévue de Henri II; alors la faiblesse du gouvernement et l'agitation des nouvelles idées religieuses troublèrent l'état; pendant long-temps, ces causes donnèrent à l'aristocratie, qui avait encore de profondes racines, les moyens de se relever. Ce qui prouve la force des principes exprimé: dans cet ouvrage, c'est que, quoique l'une des causes accidentelles des mouvemens fût l'introduction de la secte calviniste, dont l'esprit est entièrement démocratique, l'aristocratie domina seule; elle domina non-seulement pendant les guerres civiles, mais dans les troubles des minorités de Louis XIII et de Louis XIV. Tandis qu'en Angleterre, le pouvoir absolu des Tudors n'eut à contenir que la démocratie, la démocratie renversa et rétablit les Stuarts, et n'a cessé d'être, depuis le seizième siècle, le principe de tous les mouvemens et la principale force de l'état.

Henri IV, grand guerrier, et encore plus grand politique, qui avait l'instinct du pouvoir, et qui savait l'environner de charmes, qui avait en lui les trois choses par lesquelles les rois deviennent absolus : l'économie, la force et la séduction, reconquit le trône, et eût rétabli l'autorité royale, s'il eût vécu.

Le cardinal de Richelieu reprit son ouvrage; Louis XIII ayant, ce qui est une chose rare, laissé le pouvoir, plutôt par raison que par faiblesse, à un ministre. Doué d'un génie et d'un caractère également énergiques, ce ministre acheva d'affranchir la couronne de la tutelle des grands, et abattit les derniers grands seigneurs.

Depuis lui, l'aristocratie, qui, seule encore jusqu'au milieu du xviii° siècle, a lutté contre le trône, n'existait plus que par corporation, par les corps nobles, les états de province, le clergé, les corps judiciaires.

Ceux-ci, créés par le roi et dépendant de lui, avaient été le principal instrument de l'agrandissement de son pouvoir, ils le furent de sa décadence; le parlement de Paris, qui descendait de l'ancienne cour féodale, avait les pairs dans son sein. Nos princes, qui ne voulaient point assembler les états-généraux, laissèrent les parlemens acquérir une certaine puissance.

Dans l'embarras de se procurer de l'argent, ils établirent la vénalité des charges, et la magistrature fut indépendante; elle avait été bourgeoise et royaliste, elle devint noble, féodale, réfractaire. Il en résulta une combinaison extrêmement défavorable au pouvoir, celle où l'ordre judiciaire est en opposition contre lui; car, alors, il a à combattre la force qui devrait le soutenir, et il est obligé d'y suppléer par des moyens irréguliers qui ont toujours plus de scandale que d'efficacité, et qui conduisent aux plus grands abus, les cassations d'arrêts, les tribunaux extraordinaires, les commissions, les lettres de cachet.

La force populaire croissant toujours tandis que l'aristocratie s'affaissait, l'explosion démocratique a eu lieu à la fin du XVIIIe siècle; il n'entre pas dans le sujet de ce discours de développer les causes particulières qui l'ont pressée et fortifiée. Le plus haut période du pouvoir royal a été, en Angleterre, sous Élisabeth, et, en France, sous Louis XIV.

L'explosion démocratique, en Angleterre, a précédé celle de France de cent cinquante ans.

A raison de la différence des temps, la fermentation d'opinion qui soutient, en Angleterre, la force démocratique, fut la passion des réformes religieuses; en France, ce fut la passion du philosophisme : celle-là rendit l'impulsion plus violente, celle-ci affaiblit surtout les obstacles.

Mais je tracerai, ailleurs, le parallèle de ces deux révolutions. J'ai tâché d'indiquer, ici, la progression générale qui entraîne les gouvernemens européens, et qui nous a conduit à la commotion violente que nous venons d'éprouver; il est temps d'examiner les causes immédiates qui l'ont déterminée, d'en marquer le caractère et d'en suivre les détails.

CHAPITRE XII.

Causes immédiates qui ont déterminé la révolution française.

Le principe démocratique, qui fut presque étouffé dans tous les gouvernemens d'Europe, tant que dura l'énergie du régime féodal, ne cesse depuis lors d'acquérir des forces et de tendre à son développement.

Tandis que les arts, le commerce et le luxe enrichissent la partie industrieuse du peuple, appauvrissent les grands propriétaires de terre, et rapprochent les classes par la fortune, les sciences et l'éducation les rapprochent par les mœurs, et rappellent les hommes aux idées primitives de l'égalité.

A ces causes naturelles s'est jointe presque partout l'influence de la puissance royale ; long-temps opprimée par l'aristocratie, elle a appelé le peuple à son secours. Le peuple sert long-temps d'auxiliaire au trône contre leurs ennemis communs ; mais lorsqu'il a acquis assez de force pour ne plus se contenter d'un rôle subordonné, il fait explosion, et prend sa place dans le gouvernement. Diverses causes peuvent presser ou retarder cette marche naturelle ; mais la plus puissante est certainement la situation géographique des diverses contrées, plus elle les appelle au commerce et à la navigation, plus elle les rapproche du reste du monde, et plutôt la puissance démocratique devra s'y développer. Plus cette situation les isole, les enchaîne aux travaux de l'agriculture et les expose aux fureurs de la guerre, et plus tard le peuple y sentira ses forces, et y connaîtra ses droits.

Tout était prêt en France pour une révolution démocratique, lorsque l'infortuné Louis XVI est monté sur le trône, la conduite du gouvernement l'a puissamment favorisée.

Le cardinal de Richelieu avait achevé d'abattre l'aristocratie, relevée pendant les guerres civiles. Louis XIV, héritier d'un pouvoir absolu, qui n'avait été troublé qu'un moment par les agitations de la régence, le soutint et le consolida par l'admiration qu'il sut inspirer, et plus encore par l'ascendant d'un caractère très énergique.

Après lui, devait commencer la série des rois fainéants; mais le pouvoir était encore neuf, il était sorti de ses mains avec tant d'autorité, que, ni les brusques caprices du régent, ni la mollesse et les scandales de Louis XV, ne purent l'ébranler.

Mais, si le gouvernement de ces deux princes

avait été sans vertu, il n'avait pas été sans habileté. Louis XIV avait agrandi le pouvoir, pour enchaîner une nation encore fière et généreuse, eux, avilirent la nation pour la soumettre à un pouvoir déjà dégradé; ils brisèrent tous les obstacles, corrompirent les mœurs, parurent vouloir détruire jusqu'au ressort de l'orgueil et de l'honneur, élevant la richesse au-dessus de la naissance, et créant mille moyens honteux d'arriver à la richesse. Ils tendaient à cette espèce d'égalité qui fait la sécurité des gouvernemens despotiques.

Les progrès même de l'instruction, qui devaient un jour détruire ce despotisme, parurent le servir. Le XVIII° siècle avait été celui de l'imagination; avec lui disparurent ces sentimens exaltés, ces fictions brillantes qui soutiennent quelque temps le caractère national contre les efforts d'un gouvernement absolu. La littérature et les arts prirent la teinture des mœurs et suivirent la direction du gouvernement.

La philosophie, qui s'élance toujours au-delà des bornes, servit aussi ce mouvement, on lui livra la superstition, et elle consentit encore à respecter le trône. On la vit même se prosterner dans beaucoup de cas; enfin, tel fut le succès de ce système suivi de dégradation, que la nation ne connut plus que l'amour de l'or, l'attrait du plaisir et la plus frivole vanité, et, lorsqu'elle fut mise à l'épreuve par les actes violens qui signalèrent la fin du règne de Louis XIV, elle allia tant d'obéissance à tant de mépris pour son maître, qu'elle semblait prête à tout souffrir.

Mais le pouvoir qui existait n'était pas moins parvenu à l'époque de sa maturité; privé des liens du respect et de l'affection, il ne régnait pour ainsi dire plus que par les moyens mécaniques. Les deux ordres privilégiés qui formaient encore la machine du gouvernement, s'étaient ruinés par leur luxe et dégradés par leurs mœurs; le tiers-état au contraire avait acquis de grandes lumières et d'immenses richesses. La nation n'était contenue que par l'habitude de son esclavage, et par l'opinion où elle était de la possibilité de briser ses chaînes; mais cette opinion que le gouvernement avait encore contenue avait fait dans le fond de la nation d'immenses progrès, et déjà, dans la génération qui naissait, les préceptes d'Helvétius et de Rousseau commençaient à faire oublier ceux de Voltaire. Pour que l'autorité royale pût se soutenir dans de pareilles conjonctures, il eût fallu que le trône fût occupé par un tyran ou par un grand homme. Tibère eût conservé son pouvoir, en achevant d'asservir et de dégrader son peuple; Charlemagne eût maintenu son ascendant en l'appelant à des réformes dont il eût lui-même été le chef, l'arbitre et le modérateur.

Louis XVI n'était ni l'un ni l'autre, il avait trop de vertu, pour ne pas tenter de corriger des abus qui avaient scandalisé ses regards, il n'avait ni le caractère ni les talens qui eussent pu contenir une nation impétueuse, que l'état où elle était parvenue appelait à la réforme.

Son règne fut une succession de tentatives pour le bien, d'actes de faiblesse et d'impéritie.

S'il était un moyen de prévenir l'explosion du pouvoir populaire, c'eût été de l'associer au gouvernement, tel qu'il était établi, et d'ouvrir toutes les carrières au tiers-état; on fit tout le contraire : parce qu'un gouvernement corrompu avait abattu l'aristocratie, on crut qu'un gouvernement paternel devait la rétablir; on rappela les parlemens, on rendit à la naissance tous ses avantages, on exclut de plus en plus le tiers-état de la carrière militaire, on mit les lois en opposition avec les mœurs, avec la marche naturelle des choses, on fit tout pour irriter la jalousie d'une classe et pour exalter les prétentions de l'autre; on accoutuma le tiers-état à voir une puissance ennemie dans le trône, que lui seul pouvait soutenir ou renverser, on rendit à l'aristocratie cette ivresse qui, lorsqu'ensuite on a voulu la frapper, l'a conduite à provoquer une révolution, dont elle est devenue la victime.

La marche du conseil et la conduite de la cour.

travaillaient à l'envi, à pousser la nation vers les nouveautés et à détruire l'ancien prestige de l'autorité.

Une suite de ministres novateurs, essayant mille réformes, sans les accomplir, accoutumèrent la nation à l'idée du mieux. Une cour en qui l'imprévoyance de la jeunesse avait succédé à la profonde corruption des courtisans de Louis XV, se fit un jeu d'abolir tous les usages, de détruire tous les prestiges.

Ce que la nature des choses avait amené, ce que la conduite du gouvernement avait préparé, la guerre d'Amérique le détermina; par cet enchaînement miraculeux de circonstances qui produisent les évènemens extraordinaires, tandis que tout se disposait à l'intérieur pour une révolution, la politique extérieure tendait de son côté à l'opérer, et peut-être à presser celle de l'Europe.

Les auteurs de ce système politique qui, en alliant la France à l'Autriche, avait pour objet de maintenir la paix sur le continent, de porter tout le superflu de notre substance à l'accroissement de notre marine, à l'abaissement de l'Angleterre, à l'agrandissement de notre commerce, avaient préparé et fomenté, dans les mêmes vues, l'insurrection des colonies anglaises contre leur métropole. Lorsque ce système fut parvenu à sa maturité, il fallut le soutenir. De là cette guerre dont il résulta trois effets en faveur de notre révolution : le premier, que la nation se remplit d'idées d'insurrection et de liberté ; le deuxième, que l'armée, déjà civilisée par une longue paix, se pénétra des mêmes idées que la nation, et allia l'enthousiasme des vertus civiques à celui des vertus guerrières ; le troisième, que les finances achevèrent de se détériorer. De sorte que, tandis que le gouvernement vit venir à lui l'opinion avec l'attitude la plus menaçante, les deux principaux ressorts du pouvoir vinrent subitement à se briser dans ses mains.

Cependant, il avait reconquis quelque renommée ; au succès de ses armes et de ses négociations se joignait la popularité d'un ministre habile à la conquérir ; et si alors on avait eu le courage d'envisager l'état des finances et de l'améliorer par des réformes, éloignant le moment des besoins et conservant l'empire de l'opinion, on se fût rendu maître des changemens qu'il était devenu nécessaire d'opérer dans le gouvernement, et on en eût adouci la secousse.

Mais on ne connaissait point assez le mal pour admettre un remède aussi douloureux. La cour était loin d'y consentir, et le principal ministre, loin de l'oser, voulait demeurer étranger à toute révolution forte. Il n'avait pas eu envers la nation le courage d'imposer, pendant la guerre, des plans salutaires; il n'eut point envers le roi celui d'exiger des réformes suffisantes; il voulait plaire. Il cacha le mal, il admit une sorte de système qui était l'effet combiné des habitudes de sa profession personnelle et de la disposition dominante de son caractère; il faisait reposer les finances sur le crédit, et le crédit sur le caractère moral du ministre. En se rendant ainsi nécessaire, il espérait sans doute raccommoder la machine par les détails, et guérir le mal avant qu'il fût connu. On ne lui donna pas même le temps de se livrer à ces faibles palliatifs. Il emporta les regrets de la nation, qui rendait justice à sa probité, et qui s'exagérait ses talens.

Celui qui, travaillé d'un mal profond, n'a pas même la résolution de supporter quelque régime, appelle à son secours les empiriques. C'est ce qu'on fit alors. On vit paraître ce conseiller de la couronne dont le nom sera lié au souvenir de la révolution française comme celui de son mauvais génie. Bien loin qu'il fût question d'économie sous son administration, il fut prodigue par caractère, par complaisance et par système. De même qu'un homme ruiné cherche à éblouir par son faste, espérant quelque ressource inattendue de l'espèce de considération qu'il s'attire, de même ce ministre sembla vouloir captiver les hommes puissans par ses profusions, et enivrer la nation par une prospérité factice, afin de tout préparer, et d'être maître des esprits au moment où il mettrait au jour les opérations hardies par lesquelles il se flattait de rétablir les finances.

Il amena, enfin, cette fameuse époque où le déficit fut déclaré, et où les hommes d'état purent prévoir presque tout ce qui est arrivé depuis.

Une partie des choses qu'il proposa eussent pu réussir, mises en avant par un ministère estimé, après de grandes réformes dans les dépenses, et lorsque les besoins n'étaient encore ni aussi étendus, ni aussi pressans. Mais lorsqu'un gouvernement décrié, scandaleux par ses profusions, mit subitement au jour son extrême détresse, n'ayant plus pour lui ni la considération, ni la crainte, toutes ses propositions parurent des piéges, et ses demandes n'excitèrent que l'indignation et le mépris.

Ce qu'il ne put obtenir par la confiance, il voulut l'exiger par autorité. Alors commença un combat qui, jusqu'à la convocation des états-généraux, n'offre plus que le tableau de l'agonie du pouvoir. Plus ses moyens étaient détruits, plus ses tentatives furent violentes.

Enfin, les états-généraux se réunirent. Pour bien juger les évènemens qui ont suivi, il est surtout nécessaire de se faire une juste idée de l'état des choses et des dispositions respectives de tous ceux dont l'influence combinée devait agir sur la révolution.

CHAPITRE XIII.

Influences combinées qui devaient agir sur la révolution.

Les communes, d'une part, et, de l'autre, les ordres privilégiés, arrivaient pour se faire la guerre, et leur querelle devait commencer sur les formes mêmes de la délibération. La noblesse et le clergé, réunis dans la double intention de conquérir, autant qu'ils pourront, sur le trône, et de céder au peuple le moins possible, étaient fortement attachés aux formes de 1614. Ces formes, qui donnaient à chaque ordre le droit de délibérer séparément et d'opposer son vœu négatif aux propositions des deux autres ordres, leur garantissaient la conservation de leurs priviléges, et leur donnaient un moyen, en faisant valoir auprès du trône l'utilité de leurs suffrages, d'en obtenir d'avantageuses concessions. Les communes, qui, sans avoir des idées arrêtées, avaient néanmoins pour but principal d'affaiblir les priviléges et de reconquérir les usurpations des premiers ordres, tenaient fortement à la délibération par tête; et comme dans ces deux formes de délibération, les uns voyaient tous leurs moyens de conservation, les autres toutes leurs espérances d'acquérir; comme les premiers avaient évidemment pour eux l'usage établi, les autres la raison naturelle, il était impossible que ces débats eussent un terme, s'ils n'étaient résolus ou par l'intercession du gouvernement ou par la puissance du peuple.

Or, voyons quelle était la situation de ces deux pouvoirs dont l'un venait de naître et l'autre était déjà prêt à mourir.

Plusieurs provinces avaient été livrées à une longue agitation, lorsque les assemblées de bailliage, et la composition des cahiers mirent tous les esprits en mouvement, occupèrent les différentes classes de prétentions contraires, remplirent le tiers-état d'espérance, et lui donnèrent le sentiment de ses forces.

Des causes, ou naturelles ou factices, ayant produit, dans le temps, une grande rareté dans les subsistances, avaient produit, dans plusieurs villes, des mouvemens populaires.

Enfin, la capitale dont l'immense population devait avoir sur les évènemens une si grande influence, déjà agitée par les élections et par les nombreux écrits dont les divers partis l'avaient inondée, recélait encore des principes de fermentation qui, pour agir plus secrètement, n'en avaient pas moins d'activité. Ils existaient surtout dans cette guerre secrète que les deux grandes ligues de l'Europe n'avaient cessé de se faire au milieu d'une apparente paix, tandis que la France et ses alliés, après avoir préparé et effectué la scission des colonies anglaises, avaient encouragé, en Hollande, les premiers essais d'une révolution, qui, en changeant la forme de son gouvernement, devait amener le changement de ses rapports extérieurs ; les puissances ennemies, habiles à se venger par les mêmes moyens, nourrissaient, en France et dans le Brabant, des germes de trouble ; les rois oubliaient les dangers communs pour les exciter, et c'est principalement sur la capitale, foyer du grand mouvement qui se préparait, qu'ils dirigeaient leurs efforts.

Toutes ces circonstances annonçaient que, pour peu que les débats fussent prolongés, pour peu qu'ils fissent durer l'inquiétude publique et la paralysie du pouvoir, le peuple interviendrait pour les terminer, et, une fois maître de la position, pourrait devenir le moteur et l'arbitre des évènemens.

Le gouvernement seul pouvait les diriger [en

les prévenant avec une sage fermeté. Voici où il en était :

La cour et le ministère étaient divisés en deux principaux partis : l'un était celui des princes, chefs extravagans d'une faction que leur appui avait seul encouragée, incapables de juger l'état des choses, ils soutenaient ouvertement la cause de l'aristocratie, et leur objet était bien moins de prévenir la chute de l'autorité que de s'attribuer une grande influence personnelle dans l'administration des affaires.

L'autre parti avait pour chef le ministre des finances, sa grande popularité en était le principal appui ; à lui, s'était jointe une partie du ministère, et le petit nombre de gens de la cour qui s'étaient attachés au parti du peuple. A travers les nuages et les indécisions dont furent toujours enveloppées les intentions de ce ministre, il paraît qu'il penchait vers un système de gouvernement à peu près semblable à celui de l'Angleterre ; mais il y a lieu de croire qu'il n'avait nullement jugé l'état des choses.

Si le gouvernement, coupant court aux débats qui s'élevèrent entre les ordres, était venu au secours des communes avant qu'elles eussent senti toute leur force ; si, dès les premiers jours, il eût déterminé les ordres à délibérer en commun, il est probable qu'il se fût acquit une grande influence sur les résolutions; que, conformément à la disposition qui régnait alors parmi les députés, le travail se fût fait en beaucoup moins de temps; que, prévenant les violentes convulsions auxquelles les évènemens qui suivirent livrèrent le royaume, l'assemblée n'eût point ressenti l'atmosphère enflammée d'un peuple en état de fermentation; que tous les anciens élémens du corps social, travaillant de concert à lui donner une nouvelle forme, n'étant point divisés par des haines ouvertes, et paraissant encore investis de toutes leurs forces respectives, le résultat eût été une transaction quelconque entre les divers partis, un nouvel arrangement de ce qui existait, plutôt qu'une révolution totale.

Mais celui qui, seul, eût pu faire cela n'en trouvait les moyens ni dans son caractère, ni peut-être, dans sa position; loin d'adopter cette marche franche et déterminée, le gouvernement parut espérer que les débats prolongés des trois ordres les réduiraient à recourir à lui, peut-être même croyait-il que le crédit des états-généraux, venant à baisser auprès de la nation, fatiguée de tant de dissensions, l'opinion publique se ralliant à lui, l'investirait d'une autorité suffisante pour devenir l'arbitre suprême de tous leurs travaux.

Ces frivoles spéculations s'évanouirent bientôt, ce qui eût pu se faire par le gouvernement se fit sans lui et contre lui; les communes, lassées de tant de lenteur, et se sentant appuyées par l'opinion, déclarèrent, en se constituant, qu'elles représentaient la nation, dès lors, elles furent la seule puissance, et, dès lors, le sort de la révolution fut presque entièrement décidé.

Il l'était, du moins dans l'opinion, il le fut bientôt par le fait; l'autorité, qui n'avait pas su prévenir cette grande démarche, entreprit de la contrarier; elle avait été indécise quand il fallait agir, elle devint violente lorsqu'il ne lui restait plus qu'à céder.

SECONDE PARTIE.

Assemblée Nationale.

CHAPITRE PREMIER.

Circonstances dans lesquelles l'auteur a été appelé à s'occuper des affaires publiques.

Au milieu de toutes les réclamations et de toutes les résistances, la province du Dauphiné se distingua par une marche hardie et méthodique, l'union constante de ses citoyens opposa au gouvernement une masse imposante; la nature de ses représentations les rendait respectables à tous les titres.

C'est alors qu'a commencé ma vie politique, et, puisque j'ai pris la plume pour en rendre compte, je dois commencer ici à parler de moi;

le regret que je sens à quitter d'aussi grands objets, pour descendre à des discussions personnelles, m'avertit du mouvement qu'éprouveront sans doute mes lecteurs.

Appelé dès ma première jeunesse à l'étude des lois, par la profession de mon père, un attrait puissant dirigea toute mon attention sur le droit public; à peine connaissais-je quelques élémens des lois civiles, que j'avais déjà lu et extrait la plupart des ouvrages français, qui existaient alors sur les lois politiques. Dès l'année 1783, je prononçai à la clôture des audiences du parlement, un discours *sur la nécessité de la division des pouvoirs dans le corps politique*; ce petit ouvrage offrait sans doute une bien faible ébauche d'un si grand sujet, mais il respirait la passion de la liberté et présentait l'essor de l'âme la plus indépendante.

Des idées, qui m'avaient occupé lorsqu'elles n'étaient encore que l'objet d'une curiosité stérile, m'absorbèrent totalement lorsque les évènemens publics commencèrent à les environner de quelque espoir. Depuis la convocation des notables, je ne m'occupai plus que d'objets politiques; la pensée de voir ma patrie affranchie, et la caste à laquelle j'appartenais, relevée de l'état d'humiliation auquel un gouvernement insensé semblait la condamner plus que jamais, exalta toutes les facultés de mon âme, et me remplit d'ardeur et d'enthousiasme, je devouai mon existence à la cause de la liberté, et je consacrai tous mes momens aux travaux qui pouvaient me rendre capable de la servir.

L'occasion ne tarda pas de se présenter, des édits militairement enregistrés, et la disgrâce du parlement, ayant fait cesser l'espoir de toute réclamation légale, je ne balançai point à me mettre le premier sur la brèche, je composai un écrit intitulé : *Esprit des édits*, et je le répandis dans les rues de Grenoble, le jour même où coula dans ma ville natale le premier sang qui ait été versé en France pour la révolution.

Bientôt les convocations spontanées, les assemblées civiques, les représentations courageuses de la ville de Grenoble et de la province de Dauphiné, furent célébrées dans tout le royaume; elles concoururent, avec le courage de quelques autres provinces, à presser le moment de la révolution, elles eurent, surtout, cela de particulier, que, tandis que partout ailleurs, l'aristocratie était seule encore en insurrection contre le trône, la province de Dauphiné réclamait les droits du troisième ordre, et mettant en avant les grandes questions du doublement du tiers, et de la délibération par tête, posait les premières bases d'une révolution démocratique.

M. Mounier, qui jouait le premier rôle dans ces mouvemens, y acquit une considération, qui l'a rendu pendant quelques momens l'arbitre des états-généraux ; quant à moi, je ne m'y attribuerai point une part plus grande que celle de chacun de mes concitoyens, mais il m'est permis de m'honorer d'avoir été élu député à l'âge de vingt-sept ans, après les épreuves auxquelles le courage réel pouvait seul résister, et dans des circonstances où il fallait peut-être autant d'énergie pour soutenir le mouvement public, qu'il en faudrait aujourd'hui pour lui résister.

CHAPITRE II.

Opinions et dispositions de l'Auteur lorsqu'il fut aux États généraux. — Parti auquel il s'attache.

« SON MOT : Le sang qui vient de se répandre était-il donc si pur ? »

Voici quelles étaient mes opinions et mes dispositions lorsque je quittai ma ville natale pour aller prendre part aux affaires générales de la nation. Je n'étais point exalté au-delà de la raison ; mes principes politiques étaient, à quelques nuances près, ce qu'ils sont aujourd'hui, ce qu'ils n'ont jamais cessé d'être, passionnés pour la liberté ; je la voulais sous des formes capables de lui imprimer un caractère durable, je désirais qu'on fît non le plus, mais le mieux ; je pensais et j'imprimais que la liberté française ne pouvait exister que sous un gouvernement monarchique, je regardais le droit de sanction comme l'attribut caractéristique de la monarchie; j'étais assez nourri des idées politiques, pour savoir que la ruine de la liberté était toujours dans son excès, j'avais reçu de la nature une âme assez forte pour penser que le véritable courage n'existe jamais sans mesure, que la puérile exaltation est un des attributs de la faiblesse : j'abhorrais la fausseté. Tous ceux avec qui j'ai vécu ont vu, par mes actions et par mes discours, que je faisais surtout consister l'élévation du caractère, dans ces deux choses, la franchise et la mesure ; et si dans le cours de la révolution, j'ai quelquefois oublié celle-ci, je déclare que c'est alors seulement que j'ai cessé d'être moi-même. Mais combien il y a loin à cet égard entre les reproches et la vérité; on a jugé que je devais être déraisonnable parce que j'étais jeune, que j'avais une âme féroce, parce que j'avais laissé échapper une phrase malheureuse et irréfléchie, parce que j'étais en avant dans tous les momens critiques ; un essaim de libelles, engendrés par divers partis, animés par divers genres de haine, mais sans cesse acharnés contre ceux qui paraissent influer sur les évènemens, donna cours à ces préventions ; j'ai toujours dédaigné de leur répondre, et lorsqu'enfin dans des momens plus décisifs, ma conduite a désavoué hautement ces absurdes reproches, quand j'ai mis, à terminer la révolution, le même courage et le même caractère avec lequel je l'avais provoquée, on s'est écrié que j'avais changé ; puisque j'avais changé, j'étais corrompu, puisque j'étais corrompu, j'étais conspirateur. Un parti avec lequel j'avais toujours été dans une violente opposition, parce qu'il voulait la république et moi la monarchie, parce qu'il disait les colonies à charge à la France et que je les jugeais nécessaires, a profité du moment de son triomphe pour m'accabler, et, ce qui pourrait paraître étrange en d'autres temps, une pièce qui suffirait, à défaut de preuves, pour me justifier, a servi de base à mon décret d'accusation.

Les faits présentés dans ce travail sont ma réponse.

J'arrivai à Versailles peu de jours avant l'ouverture des états-généraux ; ami de Mounier, et remarqué, dès les premières séances des communes par quelque facilité dans l'expression, je fus bientôt plus ou moins rapproché de tous les hommes qui paraissaient devoir marquer dans le parti populaire; ma position personnelle, dans ces premiers momens, ne ressemblait à celle d'aucun autre : trop jeune pour concevoir l'idée de diriger une assemblée aussi imposante, cette situation faisait aussi la sécurité de tous ceux qui prétendaient à devenir chefs; nul ne voyait en moi un rival, et chacun pouvait y apercevoir un élève, ou un sectateur utile; car, déjà, je commençais à exercer, dans l'assemblée, un ascendant que je devais surtout à la franchise et à la bonté de mes opinions; je fus donc accueilli avec bienveillance par la plupart des chefs; j'employai l'espèce d'influence qu'ils paraissaient me donner sur eux à tenter de les réunir. Ainsi, je fis de vains efforts pour rapprocher Mounier et l'abbé Sieyes, entreprise bien digne d'un jeune homme à l'égard de ces hommes impérieux, qui étaient arrivés pour faire prévaloir des systèmes opposés.

Après deux ou trois mois d'épreuve, mes liaisons se fixèrent, et n'ont jamais changé depuis; elles m'unirent à des hommes remplis de défauts, mais d'une grande probité, d'un grand caractère et d'un grand courage; ceux qui suivirent le torrent des préventions les ont mis au nombre de mes crimes; les observateurs jugeront, peut-être, que des hommes qui, placés pendant trois ans au centre des plus grandes affaires, qui ont vu former et dissoudre mille coalitions, sans qu'il y ait eu entre eux un seul instant de mésintelligence, méritent, au moins, d'être entendus avant que d'être condamnés.

On sait quelle fut la marche des évènemens, le gouvernement, à qui l'expérience de tous les temps aurait dû inspirer une conduite mesurée, s'égara dès les premiers pas; livré à des conseils opposés, parmi lesquels les ennemis du peuple étaient sans prudence et ses amis sans vigueur, il fut entraîné dans des démarches qui attirèrent sur lui une haine encore concentrée sur les castes priviligiées; les princes, après avoir encouragé la révolte de quelques nobles contre le vœu général, entraînèrent le roi dans le parti des nobles, et le montrèrent au peuple français comme le chef d'une faction; les ministres populaires furent disgraciés, les rassemblemens de troupes, près de Paris, amenèrent la révolution du 14 juillet, et cette violente commotion s'étant propagée dans tout le royaume, l'ancien édifice s'écroula de toutes parts avant que l'assemblée nationale eût posé les premières pierres du nouveau.

C'est dans cette situation des hommes et des choses que la constitution se caractérisa, et que l'issue par laquelle on devait sortir de cette espèce de chaos devint facile à prévoir.

M. Mounier et ses partisans parurent ne s'être point aperçus qu'il y eut une révolution, ils voulurent construire avec des matériaux qui venaient d'être brisés, ils insistèrent sur un système qui n'était qu'une transaction entre une puissance qui était tout, et une puissance qui n'était plus.

Eux exceptés, tout ce qui formait le parti révolutionnaire admit la nécessité d'une reconstruction totale; mais, dès lors, on pouvait s'apercevoir, et il est devenu évident depuis, qu'en s'accordant sur le fond, on différait beaucoup sur le mode et sur les moyens.

Les uns, dit-on, se proposaient de régénérer le pouvoir monarchique en renouvelant le monarque; d'autres paraissent avoir eu, dès lors, l'intention d'une forme de gouvernement absolument républicaine; le plus grand nombre se détermina à conserver, tout à la fois, le trône et le prince qui l'occupait, et à renouveler toutes les autres parties en les prenant, pour ainsi dire, en sous-œuvre et les plaçant à l'abri de cette pièce principale.

Je m'attachai à ce dernier parti que la grande majorité adopta, et que les évènemens semblent avoir condamné; je vais rendre compte des raisons qui m'y déterminèrent, et qui m'y ont fait persister, depuis, dans toutes les occasions.

J'ai déjà dit que je n'avais jamais varié sur la convenance, ou plutôt sur la nécessité de substituer une autre division territoriale à l'ancienne division de la France, le moment dont je parle est le seul où j'aie sérieusement mis cette nécessité en question ; le relâchement en toutes choses était tel, qu'il pouvait paraître douteux s'il serait possible de rattacher, au pouvoir du centre, ces parties qui semblaient s'en détacher.

Mais ces pensées ne m'occupèrent que quelques momens ; si j'en parlais avec vivacité dans les conversations, j'y donnais, au fond, si peu de consistance que je n'ai jamais dit dans l'assemblée un seul mot qui fût le résultat de ce système, et, lorsqu'il fut condamné définitivement par le travail de la division du royaume, je fus un de ceux qui insistèrent avec le plus de force pour partager le royaume en un très grand nombre de départemens.

Quant à la république, une et indivisible, j'avoue franchement que je n'ai jamais eu la pensée qu'elle fût possible en France.

J'avais trouvé des raisonnemens en faveur du gouvernement fédératif, je n'en connus aucun en faveur d'un changement de rois. Quoiqu'on essaya, dès lors, d'ériger en principes de révolution l'exemple que l'Angleterre a donné, en 1688, quoiqu'on entendit dire qu'un roi, qui tient la couronne par droit héréditaire, ne consentirait jamais, de bonne grâce, à la voir dépouillée d'une partie de sa prérogative, et que, si l'on voulait fixer la liberté sans anéantir la monarchie, il fallait mettre sur le trône un homme qui, n'ayant pas droit à y monter, recevrait la couronne comme un grand bienfait, verrait son propre sort lié à celui de la révolution, et serait réduit à défendre la liberté publique en défendant son trône et sa sûreté. Ce raisonnement, excellent lorsque les Anglais l'ont adopté, me semblait absolument dépendant des hommes et des circonstances. Que les Anglais, opprimés par un tyran obstiné, dont les conseils avaient conduit son prédécesseur à violer leur constitution, et qu'il avait lui-même presque anéantie, aient cru devoir le remplacer par un prince estimé, dont les secours venaient de leur faire recouvrer leurs droits, ce fut la marche des évènemens, et c'était le conseil de la justice, de la morale et de la raison; mais quel rapport leur situation pouvait-elle avoir avec celle où nous étions placés? le prince sous lequel notre révolution s'était faite n'était-il pas celui qui paraissait le plus propre à la maintenir? la qualité la mieux connue de son caractère n'était-elle pas une disposition générale à accéder à ce qui lui paraissait être le vœu public? S'il est vrai que tous les rois portent, au fond du cœur, les principes du pouvoir absolu, ceux qui, par caractère, sont les plus disposés à faire céder leur opinion personnelle à l'opinion du peuple, ne sont-ils pas les plus faciles à contenir dans les bornes d'une prérogative limitée? Existait-il un homme qui, à l'exclusion de Louis XVI, pût prétendre au trône tout à-la-fois, par sa situation, par de grands services ou de grandes vertus? Était-il vrai qu'un changement si hardi fût propre à consolider l'état? et pouvait-on espérer qu'il serait vu tranquillement par une nation qui mit long-temps l'amour de ses rois au nombre de ses vertus? Enfin, comment une telle révolution pourrait-elle être expliquée si ce n'est par les vues personnelles de ceux qui l'auraient faite?

Ces réflexions durent déterminer tous ceux qui étaient sans arrière-pensée. Quant à moi, qui les place ici pour répandre plus de clarté sur la marche des opérations de l'assemblée constituante, le parti des novateurs radicaux me paraissait alors si absurde, que je ne m'y appesantis même pas; et je ne m'en suis occupé sérieusement que lorsqu'au mois de juillet 1792 j'ai pris la résolution de défendre, non seulement la monarchie, mais la personne de Louis XVI.

Telle était la situation des esprits, lorsque, après les orages du 14 juillet, l'assemblée nationale commença à s'occuper de la constitution.

Je rends compte des motifs généraux de ma

conduite, et non des motions et des discours que j'ai pu prononcer. Aussi long-temps que le rapprochement des ordres a pu donner quelque espoir, j'ai soutenu, contre la partie la plus ardente des communes, les démarches conciliatrices. Mais lorsque, convaincu, par moi-même, de leur inutilité dans les conférences où j'assistais comme un des commissaires des communes, j'ai cru à la nécessité d'aller en avant, et j'ai défendu la fameuse motion de l'abbé Sieyes. A la séance royale, placé à côté de M. Camus, je demandai la parole en même temps que lui. Je la lui cédai par déférence, et défendis la motion, qui, comme on sait, était de persister dans les précédens arrêtés. Le 14 juillet, je fus un des huit commissaires chargés de la rédaction des arrêtés de cette fameuse journée.

Mais il est une circonstance sur laquelle il ne m'est pas permis de passer aussi légèrement; c'est une opinion que j'ai prononcée après les assassinats de Foulon et de Berthier, et dans laquelle j'articulai ces mots : « Le sang qui vient de se répandre était-il donc si pur! »

Je pense qu'il est impossible de justifier cette expression considérée comme ayant été prononcée dans une assemblée publique, et que, si elle eût été réfléchie, elle serait absolument inexcusable.

Mais voici, avec la même vérité, le mouvement qui se passa en moi, et comment elle me fut arrachée.

J'ai toujours regardé comme une des premières qualités d'un homme la faculté de conserver sa tête froide au moment du péril, et j'ai même une sorte de mépris pour ceux qui s'abandonnent aux larmes quand il faut agir; mais ce mépris, je l'avoue, se change en une profonde indignation quand je crois m'apercevoir qu'un certain étalage de sensibilité n'est qu'un jeu de théâtre.

Voici maintenant le fait:

Avant qu'on parlât, dans l'assemblée, de cet évènement, Desmeunier me montra une lettre qui le lui annonçait. J'en fus fortement ému, et je l'assurai que je sentais, comme lui, la nécessité de mettre un terme à de tels désordres.

Un moment après, M. de Lally fit sa dénonciation. On aurait cru qu'il parlerait de Foulon et de Berthier, de l'état de Paris, de la nécessité de réprimer les meurtres. Non; il parla de lui, de sa sensibilité, de son père; il finit par proposer une proclamation.

Je me levai alors. J'avoue que mes muscles étaient crispés, et que le sentiment dont j'ai rendu compte m'entraîna peut-être trop loin dans le sens contraire. Je dis que je m'affligeais de ces évènemens, mais que je ne pensais pas qu'il fallût, pour cela, renoncer à la révolution ; que toutes les révolutions entraînaient des malheurs, et qu'il fallait peut-être se féliciter que celle-ci n'eût à se reprocher qu'un petit nombre de victimes et le sang, etc.; qu'au surplus, il convenait mieux à des législateurs de chercher des moyens réels d'arrêter ces maux, que de s'abandonner au gémissement ; qu'il était douteux que la partie du peuple qui commettait des assassinats fût capable de sentir toutes les beautés d'une proclamation, et fût efficacement contenue par de si faibles moyens ; et que si l'on voulait prévenir les sanglantes calamités dont le royaume entier semblait menacé, il fallait se hâter d'armer les propriétaires contre les brigands, et donner, momentanément, une grande extension à la puissance des municipalités. Je rédigeai un projet de décret dans ce sens. Telle est, avec exactitude, cette circonstance dont la haine et l'esprit de parti se sont emparés avec tant de succès, que j'ai vu, depuis, beaucoup de gens qui, s'étant formé, sur ces deux mots, une idée complète de toute ma personne, s'étonnaient de ne trouver en moi ni la physionomie, ni le son de voix, ni les manières d'un homme féroce.

CHAPITRE III.

L'assemblée s'occupe de la constitution. — Système des deux Chambres. — Veto suspensif.

L'assemblée commença à s'occuper de la constitution; d'après ce que j'ai annoncé des dispositions de la majorité, et plus encore d'après l'état où les évènemens avaient conduit l'opinion publique, il faut peu s'étonner que le plan du premier comité de constitution fut rejeté; quel que fût son mérite dans la théorie, il ne pouvait s'accomplir que par un arrangement entre des pouvoirs qui, n'ayant point encore mesuré leur force, eussent mieux aimé s'accorder que de se combattre; mais il était absurde de penser que le peuple qui venait d'anéantir presque sans effort, tous ceux qui l'avaient opprimé pendant tant de siècles, voulût, le lendemain même de sa victoire, partager avec eux l'exercice de la souveraineté. Tandis que la majorité des communes et la nation entière étaient révoltées de l'idée d'une seconde chambre, la plupart des nobles la rejetèrent moins, je pense, par une profonde combinaison, que par un certain instinct qui leur faisait apercevoir l'abolition de la noblesse, et leur propre humiliation dans les nouveaux supérieurs qu'ils se seraient donnés. Ceux même, et ils étaient en assez grand nombre, qui avaient assez médité sur cette question, pour ne pas repousser légèrement une institution, que les nations les plus sages avaient adoptée crurent que dans la position où nous étions, l'essai d'une seule chambre était absolument inévitable. Non seulement les débris de notre aristocratie féodale venaient d'être mis hors d'usage, et pour ainsi dire pulvérisés par une grande révolution, mais fussent-ils même dans leur entier, ils ne paraissaient point de nature à pouvoir rentrer immédiatement comme élémens dans une constitution libre.

Tandis qu'il était impossible d'organiser raisonnablement une seconde chambre avec de pareils élémens, il était cependant impossible aussi d'en faire une qui ne devînt pas leur refuge ; toute seconde chambre, quelque nom qu'on lui donnât, de quelque qualité qu'on fît dépendre ceux qui en feraient partie, serait toujours par le fait une chambre de la noblesse et perpétuerait l'aristocratie.

Le bicamérisme anglais et le bicamérisme américain, quels que fussent leurs élémens, nous étaient également interdits. La constitution anglaise s'était caractérisée dans un temps où il existait une distance immense entre les pairs du royaume et la petite noblesse ; celle-ci, réunie aux communes, s'était identifiée avec elles, et avait cessé de former un corps séparé; tout le principe aristocratique de la constitution s'était concentré dans quelques familles et était moins une distinction de place dans la nation, qu'une magistrature héréditaire. Mais une pareille combinaison, quels que fussent ses avantages ou ses inconvéniens, ne pouvait pas même être examinée; une chambre des pairs peut se trouver introduite dans la constitution, par les évènemens, il est absurde de penser qu'elle puisse se créer ; depuis la révolution du 14 juillet, tout en France était devenu égal, et même, avant cette époque, la qualité de pair du royaume n'était plus qu'un honneur; la noblesse s'était considérée comme ne formant qu'un seul corps, et eût consenti plus facilement au sacrifice de ses priviléges, en faveur du peuple, qu'à s'en voir dépouiller pour les voir réunis sur un petit nombre de familles choisies dans son sein.

Quant à une organisation de deuxième chambre imitée des Américains, c'est-à-dire non héréditaire, et fondée sur toute autre distinction que celle de la naissance, elle avait été possible en Amérique où ces distinctions n'existaient pas; mais, parmi nous, on craignait que, les trouvant établies, l'institution ne s'y liât, et ne servît à leur donner une nouvelle force et à les perpétuer.

J'ai vu quelques personnes, passionnées pour

le système américain, penser, alors, qu'avant de l'établir, il était indispensable de fondre et de réduire à un seul élément le pouvoir représentatif, et n'y voir d'autres moyens que l'institution d'une chambre unique pendant quelques années; et c'est d'autant plus indispensable, que si l'on considérait le bicamérisme comme la seule forme solide et raisonnable d'organiser la représentation du peuple dans un grand pays, on y arriverait beaucoup plus sûrement en le considérant comme le terme et le remède des secousses inévitables de la révolution, qu'en l'exposant, presque infailliblement, à périr par ces mêmes secousses, si l'on s'obstinait à l'établir quand les préjugés de la nation et la situation des choses y étaient contraires; que si l'instinct de l'égalité le repoussait aujourd'hui, l'expérience et l'amour de l'ordre l'établiraient quand l'égalité n'aurait plus à en concevoir les mêmes alarmes; que si, dès aujourd'hui, on faisait une fausse expérience de cette institution, on s'exposait à la voir décrier pour jamais, et la nation à ne trouver de remède à l'anarchie que dans le pouvoir absolu.

Je n'étends pas plus loin ces réflexions, parce que c'est à cela que se bornent toutes celles que j'ai faites ou entendu faire dans ce temps, et que toutes celles que j'ai pu faire depuis sont absolument étrangères aux motifs qui me déterminerent. Je dirai seulement ici, en attendant le moment de le démontrer, que la ruine de la constitution n'a point été l'effet de l'unité de chambre, mais, 1° de la non rééligibilité des députés, et, 2° de la négation du droit de dissoudre, dispositions dont la première est la plus grande faute qu'ait faite l'assemblée constituante, et dont la deuxième a été nécessitée par l'admission de son système général ; car la monarchie et la liberté devant se combattre quelque temps avant de s'être bien associées, il fallait opter entre le péril de voir la liberté détruire la monarchie, ou la monarchie la liberté.

En décrétant l'unité de chambre, on décréta que le roi aurait le droit de s'opposer aux décrets du corps législatif ; que ce droit ne serait que suspensif ; qu'il pourrait l'exercer contre le vœu réitéré de deux législatures, et qu'il céderait à la troisième.

Quelques membres voulaient que la loi fût faite par le corps législatif sans être assujettie à la sanction du roi. Cette opinion, absolument républicaine, et incompatible, dans la pratique, avec l'unité de chambre, n'obtint qu'un très petit nombre de suffrages. Quand à la question très solennellement discutée du *veto* absolu ou suspensif, je ne crois pas nécessaire de m'y arrêter. M. Necker a très bien développé les raisons qui fondaient l'avis qui passa. Le veto suspensif était une conséquence de l'unité de chambre, parce que, en remplissant tout ce qu'il y avait d'utile et de réel dans le droit de sanction, il adoucissait le choc violent de deux pouvoirs auxquels la constitution ne donnait aucun intermédiaire.

Les autres bases constitutionnelles, qui furent alors posées, ne donnèrent lieu à aucune discussion importante. On reconnut la couronne héréditaire dans la famille régnante, on déclara la personne du roi inviolable et sacrée. Ce n'est pas ici le lieu de m'arrêter à cet objet....

Pendant l'intervalle qui s'était écoulé depuis la révolution, j'avais éprouvé un grand changement dans ma position personnelle; avant cette époque, aucun sentiment haineux ne s'était encore présenté devant moi; accueilli presque universellement, je ne me connaissais d'autres ennemis, que ceux de la cause que je défendais.

Combien ces illusions durèrent peu! à peine eus-je prononcé le mot fatal que j'ai rappelé, que je me vis en butte à toutes les attaques, à toutes les calomnies!

CHAPITRE IV.

Évènemens des 5 et 6 octobre.

Les torribles évènemens des 5 et 6 octobre survinrent.

Les causes générales de cette catastrophe sont assez connues : la disette affreuse de Paris, les bruits répandus sur un repas des gardes-du-corps, sur le prochain départ du roi, la préparèrent. Si à ces causes générales, il se joignit une impulsion secrète, c'est ce que j'ai toujours absolument ignoré. Quand je ferais en ce moment, non un exposé de ma propre conduite, mais la relation la plus secrète de ce qui est parvenu jusqu'à moi des évènemens les moins connus de la révolution, je ne saurais donner aucune instruction sur celui-là.

Lorsque M. Pétion et M. Duport s'exprimèrent avec chaleur sur le repas des gardes-du-corps, on ignorait dans l'assemblée le mouvement qui se formait à Paris ; je n'ai jamais douté que ces dénonciateurs ne l'ignorassent comme les autres. Il est des bruits et des soupçons relatifs à cet évènement, sur lesquels il me serait impossible de prononcer, n'ayant jamais eu aucune connaissance des choses et des personnes; mais ce dont je ne puis douter, c'est que parmi ceux même de ces bruits qui ont été les plus accrédités, il n'y en ait d'absolument faux. Quant à moi, je l'appris avec plusieurs de mes collègues, à-peu-près à midi, par un député de la noblesse, qui, arrivant de Paris, nous annonça qu'un attroupement nombreux, et qui lui avait paru tout composé de femmes, était sorti de Paris en même temps que lui, suivant la route de Versailles. On crut dans les premiers momens et même après l'arrivée des femmes, que ce mouvement n'avait d'autre objet que de demander du pain, et que s'il y avait quelque intention hostile, elle était dirigée contre l'assemblée ; l'esprit qui l'animait ne m'a été bien connu que le soir, par les propos que tenaient dans l'avenue les porteurs de piques, disant qu'ils venaient venger la cocarde du tiers-état. Passant peu après, sur la place d'armes, je vis une partie de la garde nationale de Versailles, dans la plus grande agitation. Je fus chez M. de Gouvernet, commandant en second de cette garde nationale, pour l'instruire de l'état où je l'avais vue, et l'invitai à faire ses efforts pour y rétablir l'ordre; j'étais avec M. Alexandre de Lameth, il nous dit qu'il l'avait déjà inutilement tenté, et y retourna, mais tout aussi inutilement. Nous dînâmes dans sa chambre, il devait être plus de six heures; je retournai ensuite à l'assemblée, où les femmes arrivées de Paris, et quelques députés occupaient les bancs. Je passai le reste de la soirée, en partie à l'assemblée, et en partie au château, et je rentrai chez moi après avoir vu la place d'armes couverte par la garde nationale parisienne, dans le meilleur ordre. Je regardais alors le danger comme absolument passé.

C'est le lendemain matin à sept ou huit heures, que j'appris les évènemens. Je courus à l'assemblée : la consternation y régnait. Il fut arrêté qu'on ne se séparerait pas du roi.

L'assemblée nationale se transféra donc à Paris; jamais l'intrigue, la calomnie n'ont été aussi actives qu'à cette mémorable époque, le respect que je dois au malheur de quelques personnes, m'impose le silence sur ces cabales qui furent la principale cause de la division du côté gauche, et par là de presque tous les malheurs qui ont accompagné la révolution.

Il suffit de dire que tandis que quelques députés formèrent le club connu sous le nom de 89, je me trouvai dans le nombre de ceux qui reconstituèrent, sous le nom de société des amis de la constitution, celui qui avait porté à Versailles le nom de club breton, société devenue si fameuse et si puissante, par ses nombreuses affiliations, qui incontestablement a contribué à donner une sage direction à la révolution, mais qui a servi d'instrument depuis à tous ceux qui ont voulu la prolonger.

CHAPITRE V.

Conduite de l'Auteur pendant l'année 1790. — Ses fautes.

Je passerai rapidement sur cette année 1790 : c'est une justification et non un panégyrique, que j'écris, et pendant cette année les discours que je prononçai furent presque toujours étouffés sous le bruit des applaudissemens.

Cependant ceux qui savent juger les hommes, ne les examinent pas seulement dans la puissance, ils les observent dans l'adversité, et c'est par leur conduite dans ces deux situations, qu'ils apprécient leur caractère.

Pour se faire une idée de l'existence que j'ai eue pendant presque tout le cours de cette année, il suffirait de lire mes opinions.

Eh bien ! dans cet intervalle j'ai professé tous les principes pour lesquels depuis on m'a peint avec deux faces, parce que je persistais à les soutenir lorsque le sentiment populaire avait changé.

L'année 1790 présente peu de grands évènemens, mais elle fut féconde en travaux importans. La constitution fit de grands progrès, et la révolution fut stationnaire.

Ceux dont les opinions dominent aujourd'hui, m'adresseront peu de reproches sur cet intervalle de ma vie politique.

C'est durant cette année, que j'ai fait mes premiers rapports sur les colonies, que j'ai provoqué le décret du 8 mars et celui du 12 octobre, contre l'assemblée générale de Saint-Domingue, l'acte de répression le plus rigoureux qui ait eu lieu pendant l'assemblée constituante. Je traiterai ailleurs la question des colonies, mais je crois pouvoir dire ici que ces décrets n'étaient pas populaires.

C'est durant cette année que j'ai soutenu, au comité diplomatique, aux Jacobins, à l'assemblée, l'armement de quarante-cinq vaisseaux en faveur de l'Espagne, mesure contre laquelle l'opinion populaire était extrêmement animée.

Les principes que j'ai professés en 1791, je les annonçais tous alors. En soutenant que les ministres ne pouvaient être admis dans l'assemblée constituante, j'annonçai que, suivant mon opinion, ils le seraient dans la législative : dans deux opinions sur la responsabilité des ministres, j'ai soutenu l'inviolabilité du roi : dans le discours sur le droit de paix et de guerre, j'ai reconnu dans le roi la qualité de représentant du peuple ; on trouve la trace de cette idée dans le *Moniteur*, mais je suis sûr de l'avoir beaucoup plus développée. Il n'est aucun de mes collègues qui puisse ignorer que j'étais alors, comme depuis, dans l'opinion de la rééligibilité.

J'ai soutenu, durant cette année, deux opinions qu'on a pu considérer comme anti-monarchiques : celle sur le droit de paix et de guerre, et celle sur l'élection des juges par le peuple. Quant à la première, je n'aurais pas besoin de me justifier, si la plupart des partisans du système de la monarchie libre n'avaient adopté, dans sa totalité, le modèle de la constitution anglaise ; et sur la deuxième, si l'on avait fait quelque attention à l'organisation de l'ordre judiciaire dont les bases étaient déjà adoptées dans l'esprit de l'assemblée.

L'élection des juges par le peuple était sujette à de grandes objections dans la théorie et dans la pratique ; mais en rejetant l'établissement des jurés au civil comme impraticable dans l'état des choses, et en admettant la nécessité d'un très grand nombre de juges et de tribunaux civils, l'assemblée s'était mise dans l'impossibilité de constituer l'ordre judiciaire d'après des principes sains, et dès lors le parti de faire nommer les juges par le peuple était celui qui présentait le moins d'inconvénient et de danger.

Lorsque les contestations civiles, comme les accusations criminelles, peuvent être soumises à l'examen du jury, il est certain que la fonction qui est au juge d'appliquer la loi sur un fait certain et décidé, est évidemment exécutive; elle affecte peu la liberté du citoyen qui dépend bien plus de la décision du juré que de l'application de la loi dans laquelle l'erreur est rare et facilement réparable; enfin, dans ce cas, le nombre des juges peut être extrêmement limité, de là résulte qu'ils peuvent être nommés par le pouvoir exécutif, sans que les principes en soient blessés, puisque leurs fonctions rentrent dans la nature de ce pouvoir; la liberté individuelle n'est point menacée, car ces fonctions ne leur donnent aucuns moyens de l'opprimer; enfin, et par cela même, la liberté publique ne peut s'alarmer. Ces inconvéniens étant éloignés, il résulte de la nomination des juges par le pouvoir exécutif central plus d'uniformité dans l'application des lois et plus de fermeté dans l'exécution.

Mais tout change dès que les fonctions du juge

et du juré sont cumulées, le pouvoir qui en résulte peut être le plus oppressif, le plus dangereux de tous; on peut sans doute encore disputer en théorie pour savoir s'il est ou s'il n'est pas une branche du pouvoir exécutif, mais on ne peut l'unir de fait à celui-ci, sans établir la plus redoutable tyrannie.

Ces raisons étaient surtout puissantes dans un pays où l'on a établi un si grand nombre de tribunaux que la nomination des juges criminels et civils, sans y comprendre les juges-de-paix, eût donné au roi la disposition de près de trois mille places, et que, par l'institution de ses commissaires, il nommait encore à cinq ou six cents places judiciaires, moins importantes à la vérité, mais plus nombreuses que celles qui sont attribuées au roi d'Angleterre.

Le caractère de l'année 1790 fut, comme je le disais, d'être féconde en travaux, non en évènemens, la seule qui n'ait pas été signalée par quelques grandes catastrophes. L'assemblée s'occupa d'une multitude d'objets de politique et d'administration, des assignats, des colonies, de l'armement pour l'Espagne.

Si je n'avais à me justifier auprès de mes accusateurs, je pourrais garder le silence sur cette année et laisser parler leur éloge; mais il m'importe de montrer ma conduite, de prouver qu'elle fut alors ce qu'elle a été depuis lorsqu'on m'a accusé de changer, lorsqu'on a dit que pour moi le moment de la puissance a été celui de la modération.

Peut-être ceux qui montraient un grand zèle pour prévenir l'abolition de la monarchie et de la dissolution totale du gouvernement, auraient-ils dû désirer que ceux qui partageaient mes opinions fussent soutenus ; mais ils ne virent point les choses avec cette noble impartialité : nos succès excitaient leur haine, et ils se flattaient qu'après nous avoir renversés, il ne leur resterait aucun adversaire redoutable.

Ils adoptèrent une politique que tous ceux qui ont vu de près la révolution, regarderont certainement comme une des principales causes des évènemens qui ont suivi.

Ils lièrent leur cause à celle des hommes qui dès lors travaillaient à renverser la monarchie.

On les vit prôner et soutenir les républicains ; le courage et la franchise ont un si grand avantage sur tous ces moyens dans une grande assemblée, j'avais déjà résisté à tant de libelles sans autre défense qu'une grande suite à remplir mes fonctions dans l'assemblée, que je ne doute pas que, si j'eusse pu les continuer alors, je n'eusse complètement déjoué ce système, tout habilement combiné et tout ardemment suivi qu'il était.

Malheureusement je me trouvai sérieusement occupé dans les comités, et je ne pus donner que peu de temps aux séances publiques. Plusieurs de mes amis se trouvaient dans le même cas; ainsi, tandis que l'un rédigeait le projet sur l'avancement militaire, tandis qu'un autre préparait l'institution des jurés, et que j'étais moi-même occupé de l'immense travail qui a, depuis, été présenté à l'assemblée par M. Fermont, des libelles d'un esprit opposé, mais très bien combinés pour nous détruire, nous attaquaient, les uns comme des factieux, les autres comme des monarchiens, et profitaient lâchement du silence où nous étions retenus par l'intérêt pur de la patrie.

Lorsque, après une assez longue interruption, je pus reprendre mes fonctions avec mon exactitude accoutumée, je trouvai que ce système de détraction, favorisé par mon absence, avait fait plus de progrès que je ne l'aurais cru; la confiance dont je jouissais dans l'assemblée s'était affaiblie, et ma popularité au dehors était très sensiblement déchue; sans doute, le meilleur parti eût été de paraître ne point s'en apercevoir et de suivre ma ligne sans m'en embarrasser; non seulement cette méthode était la plus ferme et la plus noble, elle offrait encore le moyen le plus sûr de reconquérir, en peu de temps, ce que j'avais perdu :

c'eût été celle que j'aurais suivie, si ce genre de disgrâce, alors tout nouveau pour moi, m'eût permis de réfléchir tout-à-fait froidement sur la conduite que j'avais à suivre. Peut-être, ceux qui ont vécu dans les affaires publiques, et qui ont connu, par expérience, non seulement tout le charme de la popularité, mais tous les moyens qu'elle donne de faire le bien, m'excuseront d'y avoir fait, alors, quelques sacrifices, en songeant surtout avec quelle énergie j'ai résisté depuis. Cette époque de ma vie publique est la seule où je n'aie pas été parfaitement moi-même. Une faute m'entraînait dans une autre. Je m'opposai au départ de Mesdames, je me livrai à une dénonciation violente contre le club monarchique, je pris une part très subordonnée, mais enfin je pris quelque part à cette malheureuse affaire du serment des prêtres. Par un malheureux enchaînement qui était, ou l'effet naturel d'une opinion violente sur l'esprit du peuple, ou, peut-être, l'ouvrage de ceux qui s'emparaient de chacune de mes fautes pour travailler à me rendre odieux, quelques-unes de ces motions véhémentes furent suivies immédiatement après de mouvemens populaires : avec la même franchise que je mets à avouer mes fautes, je puis assurer, non seulement que je n'y eus aucune part, mais qu'ils servirent même, plus que toute autre chose, à me faire apercevoir de la fausse route que j'avais prise; je voulus parer à l'effet de la calomnie et ma conduite lui donnait quelque réalité.

Quand le triste succès de ces moyens ne m'eût pas averti d'en changer, j'y aurais été conduit par le mal-être où il me retenait. Je rentrai donc bientôt dans la ligne que j'avais quittée; mais il fallait quelque temps pour détruire l'impression que ma conduite avait causée; cette impression n'était pas entièrement dissipée, lorsque la question des colonies fut traitée, le 15 mai, et son effet contribua, peut-être, à l'issue de cette discussion.

CHAPITRE VI.

Conduite de l'auteur au 20 juin. Il est nommé commissaire, pour ramener le roi à Paris.

Heureusement que quelques semaines ne suffirent pas pour détruire entièrement mon influence, et quelques soins qu'eussent pris mes ennemis, pour me priver de cette scandaleuse popularité, au 21 juin, il m'en restait encore assez pour sauver Lafayette.

Combien elle s'annonçait terrible cette journée, et combien elle fut calme et imposante! Nulle autre dans les fastes de cette assemblée que les momens de crise ont toujours trouvée grande et majestueuse, nulle autre journée n'a présenté, au moment d'un péril plus réel, un si grand caractère d'assurance et de sécurité.

Le roi était parti, le voile le plus sombre était répandu sur l'avenir; tout annonçait des desseins hostiles et des moyens déjà préparés pour les accomplir : une multitude d'hommes que leurs opinions rendaient suspects de complicité, étaient restés au milieu de nous, et dans cette surprise, les esprits pouvaient être ou abattus par la crainte, ou conduits par le désespoir, à des vengeances atroces ; il fallait prévenir le découragement, il fallait veiller à l'ordre, et dans toute l'étendue de la France, on n'a point su qu'un sentiment de faiblesse se fût manifesté, et qu'un seul meurtre se fût commis.

L'assemblée ne se livra point à cette précipitation, à cette affluence de mesures désespérées qui n'annoncent que la faiblesse; mais elle pourvut à tout, et aucune mesure importante ne fut omise, et lorsque, deux jours après son départ, on apprit que le roi était arrêté à Varennes, ah! combien, dans ce moment, ce long travail de la calomnie fut promptement effacé, combien la confiance revint rapidement à ceux dont chacun, au fond de son cœur, connaissait la sincérité, le dévouement et l'inflexible courage. Ces momens sont ceux, peut-être, où il a été le plus facile de distinguer l'esprit des différens partis qui divisaient la gauche de l'assemblée; tandis que quelques-uns s'abandonnaient à leurs chimères favorites, méditaient, dans des comités obscurs, les moyens de profiter de ces évènemens pour parvenir à l'accomplissement de leurs funestes desseins, tandis que cet être odieux, dont l'anarchie est l'élément, travaillait aux Jacobins à soulever les esprits ardens contre l'assemblée nationale, tout le reste parut tourner les yeux vers ceux qui s'étaient rendus les plus dignes de leur estime, et ces hommes qui, quelques jours auparavant, étaient en butte aux attaques des factieux, se virent subitement environnés d'une confiance presque unanime, et investis d'une autorité qui approchait de la dictature.

Je fus l'un des trois commissaires nommés pour accompagner le roi, à son retour à Paris; époque à jamais gravée dans ma mémoire, qui a fourni à l'infâme calomnie tant de prétextes, mais qui, en gravant dans mon imagination ce mémorable exemple de l'infortune, m'a servi sans doute à supporter facilement les miennes.

Pour juger si ce fameux voyage a changé quelque chose à mes dispositions personnelles, il suffit d'examiner dans ma conduite ce qui le précéda, et si tout est d'accord avec ce qui l'a suivi.

Avant le voyage de Varennes, comme depuis, je n'ai pas cru un moment que cet évènement inattendu dût porter atteinte à la constitution. Les preuves, les voici : 1° Le jour même du départ du roi, je proposai et je fis adopter à la société des Jacobins une adresse à leurs sociétés affiliées, qui finissait par ces mots : *L'assemblée nationale! voilà notre guide, la constitution! voilà notre cri de ralliement.* 2° Le lendemain, l'assemblée ayant décrété que tous les militaires seraient tenus de lui prêter serment de fidélité, je concourus, dans les comités réunis, à la rédaction du serment qu'ils proposèrent à l'assemblée. La formule portait : *Fidélité au roi constitutionnel;* car si nous eussions été réduits à faire la guerre, nous devions la faire contre un rebelle, au nom de tous les pouvoirs nationaux. L'assemblée retrancha cette partie de la formule. 3° J'ai rédigé, dans les mêmes comités, le décret qui réglait les pouvoirs des commissaires envoyés à Varennes, et qui leur enjoignait spécialement de veiller à ce que le respect dû à la dignité royale fût maintenu. 4° Lorsque nous eûmes joint la voiture du roi, sur la route de Dormans à Épernay, et avant d'y être montés, le roi répondit, à la lecture qui lui fut faite du décret de l'assemblée nationale, qu'il n'avait jamais eu l'intention de sortir de la France. Je me retournai vers M. Dumas, qui était derrière moi, et je lui dis : Voilà un mot qui sauvera le royaume! Je pourrais ajouter mille autres preuves du même genre, si la mémoire pouvait retenir des circonstances alors si peu importantes. Telle était donc mon opinion avant d'avoir vu le roi; comme toutes celles que j'ai professées depuis n'en ont été que la conséquence, il est évident que je n'ai pas eu besoin de nouveaux motifs pour les adopter.

D'ailleurs, il est constant que les obstacles physiques n'auraient permis aucune conférence particulière. Pendant la route, nous ne cessâmes point d'être huit dans la même voiture. Dans les maisons où nous nous arrêtâmes, les commissaires ne se quittaient point; à peine, pendant le voyage, pûmes-nous avoir quelques heures de sommeil, dans la nécessité continuelle de préparer des mesures et de donner des ordres. Les précautions que nous prenions pour la sûreté de notre dépôt étant très sévères, ne permettaient à personne d'arriver secrètement jusqu'à lui. Mais que pourrais-je ajouter, sur ce point, au témoignage de M. Pétion? Il ne l'a sans doute point oublié; lorsque, après notre retour, nous nous trouvâmes à la société des Jacobins, je montai à la tribune pour donner quelques détails sur ce voyage, et surtout pour démentir le bruit, alors répandu, que nous avions fait garrotter les trois courriers placés sur le siége. M. Pétion était à côté de moi. Il me recommanda spécialement de dire que, pendant toute la route, nous ne nous étions point quittés, parce que, me dit-il, dans une commission aussi délicate, ce fait est important à faire connaître.

Aussi, toutes les fables que les libellistes ont répandues sur cet évènement n'ont-elles été imaginées que long-temps après, et lorsque, dans le travail de la révision, je me suis montré opposé aux vues de désorganisation des deux partis intéressés à introduire dans la constitution les moyens de la détruire.

Il est vrai que, lorsque, après le retour du roi, on mit en question le parti à prendre sur cet évènement, je soutins, soit dans les comités, soit dans l'assemblée, que la proposition de mettre le roi en cause était aussi impolitique qu'illégale; mais je m'honore, à dire vrai, des motifs qui m'attachèrent à cette opinion, et qui sont très clairement développés dans le discours que je prononçai. L'assemblée déclara *l'inviolabilité*, ou plutôt elle appliqua cette maxime déjà posée, déjà décrétée parmi les premières bases de la constitution.

CHAPITRE VII.

Après le retour de Varennes. — Question d'inviolabilité.

Après le retour de Varennes, on s'occupa du parti à prendre sur la situation des choses, sur la constitution, sur la personne du roi ; et, après les premières mesures nécessaires, les comités furent chargés de préparer, de concert, les mesures définitives que l'assemblée aurait à adopter.

Si le résultat des diverses opinions se bornait à deux partis, c'est-à-dire à admettre ou à rejeter, dans le cas qui se présentait, l'application du principe de l'inviolabilité, les motifs de ceux qui voulaient frapper et anéantir, au moins politiquement, la personne de Louis XVI, étaient d'une nature très différente.

Il paraît que MM. Pétion, Sieyes, Buzot, etc., se proposaient de substituer, au pouvoir exécutif royal, un conseil électif, de commencer à établir le gouvernement républicain de fait, comme un acheminement à le constituer de droit ; en un mot, de tirer de la circonstance où nous nous trouvions, le résultat qui a succédé depuis à la révolution du 10 août. Toutes leurs opinions, dans les comités, tendaient à insinuer cette mesure.

D'autres avaient un objet très différent; voici un fait qui, appuyé de plusieurs autres que je rappellerai bientôt, peut servir à l'indiquer : M. Beaumets ayant un jour développé dans les comités les motifs qui appuyaient le système de l'inviolabilité, et ayant surtout peint avec énergie l'impossibilité de mettre, à la place de Louis XVI, un gérant qui pût rallier à lui la confiance publique, M. Sillery parut choqué de cette opinion; il dit que, à la vérité, M. d'Orléans avait déclaré, par un écrit public, que, si la régence lui était proposée, il ne l'accepterait pas, et qu'il n'était plus possible de songer à lui, mais que M. de Chartres n'avait rien refusé, et que, quoiqu'il fût très jeune encore, ses heureuses dispositions pouvaient suppléer à l'âge.

Les cinquante ou soixante députés qui étaient présens parurent, pour la plupart, si frappés de cette observation, qu'il est difficile de croire que plusieurs ne s'en rappellent pas encore.

Quant à M. Robespierre, qui s'opposa alors avec non moins d'énergie que ceux que je viens de nommer, à l'application du principe de l'inviolabilité, on pourrait croire qu'il avait aussi son système particulier, si l'on donnait quelque importance aux idées de dictature, de tribunat, qui étaient alors très répandues parmi les plus animés de ses partisans, et dont quelque connaissance parvint jusqu'à l'assemblée; mais, quoique les mêmes soupçons aient, depuis, fortement occupé les représentans du peuple, on crut alors pouvoir, sans danger, n'y donner aucune attention.

Ceux qui tenaient à l'application du principe de l'inviolabilité, et dont le sentiment prévalut, voulaient le maintien de la constitution, et, n'apercevant, ni dans aucune loi existante, ni dans l'intérêt national, les motifs d'éloigner Louis XVI du trône, ils crurent que leur devoir était de l'y maintenir.

Paris, qui, depuis le départ du roi, n'avait cessé d'offrir le tableau du calme le plus imposant, fut menacé de quelques troubles à l'approche de la délibération qui devait prononcer sur l'inviolabilité; ce n'est pas que la presque unanimité des citoyens ne fût fort tranquille; mais les jacobins, livrés aux différens partis qui espéraient faire triompher leur système sur la condamnation de Louis XVI, étaient violemment agités. On était parvenu à soulever un assez grand nombre d'ouvriers occupés aux différens ateliers près de Paris, gens qui, quoique tous sans propriété, la plupart sans patrie connue, et, suivant ce qu'on avait cru jusqu'alors, sans lumières politiques, parurent cependant attacher un grand intérêt à obtenir la punition du tyran.

L'assemblée nationale ne prononça pas moins,

le 15 juillet, par une délibération presque unanime, conformément aux lois établies et à l'intérêt national.

Tandis que Paris applaudissait à ce décret qui fut bientôt confirmé par les adresses de remerciment de toutes les parties du royaume, les jacobins s'en indignèrent; ils proclamèrent hautement l'insurrection, ils admirent, dans leur sein, une multitude d'ouvriers qu'ils appelèrent la nation, et les invitèrent à la révolte; ils rédigèrent cette trop fameuse pétition dont le dernier article était une protestation formelle contre la loi, et qui occasionna bientôt après la malheureuse affaire du Champ-de-Mars.

CHAPITRE VIII.

Société des Feuillans. — Part que l'Auteur eut à sa formation.

Dès le premier instant où le club des jacobins se fut prononcé en état d'insurrection contre la loi, la presque totalité des députés, qui en était membre, crut ne plus pouvoir y demeurer; ils voulurent prendre, à cet égard, une résolution commune, et se réunirent, pour en délibérer, dans l'église des Feuillans. Là, à la pluralité d'environ trois cents contre huit ou dix, ils résolurent, d'abord, de se retirer des jacobins, et, ensuite, de former une autre société ou plutôt de transférer aux Feuillans la société des amis de la constitution, dont ils avaient été les premiers fondateurs.

Dans les premiers quinze jours, la société des feuillans reçut l'adhésion de quatre cents sociétés départementales, et celle des jacobins n'en avait pas douze qui prissent son parti. Si ce début avait été suivi avec quelque soin, si on eût donné la publicité convenable à ces premiers succès, si la correspondance des feuillans eût été active et instructive, s'ils eussent développé leur conduite et leurs principes par de bons écrits, il est possible qu'ils fussent devenus le centre du parti révolutionnaire, qu'ils eussent donné, pendant les premiers temps, un grand appui à la constitution, et qu'ils eussent été un des plus grands obstacles à une seconde révolution.

Mais les choses ne devaient pas se passer ainsi, le club des jacobins était demeuré composé d'un grand nombre d'esprits ardens, pour la plupart journalistes ou libellistes, qui mettaient toute leur gloire et toute leur existence à conserver le crédit de leur club et à lui assurer la victoire; ils firent des efforts incroyables pour se soutenir, et firent surtout mouvoir les deux grands ressorts : la terreur des piques et celle des libelles.

Les feuillans, au contraire, étaient composés, en grande partie, de députés trop occupés aux travaux de l'assemblée, pour donner leurs soins à la formation d'un club, trop près du moment où ils allaient retourner dans leurs foyers pour mettre un grand intérêt aux succès d'une société dont ils ne tarderaient pas à se séparer. Ennuyés et dégoûtés, pour la plupart, du régime des clubs, et convaincus qu'après la révolution finie, le temps où ils avaient été utiles était passé, ils ne donnèrent aucune attention aux recrues qu'ils faisaient; les membres des jacobins, et autres qui se réunirent à eux en grand nombre, étaient, pour la plupart, dans le même esprit, hommes paisibles, propriétaires. La correspondance fut abandonnée à des commis.

D'ailleurs, faut-il le dire, la nation n'était pas encore et ne pouvait être de long-temps dans une situation, où des sociétés instituées pour maintenir et pour défendre la constitution, pussent se soutenir et lutter avec avantage contre celles qui pousseraient les esprits à de nouveaux changemens. La classe propriétaire et paisible, était en général trop peu déterminée pour les nouvelles institutions, pour qu'on pût la porter à braver quelques périls et à s'enrôler pour ainsi dire, pour les défendre.

Je développerai ailleurs avec plus d'étendue, ces circonstances et les autres causes qui ont amené en France une seconde révolution; il a suffi de les indiquer ici.

Ces causes prises dans la composition des deux sociétés, et dans la situation générale des choses, eussent suffi pour assurer la chute de celle des feuillans; le travail de la révision la rendit plus prompte, en offrant à leurs rivaux un moyen de les attaquer auprès des esprits ardens et crédules. Avant d'arriver à cette époque, si audacieusement défigurée, des travaux de l'assemblée constituante, je vais exposer en peu de mots, quelle est la part que j'ai eue dans l'institution des feuillans, l'un des moyens que mes détracteurs ont employé avec le plus de succès pour me dépopulariser. Il n'y a rien dans tout ce que je vais dire, qui n'ait pour témoin un très grand nombre de personnes.

J'ai annoncé qu'aux premiers actes d'insurrection des jacobins, contre le décret de l'assemblée nationale du 15 juillet, les députés membres de cette société, songèrent à s'en séparer. Ce mouvement fut absolument spontané; s'il fut imprimé par quelqu'un, ce fut par ceux qui avaient été témoins des faits qui donnaient lieu à cette résolution, et je n'étais pas de ce nombre; je n'eus, non plus qu'aucun de mes amis, part à la convocation et à l'indication du lieu de la réunion; je m'y trouvai avec trois ou quatre cents autres. Dans la discussion j'opinai le dix ou douzième, pour que les députés se retirassent des jacobins: c'était un avis à peu près unanime, avant comme après que j'eusse parlé.

J'étais contre la formation d'un nouveau club, mon opinion à cet égard était fort connue, je n'eus aucune part à la résolution contraire; elle fut proposée par un député actuellement membre de la convention nationale, dont le patriotisme ardent n'a jamais été contesté; il la motiva sur ce que ce moyen était le seul qui pût empêcher que le club des jacobins ne demeurât le centre de toutes les sociétés patriotiques et n'en corrompît l'esprit; si je ne m'opposai point à sa proposition, c'est que je crus que ce mal était encore moindre que de voir un grand nombre de nos collègues retourner par habitude aux jacobins et leur rendre une consistance, dont ceux qui les dirigeaient ne voulaient se servir que pour bouleverser le royaume et renverser la constitution.

J'ai vu quelques personnes me faire un crime de m'être opposé, quelque temps après, à la réunion des deux sociétés; voici exactement le fait : Tandis qu'on était occupé à Paris de l'élection des députés à la législature, les jacobins envoyèrent quelques-uns de leurs membres aux feuillans, pour les inviter à revenir dans leur sein; je crus m'apercevoir que cette démarche fraternelle avait pour unique objet de relever leur crédit dans l'opinion publique, et surtout dans le corps électoral, et qu'ils espéraient en ramenant les feuillans au milieu d'eux, au moins momentanément, regagner assez de consistance pour se rendre maîtres des élections et porter leurs chefs à la législature. J'étais présent lorsqu'on reçut la députation, je proposai à la société, non de se refuser à leurs instances, mais d'ajourner toute délibération sur ce sujet jusqu'après les élections; je dis sans aucun déguisement que la démarche des jacobins me paraissait dirigée pour faire élire M. Brissot, et que comme il ne voulait faire partie des représentans du peuple, que pour avoir plus de moyens de détruire la constitution, je ne pensais pas que ceux qui faisaient profession de la défendre dussent lui prêter leurs secours pour la renverser. Plusieurs autres opinans pensèrent comme moi, la société ajourna indéfiniment la discussion sur la réunion, elle n'a plus été proposée.

La société des feuillans fut dissoute, ou presque dissoute par la séparation de l'assemblée constituante; quant à moi je cessai absolument d'y aller, un assez grand nombre de membres de la législature et d'autres personnes, parmi lesquelles je n'étais point, entreprit de la rétablir au mois de décembre 1791; j'étais encore alors à Paris où j'ai été retenu six semaines de plus que je ne voulais, par une cause tout-à-fait étrangère aux affaires publiques; on me pressa d'aller aux feuillans, on me témoigna même, ainsi qu'à mes amis, qu'en refusant d'y paraître, nous ferions mettre en doute la persévérance de nos opinions et notre caractère politique; j'y fus, et j'y parlai deux fois sur les colonies. En moins de quinze jours, ce club avait acquis une telle consistance qu'il comptait déjà plus de trois cents députés de la législature, et huit ou neuf cents autres membres tous ou anciens députés, ou hommes de lettres distingués, ou gens très dévoués à la constitution. Les jacobins furent épouvantés de cette affluence, ils crurent que leur règne allait finir; les moyens ordinaires de la calomnie étaient trop lents dans un danger aussi pressant, il fallut recourir à des mesures plus expéditives, ils firent insulter la société rivale par deux ou trois cents individus sansculotte, sous la direction de quelques chefs, au nombre desquels était M. Girey-Dupré, collaborateur de M. Brissot.

J'avoue que cet incident m'a encore retenu à Paris, environ dix ou douze jours au-delà de celui que j'avais marqué pour mon départ.

Telle est en abrégé l'histoire de cette société dont le nom est resté depuis au parti qui a entrepris de défendre la constitution.

Si j'ai cru devoir dire avec quelques détails, combien j'ai pris peu de part à son institution et à son existence, ce n'est pas que je veuille me séparer des hommes honorables qui la composent, ni que je regardasse comme un sujet de reproche, l'influence plus étendue que j'aurais pu y avoir; mais il me semble qu'en faisant connaître au public avec quelle impudence on lui a menti sur des faits connus d'un grand nombre de témoins, il devrait se tenir en garde sur d'autres allégations contre lesquelles on ne peut souvent invoquer que son caractère et sa bonne foi.

CHAPITRE IX.

Révision de la Constitution.

En reprenant ma narration à l'époque où je l'ai laissée, pour me livrer à cet épisode, je me trouve au moment où le travail de la révision fut présenté à l'assemblée nationale.

Cette assemblée avait employé à ce travail plus de deux ans ; elle avait organisé séparément chaque partie de la nouvelle constitution, elle s'était souvent occupée, à des époques très éloignées, d'objets qui, par leur nature, étaient liés par la plus étroite connexité ; il fallait retirer d'une immensité de décrets, qui ne pouvaient subsister que comme articles réglementaires, ceux qui devaient faire partie de l'acte constitutionnel, enchaîner ceux-ci dans un ordre naturel, rendre leur liaison et leur accord aussi parfaits qu'il était possible, remplir les lacunes qui se trouvent nécessairement entre des parties du même tout, qui ont été séparément organisées, lorsqu'on vient à les rapprocher et à vouloir les faire agir ensemble.

Tel était le travail de la révision qu'on avait regardé comme si important, que le comité qui devait s'en charger avait été nommé dès le commencement de l'année 1790.

Ce travail devait être dirigé par deux vues principales:

L'une de simplifier l'acte constitutionnel, autant qu'il était possible, en conservant toutes les bases et tout ce qui servait à caractériser et à maintenir la nouvelle forme de gouvernement.

Si l'acte constitutionnel eût été trop simple et trop vague, il eût laissé aux pouvoirs constitués les moyens d'étendre leurs attributions.

S'il eût renfermé quelque chose de plus que ce qui était nécessaire pour fixer la constitution, non seulement il eût été un obstacle à la perfection que le temps devait amener dans les détails, mais en opposant une barrière trop forte, il eût invité à la briser.

L'autre vue était que la nouvelle constitution renfermât en elle-même l'énergie et la force d'action nécessaires pour agir et pour se conserver.

C'est dans ces deux vues que travailla le comité de révision, et son ouvrage y fut parfaitement conforme.

Pourquoi donc essuya-t-il tant de censures? pourquoi fit-il pousser tant de cris? Pourquoi? Le voici:

Toute révolution politique qui change la forme du gouvernement opère, pendant quelque temps, un grand relâchement dans les ressorts de la puissance publique.

Pour que les parties se déplacent et reçoivent de nouvelles formes et de nouvelles proportions, il faut, de toute nécessité, que leur pression diminue, et si la machine n'est pas totalement démontée, il faut au moins qu'elle se dilate.

Quand la révolution est faite, quand la constitution est régénérée, pour que ce nouvel ordre se fixe, il faut que le mouvement reprenne son énergie, que chaque partie ait la force nécessaire pour remplir sa fonction.

Cette époque était arrivée pour l'assemblée constituante, lorsqu'elle s'occupa de la révision. Non seulement, finissant alors la constitution, elle dut chercher à la raffermir et à lui donner le ton et le mouvement; mais voulant, au même instant, fixer la révolution, elle dut, même dans ses décrets réglementaires et dans ses résolutions de circonstance, adopter un caractère d'autorité propre à fortifier le pouvoir public, à simplifier ses lois, à rendre le respect à son gouvernement, et à comprimer l'anarchie d'un bras vigoureux. Telle était la tâche dont l'intérêt public lui faisait un devoir pressant.

Elle avait abattu, elle avait créé; il lui restait à consolider et à maintenir.

Ce point de vue devait fixer les regards de

ceux qui voulaient la constitution avec une volonté sincère et éclairée, et la considération dont l'assemblée constituante jouit à cette époque, les marques éclatantes d'approbation que la nation lui donna dans tout ce qu'elle tenta en faveur du but qu'elle avait à remplir, prouvèrent que la masse du peuple voyait et pensait, à cette époque, comme la majorité de l'assemblée; mais il ne pouvait qu'être contrarié par tous les intérêts opposés.

Ceux qui tenaient à l'ancien gouvernement, ceux qui voulaient arriver à une constitution purement républicaine, ceux qui craignaient le rétablissement d'un gouvernement quelconque, voyaient avec une égale horreur tout ce qui tendait à donner de la consistance à la nouvelle constitution. Dès qu'ils virent que l'assemblée constituante voulait sérieusement achever et consolider son ouvrage, qu'elle allait simplifier ses lois, relever le crédit de son gouvernement, comprimer l'anarchie, ils entrèrent dans un accès de rage: unis d'intérêt momentanément, ils semblèrent concerter leurs efforts; et le moment où l'assemblée constituante se vit peut-être environnée de la plus grande considération, et où elle rendait à la nation les services les plus incontestables, fut aussi celui où ces trois partis l'attaquèrent avec le plus de furie.

Chez une nation formée depuis long-temps à la liberté, les citoyens ont contracté un caractère mâle et vigoureux; accoutumés à défendre leurs droits contre le despotisme, ils ne sont pas moins habiles à les garantir contre les attaques et les piéges des faux apôtres du bien public; lorsque ces nations fermentent, toute la masse entre dans le mouvement public, et l'intérêt légitime et les passions honnêtes du plus grand nombre, subjuguent aisément les vues usurpatrices et les passions désordonnées de la minorité.

Il n'en est pas de même chez une nation molle et corrompue, que des circonstances extraordinaires ont conduite à une révolution pour la liberté; le peuple y travaille avec le caractère qu'il a contracté dans son ancien état; la majorité et, s'il faut le dire, la partie saine de la nation, occupée à ses travaux, ne prend presqu'aucune part aux évènemens publics, elle ne désire que la tranquillité, elle ne redoute que les changemens: la révolution se fait sans son concours, elle peut l'approuver ou lui obéir, mais elle n'y coopère pas. Les chefs qui, encouragés par les circonstances, ont osé la tenter, ne sont soutenus que par une minorité active, agitée par des passions totalement étrangères au bien public : dans une classe, par l'orgueil et l'ambition, dans d'autres, par la jalousie et l'amour du pillage; tant qu'ils vont en avant, cette armée les suit avec zèle et les soutient avec une grande énergie, mais quand ils veulent s'arrêter, elle n'est pas également disposée à suivre leur exemple; les uns n'ont pris le parti de la révolution que dans l'espoir d'une fortune qui n'est pas encore faite, d'autres ont acquis dans les troubles publics une existence que le règne des lois va faire disparaître et à laquelle ils ne peuvent renoncer; ceux-ci se sont fait une habitude d'alimenter leur loisir par des nouvelles et il leur faut de continuelles émotions; quelques-uns se croyant assez de talent pour jouer les rôles principaux dans les évènemens publics, voient avec peine la révolution finir avant qu'ils y aient pris leur place et veulent une nouvelle révolution pour en recueillir l'avantage ou pour la gloire de l'avoir faite.

Les premiers révolutionnaires qui, au moment d'affermir leur ouvrage, se voient abandonnés de la plupart de ceux qui leur ont servi à le fonder, appellent à leur secours la masse de la nation. Mais elle n'a point changé de caractère: Vous voulez nous donner la paix, leur dit-elle? nous vous approuvons, comptez sur nos vœux secrets; peut-être même quand vous aurez tout-à-fait désarmé vos ennemis qui sont les nôtres, hasarderons-nous de vous voter des remercîmens publics, mais ne comptez point sur notre secours;

vous n'avez point essuyé d'obstacles de notre part quand vous avez voulu détruire un gouvernement sous lequel nous étions accoutumés de vivre, comment pouvez-vous croire que nous nous armerons pour celui que vous venez de nous donner, dont les avantages ne nous sont encore connus que par vos promesses, dont nous n'apercevons point la force protectrice, dont l'idée est encore confondue dans notre esprit avec le souvenir des agitations qui ont accompagné son berceau?

Mais, dira-t-on, une révolution est donc impossible à fixer chez une telle nation? Le mouvement ne s'y arrêtera donc que lorsqu'elle aura parcouru tous les degrés de l'anarchie, et ce ne sera que par l'excès du malheur et de la lassitude qu'elle se reposera, ou qu'elle retombera sous son ancien despotisme! S'il en est ainsi, c'est donc un profond aveuglement, ou un grand crime que de l'entreprendre.

Non, cette affreuse destinée n'est pas le résultat nécessaire d'une révolution.

Pour que la nation arrive à l'époque où elle-même saura défendre et garantir sa constitution, il faut qu'elle ait un peu de temps pour s'enhardir, pour se fortifier à l'abri de cette constitution même. Il faut que la constitution puisse se soutenir par elle-même au moins pendant les premiers momens.

Comme la partie de la nation qui veut l'ordre et le maintien des lois est presque toute inactive et en dehors des affaires, et la minorité active, composée, dans sa plus grande partie de dissidens, il faut que la force qui les contiendra vienne des pouvoirs publics et du gouvernement même. Or, cela tient principalement à deux choses : à l'énergie des pouvoirs constitués, et à la conduite de ces pouvoirs remise en des mains qui aient également la possibilité et l'intérêt de maintenir le nouvel ordre de choses.

Alors l'anarchie sera comprimée.

Si c'est là que sont les moyens de conservation, c'est aussi là que doivent diriger leurs coups, tous ceux qui veulent détruire ; que firent-ils alors ?

Le travail de la révision tendait à simplifier la machine, à la rendre corrigible, à donner quelque énergie aux pouvoirs, au gouvernement et aux moyens d'exécution ; ils firent donc à ce travail une violente opposition.

L'admissibilité des députés constituans aux fonctions du pouvoir exécutif, et surtout leur rééligibilité dans l'assemblée nationale, leur eussent donné de grands moyens pour veiller à la conservation de leur ouvrage, pour en diriger les premiers essais, pour en faire connaître les vrais ressorts : ils attaquèrent ces dispositions avec fureur.

Enfin au défaut de ces moyens, si l'assemblée constituante eût siégé pendant quelques mois après la constitution acceptée, elle eût, en l'exécutant elle-même, appris à ses successeurs et au gouvernement, quels étaient leurs fonctions et leurs droits; elle eût achevé de comprimer l'anarchie, elle eût terminé paisiblement les différens extérieurs, découragé et décrédité les opposans, décidé les incertains, encouragé les timides, et la première législature, mieux composée, n'eût pas été environnée et entraînée par une atmosphère embrasée.

Mais on pressa avec violence la terminaison des séances de l'assemblée.

Dans leurs déclamations sur ces différens points, les dissidens aristocrates, anarchistes, républicains, étaient soutenus par des opinions et des passions très naturelles à la multitude.

Comment, disaient-ils, ceux qui ont combattu avec le plus d'énergie pour abattre le despotisme, sont-ils aujourd'hui les plus disposés à fortifier le pouvoir exécutif? Comment des hommes qui, si long-temps n'ont fait entendre que le mot de liberté, ne parlent-ils aujourd'hui que d'ordre et de modération? Comment un tel changement serait-il possible, s'il n'était l'ouvrage de la corruption?

Ils avaient bien plus d'avantage encore lorsqu'ils voulaient exclure les députés de l'élection à la législature, ou presser leur séparation.

C'est un étrange aveuglement de l'ambition ou de l'amour-propre, disaient-ils, que de croire qu'eux seuls peuvent diriger les affaires publiques.

La multitude et surtout ceux qui brûlaient d'occuper les places que la confiance publique eût pu décerner aux députés ; la multitude ne savait point encore que dans un gouvernement populaire, le signe le plus certain de l'ambition est cette hypocrisie qui prend tant de soin d'en repousser le reproche.

Elle ne savait point que dans le long parlement, ce fut le parti de Cromwel qui fit passer l'acte du renoncement à soi-même, acte par lequel tous les hommes honnêtes furent exclus des emplois, tandis que les fripons trouvèrent les moyens de s'y maintenir, acte qui, plus que tout autre, prépara les voies à l'usurpation.

Elle ne savait point que de tous les moyens d'étouffer l'ambition factieuse et criminelle, le plus sûr est toujours de laisser un libre cours à l'honnête et légitime émulation, et qu'en politique comme en morale, les lois qui veulent plus de sévérité que la nature humaine n'en comporte, sont le tombeau de la vertu et ne servent qu'à l'hypocrisie.

Leurs réclamations pénétrèrent jusques dans le sein de l'assemblée constituante ; quelques individus, retenus jusqu'alors dans un profond silence, en furent effrayés ou préoccupés ; unis avec le très petit nombre de républicains ou d'anarchistes, qui existait dans l'assemblée, ils troublèrent, par leurs cris, le travail de la révision et l'altérèrent dans plusieurs parties.

Mais sur l'exclusion des membres à la nouvelle législature, et sur la nécessité de hâter la fin de la session, le concours fut bien plus grand ; ici sous le nom des sentimens les plus généreux, les plus petits motifs et les plus viles passions agirent avec une prodigieuse activité.

Je ne veux point attaquer la réputation de cette assemblée dont le souvenir doit demeurer à jamais ; mais je dois dire la vérité, et lorsque je mets au jour mes propres faiblesses, rien ne saurait m'obliger à dérober les véritables causes des évènemens, pour couvrir d'un voile celles des autres.

Tandis que le côté droit se flattait que la non-rééligibilité donnerait dans la législature, la majorité aux partisans de son système, ou préparerait la ruine de la constitution, en la remettant en des mains inexpérimentées ; tandis que cinq ou six républicains mus par une impulsion dont les chefs étaient en dehors de l'assemblée, opinaient pour l'exclusion, afin de laisser la place libre à ceux de leurs chefs qui devaient dominer la législature, la majorité des membres de la gauche était mue par de bien moindres motifs. Les uns ne s'attendaient pas à être réélus ; d'autres, fatigués de leurs longs travaux, étaient effrayés de l'idée de les continuer, tous étaient convaincus que les membres les plus connus et les plus éminens de l'assemblée seraient renommés; la non-réégibilité effaçait toutes ces distinctions, rassurait l'amour-propre des uns, la lassitude des autres, faisait rentrer dans la foule tous ceux qu'on était fatigué de suivre et d'entendre nommer; à peine les hommes ont-ils la force de résister à ces mouvemens secrets, quand la morale et la décence publiques les réprouvent; comment n'en seraient-ils pas entraînés, quand ils peuvent leur donner des noms honorables, et se faire des titres à la gloire, de tout ce qu'ils sacrifient aux plus viles passions ?

Les mêmes mouvemens à peu près avaient fait prononcer la non-réégibilité et l'exclusion des emplois à la nomination du roi, et confirmèrent ces dispositions à l'époque de la révision.

Si l'on eût pu opter entre ces deux mauvais décrets, le dernier, borné aux membres de l'assemblée constituante, aurait eu beaucoup moins d'inconvéniens. La constitution était une chose si importante, que l'avantage de soustraire ce travail à toute influence de l'intérêt personnel, pouvait paraître supérieur à tout autre ; la présence d'une partie des députés constituans dans la législature était absolument nécessaire pour mettre en mouvement et soutenir la constitution, et aurait certainement produit cet effet. Dans le conseil du roi, elle pouvait être bien moins efficace, mais le comble de l'absurdité était certainement de prononcer la double exclusion, et de laisser ainsi la nouvelle machine entre les mains de gens dont plusieurs auraient infailliblement la volonté de la détruire, et aucun les moyens de la conserver.

C'est cependant ce que fit l'assemblée. Inutilement les comités déclarèrent-ils, par l'organe de M. Thouret, rapporteur, qu'au moyen de ces deux décrets, ils ne voyaient aucune possibilité, aucun espoir que le gouvernement pût marcher, et annoncèrent-ils par conséquent la chute de la constitution. Les mêmes hommes et les mêmes motifs qui avaient fait prendre les deux résolutions, firent considérer les réclamations des comités comme le cri de l'intérêt personnel, et décidèrent l'assemblée à maintenir ses deux décrets.

Après ce vote et le travail de la révision affaibli dans plusieurs parties, l'assemblée constituante n'avait plus, pour conserver son ouvrage, d'autres moyens que de braver les criailleries des clubs, et de prolonger sa session pendant cinq ou six mois, mais il s'en fallait bien qu'on y fût disposé ; l'impatience de revoir sa famille, la crainte des reproches répandue par les divers partis intéressés à nous voir quitter la place, entraînaient le plus grand nombre, et quinze ou vingt personnes qui sentaient tout le danger de cette brusque séparation, virent si peu de vraisemblance à pouvoir résister avec succès, qu'elles n'osèrent pas même le tenter.

L'assemblée brusqua son dénouement, crut pouvoir finir la révolution par un coup de baguette, fit en quelques jours l'ouvrage de plusieurs mois, et fuyant, pour ainsi dire, au moment où son expérience était la plus nécessaire, laissa à ses ennemis leurs moyens entiers, son ouvrage sans défense, sans protection, et pour ainsi dire sans racine.

Je dirai bientôt ce qu'était au vrai la constitution, et quelle était, d'ailleurs, la situation des choses au moment où l'assemblée constituante s'est séparée ; mais je dois m'arrêter un moment ici pour rendre compte de ma propre conduite pendant l'époque dont je viens de tracer l'esquisse, c'est-à-dire depuis le moment où la révision a été mise à l'ordre du jour jusqu'à celui qui a vu terminer mes fonctions politiques.

CHAPITRE X.

Conduite de l'Auteur pendant le travail de la Constitution.

J'étais membre du comité de révision, et, sans être un des principaux auteurs de son travail, j'avais assisté avec une grande assiduité à ses séances. Je le défendis, dans l'assemblée, avec la franchise et l'énergie avec lesquelles j'ai toujours soutenu mes opinions, et avec assez de succès pour avoir beaucoup contribué à faire passer ceux de ses articles qui ont rencontré le plus d'obstacles.

Je différai cependant sur deux points: sur la limitation de la liberté de la presse et sur les conventions nationales. Ils sont assez importans, et marquent assez ma conduite.

Quoique fort éloigné de penser qu'un état puisse subsister avec une liberté d'imprimer tellement indéfinie, qu'on y puisse impunément prêcher le meurtre et la rébellion, et attaquer les citoyens dans leurs mœurs privées, je croyais l'énumération que le comité proposait, et que l'assemblée adopta, trop vague et trop extensible; je croyais, d'ailleurs, que cette énumération ne devait trouver place que dans les lois réglementaires, et qu'il suffisait, dans la constitution, de poser les deux bases, savoir, l'une, déjà consacrée par la déclaration des droits, que chacun est libre de publier ses pensées, sans être, avant l'impression, soumis à aucune censure, et sauf à en répondre après la publication; l'autre, que toute action civile ou criminelle, relativement à l'abus de la presse, doit être soumise à un jugement par jurés.

Cette opinion fut repoussée, et l'article des comités admis.

Sur le deuxième point, je rejetai l'opinion des conventions nationales périodiques, mise en avant par les républicains.

CHAPITRE XI.

Examen critique de la Constitution.

Mais, en disant les fautes réelles de l'assemblée nationale, je dois la laver de tous les reproches que l'intérêt, l'humeur, l'ignorance, lui ont adressés.

Car, que seraient, pour sa justification, les grandes choses qui ont signalé son existence, si, comme on l'en a tant accusé, elle eût fait réellement une constitution inexécutable, et si elle eût effectué, ou rendu inévitable la ruine du royaume, la banqueroute, etc.

La seule réponse à ces reproches, répétés avec tant de chaleur par l'esprit de parti, c'est qu'ils sont absolument faux. Certes, je n'entreprendrai pas de traiter, ici, ces questions avec l'étendue qui serait nécessaire, pour opérer une démonstration parfaite; mais je ne puis me dispenser de jeter rapidement quelques idées sur la nature et les défauts de la constitution, et sur la situation où l'assemblée constituante a laissé le royaume; il en résultera, du moins, la certitude complète que les maux qui ont suivi sont l'ouvrage, non de cette assemblée, mais des scélérats qui ont pris sa place, et que, si elle y a coopéré, c'est surtout en leur remettant imprudemment le soin des affaires dans un moment où elles avaient besoin d'être conduites par des mains sages et expérimentées.

Je suis loin de nier que la constitution n'eût de grands défauts, et qu'elle n'eût grand besoin d'être épurée par l'expérience, le temps, et surtout la formation de l'esprit public. Mais il me sera facile de prouver, qu'elle n'était pas un ouvrage informe, sans but, sans principes de mouvement, et surtout que la plupart de ceux qui l'ont critiquée ne l'ont jamais connue, ni entendue.

L'objection qui se présente la première, et qui est si fréquemment répétée aujourd'hui, qu'une profonde ignorance préside à toutes ces discussions, c'est que la constitution était composée de parties incompatibles destinées à se combattre, et, par conséquent, à se détruire, argumentation qui peut également s'appliquer à tous les gouvernemens mixtes, c'est-à-dire au seul gouvernement libre qui soit sur la terre.

Ceux qui ne peuvent concevoir qu'un roi et une assemblée nationale puissent exister ensemble, doivent avoir de la peine à comprendre comment, à Rome, la liberté subsista au milieu des débats du sénat et du peuple, comment l'Angleterre, à l'abri d'une constitution où trois pouvoirs se balancent et se combattent, est devenue le pays le plus florissant de l'Europe; comment les États-Unis, enfin, ont cru devoir introduire, dans leur législation, le concours de trois pouvoirs rivaux.

Il n'est pas douteux que ces sortes de gouvernemens ne soient plus agités que ceux qui reçoivent l'impulsion d'une force unique, ou prédominante; mais cette lutte des pouvoirs, qui est le principe de leurs agitations, est aussi le premier principe de la liberté; il ne suffit pas que les pouvoirs de diverses natures soient séparés et remis à des dépositaires distincts; si la puissance législative n'est divisée, elle domine nécessairement toutes les autres, elle les change, les absorbe à son gré, et suffit pour constituer le despotisme.

Le vice de la constitution de 1789 ne serait donc pas que les pouvoirs publics fussent divisés, mais que cette division ne fût pas bien faite, et que ces pouvoirs, intrinsèquement, fussent mal constitués.

Comme je ne puis, ici, discuter les détails, je me borne à examiner les trois principaux reproches qui nous ont été faits, et, en reconnaissant ce qu'ils ont de juste, à réfuter ce qu'ils ont eu de faux ou d'exagéré.

Ces reproches sont, je pense : 1° de n'avoir pas divisé la constitution en trois branches, et donné une place à l'aristocratie; 2° d'avoir donné trop peu à la propriété dans la représentation nationale ; 3° d'avoir trop faiblement organisé le pouvoir royal et la force exécutrice.

Je sais qu'il est aussi des gens qui, en approuvant l'institution du gouvernement monarchique, nous ont reproché d'avoir mis, dans la constitution, trop d'aristocratie, et d'avoir donné, au roi, trop de moyens de pouvoir. Quant à cette classe de politiques, je me flatte qu'on voudra bien me dispenser de leur répondre.

Je finirai mon examen par le premier reproche, parce qu'il est le plus grave. Voici ce que j'ai à dire des deux derniers.

J'ai fait les plus grands efforts lors de la révision pour faire augmenter le taux de contribution exigé de la part des électeurs ; ainsi, je ne dois pas être suspect en disant que le reproche d'avoir donné trop peu d'influence à la propriété a été extrêmement exagéré.

Sur ce point, comme sur beaucoup d'autres, on a absolument confondu les effets de l'état révolutionnaire avec ceux de la constitution. Les riches propriétaires, étant, pour la plupart, ou émigrés, ou prononcés contre le nouveau régime, et ceux même qui étaient demeurés paisibles, étant devenus suspects au milieu de la fermentation générale, un très petit nombre ont été élus aux places, et on en a conclu que la constitution les en excluait, ou, du moins, ne les y appelait pas assez.

Cependant, une observation plus attentive prouve que dans le petit nombre de citoyens riches et même d'anciens nobles, qui ont adopté le nouvel ordre de choses assez clairement pour écarter les soupçons, la plupart ont été élus aux premières places, et l'ont emporté à cet égard sur beaucoup d'autres citoyens qui, avec plus de capacité, n'avaient pas les mêmes avantages de fortune. D'ailleurs le deuxième degré d'élection, avec quelques inconvéniens, a pleinement réparé le peu que la loi exigeait de propriété dans les électeurs. 2° A l'exception de deux ou trois départemens, où la fermentation révolutionnaire a été excessive, et où des villes anarchiques ont donné la loi à la masse du département; les corps électoraux constitués, c'est-à-dire, avant le 10 août, quoiqu'ils eussent été composés au milieu des troubles, des soupçons, des haines que la révolution a enfantés, ont été formés de la partie la plus saine et la plus recommandable de la société; la presque totalité de leurs membres avait plus de propriété, non seulement que la loi n'en exigeait pour conférer les droits électoraux, mais qu'aucune loi raisonnable ne pourrait en exiger. Chacun d'eux joignait à la garantie résultant de sa fortune, celle de la considération publique que le choix des assemblées primaires suppose. Dans les campagnes surtout, à l'exception de quelques personnes fortement prononcées contre la révolution, les principaux citoyens, ont été choisis pour électeurs.

Il n'est pas douteux pour tout homme qui a réfléchi que c'est dans la composition des corps électoraux, et nullement dans les conditions exigées des éligibles, que réside la garantie des bons choix, et la base du système représentatif; je ne pense pas que dans aucun pays du monde, les assemblées qui élisent les députés aient été mieux composées qu'elles ne l'ont été de fait parmi nous, tant qu'a duré la constitution, et certainement en Angleterre elles sont très inférieures.

Cependant l'ascendant naturel de la richesse et de l'aisance sur la pauvreté, n'a jamais été moins grand qu'au moment où ces assemblées ont été formées au milieu des agitations d'une révolution purement démocratique.

Si donc on a pu observer avec raison que la première législature, nommée suivant les formes constitutionnelles, n'était pas généralement composée de citoyens assez aisés pour garantir à la nation l'indépendance et surtout la sagesse et la mesure convenables, la cause en est dans la situation des esprits au moment où elle a été élus, bien plus que dans la défectuosité des lois.

Presque tous les grands propriétaires s'étant prononcés contre le nouveau régime, il était impossible qu'ils fussent élus.

Les clubs se trouvant dans l'apogée de leur puissance, en ont usé pour faire nommer leurs orateurs qui, en général, étaient des intrigans et des aventuriers sans propriété consistante.

Une portion du petit nombre de grands propriétaires qui avaient adopté le parti de la révolution, se trouvant dans l'assemblée constituante, a été exclue par la non-rééligibilité.

Cependant, les fautes auxquelles l'assemblée législative s'est laissé entraîner, et qui, concurremment avec d'autres causes, ont opéré, en moins d'un an, la subversion totale du royaume, ne provenaient pas tant encore de la nature de sa composition que de l'ignorance dans les notions de l'homme d'état, ignorance commune à toutes les classes dans une nation qui commence à se gouverner, et qui ne pouvait qu'être très funeste dans la situation critique où l'assemblée législative s'est trouvée.

Comme tous ceux qui avaient acquis, dans l'ancien régime, une connaissance pratique des affaires générales étaient opposés à la constitution, et que ceux qui l'avaient contractée, depuis trois ans, dans l'assemblée constituante étaient exclus par la non-rééligibilité, les législateurs les plus instruits se sont trouvés des hommes à idées purement théoriques, qui ont facilement donné dans tous les piéges que leur ont tendus cinq ou six scélérats qui seuls avaient formé d'avance les plans par lesquels ils se flattaient d'arriver à leur but. Je rendrai bientôt ce dernier fait de la plus complète évidence.

Les assemblées administratives, composées à peu près de la même classe de propriétaires que l'assemblée législative, ont, en général, aussi bien rempli leurs fonctions qu'il était possible au milieu de l'état d'effervescence où les circonstances extérieures et la conduite de l'assemblée législative entretenaient le royaume.

Le second reproche, qui consiste à avoir trop affaibli le pouvoir royal, et, pour ainsi dire, disséminé la force exécutrice, a beaucoup plus de réalité. Il s'en faut bien cependant qu'à cet égard la constitution ait jamais été ni exécutée, ni connue.

Enfin, le dernier reproche, et le plus important qui ait été fait à l'assemblée constituante par les partisans du système de la monarchie libre, est de n'avoir donné aucune représentation à l'aristocratie, d'avoir détruit tous les intermédiaires entre le peuple et le trône, d'avoir établi l'unité de chambre.

Il suffirait peut-être, pour répondre à ce reproche, de répéter ce que j'ai dit, au commencement de cet ouvrage, de la marche des évènemens qui nous ont conduits à la nécessité d'établir l'unité de chambre. Mais je ne puis me refuser d'ajouter quelques réflexions qui prouveront peut-être que ceux qui ont si aigrement agité cette question l'ont médiocrement approfondie, et qui suffiront, au moins, pour démontrer que la chute de la constitution et les malheureux évènemens qui l'ont suivie ne tiennent point à cette cause.

Pour prouver que ce n'est pas à l'unité de chambre qu'il faut attribuer la chute de la constitution, il suffirait de citer aux grands partisans de la constitution anglaise l'histoire même de ce pays. Jamais, dans les grands débats entre le prince et le peuple, la chambre aristocratique n'a été de quelque secours à la puissance royale ; elle a voulu, à plusieurs époques, défendre Charles Iᵉʳ, et n'a pas même retardé sa chute de quelques momens. Dès que l'esprit de faction s'empare du peuple, la chambre des pairs, qui n'a qu'une puissance pour ainsi dire de convention et sans racines réelles, semble disparaître, et le combat s'établit sans intermédiaire entre les communes et le roi. Il est vrai que, dans des temps de calme, la chambre des pairs peut prévenir beaucoup de petites altercations entre ces deux puissances, et suspendre quelquefois les premiers élans de la fermentation révolutionnaire ; mais si la querelle est grave, si la fermentation existe, si la chambre des communes prend à tâche de l'établir, si la majorité de cette chambre est factieuse, les pairs ne peuvent rien contre elle, et le roi ne trouve que dans sa propre prérogative les moyens de l'arrêter.

Qu'aurait pu une chambre haute contre une révolution qui n'est provenue que de la fermentation populaire, et qui, dirigée par quelques individus, a forcé l'assemblée même des représentans ?

Si une chambre des communes se fût conduite comme l'a fait l'assemblée législative et eût trouvé le peuple anglais aussi disposé à adopter ses impressions que le peuple français a dû l'être après les évènemens qui avaient précédé, je ne crois pas qu'un Anglais instruit et de bonne foi puisse dire que la chambre des pairs eût donné vingt-quatre heures de plus d'existence à la constitution.

Il est vrai que le roi d'Angleterre aurait eu d'autres moyens puissans de se défendre, et principalement dans la vigueur du pouvoir judiciaire, et le droit de dissoudre les communes. C'est cette dernière prérogative qui, presque toujours en Angleterre, a défendu le trône contre les entreprises violentes de certains parlemens, et elle est incontestablement le principal rempart de sa sûreté.

Il est facile de le comprendre.

En Angleterre, le roi seul convoque le parlement, l'ajourne, le proroge, le dissout et ordonne de nouvelles élections; dans la constitution française de 1789, au contraire, l'assemblée nationale était convoquée et renouvelée par la loi; elle avait seule le droit de s'ajourner, et ne pouvait jamais être dissoute; cette existence propre et totalement indépendante était la base réellement républicaine de la constitution, et il était difficile, il faut en convenir, que dans un certain nombre d'années, ou elle ne reçût quelques modifications, ou elle ne détruisît la monarchie.

Mais le droit de dissoudre, qui s'exerce sans danger en Angleterre, où, tandis que les communes n'ont point de représentans, les pairs conservent encore leur caractère politique inhérent à leur personne, où le roi n'a sous ses ordres qu'une faible armée, où surtout la constitution existe depuis des siècles, et où le génie de la liberté est devenu l'habitude de la nation, ce droit pouvait-il s'établir, surtout dans les premiers temps, en France, où la représentation étant fondée sur une seule chambre, personne, après sa dissolution, n'aurait eu ni caractère ni pouvoir pour s'opposer aux entreprises du trône, où le roi, ayant sous ses ordres au moins cent cinquante mille hommes de troupes réglées, n'aurait trouvé dans des insurrections isolées aucun obstacle capable de l'arrêter; où la nation, portée à la liberté par les circonstances, avait encore toutes les habitudes de l'esclavage, et où il était facile de concevoir telle conjoncture, où le roi venant à dissoudre une législature devenue odieuse à la nation par sa turbulence et son impéritie, osant concevoir le projet hardi de ne pas la remplacer, aurait eu la majorité du peuple pour complice.

Oter ou donner au roi le droit de dissoudre le corps législatif, c'était, dans le premier cas, exposer l'existence de la monarchie; dans le second, l'existence de la liberté : ce problème était insoluble. L'assemblée constituante ne balança point, et voulut avant tout mettre à couvert la liberté; elle eût agi follement si elle eût pris une autre résolution; le temps devait amener des partis moyens et donner une véritable assiette à la constitution, il fallait prendre des mesures pour sauver la monarchie des dangers qu'allait lui faire courir la fermentation des premiers momens, et, comme je l'ai déjà dit et redit, c'est ce que l'assemblée ne fit pas.

CHAPITRE XII.

État des choses au dedans et au dehors, lorsque l'assemblée nationale se sépara.

Examinons maintenant quel était l'état des choses au dedans et au dehors, lorsque l'assemblée constituante s'est séparée.

La nation n'avait point encore sensiblement perdu en hommes et en richesses ; quoique les agitations qu'entraîne une si grande et si rapide révolution eussent fait couler le sang dans plusieurs occasions trop fameuses, on avait encore le droit de s'étonner, et la France pouvait se glorifier qu'un si notable changement n'eût pas fait plus de victimes.

Un grand nombre d'individus avaient souffert dans leur fortune, mais la masse générale des richesses n'avait point déchu.

Le commerce maritime pouvait avoir essuyé quelques pertes, mais l'agriculture n'avait cessé de fleurir, et les manufactures avaient acquis un degré d'activité supérieur à tout ce qui avait existé dans d'autres temps.

Quoique la rentrée des contributions eût été très irrégulière pendant la révolution, et qu'une grande partie des dépenses se fût faite des fonds destinés à acquitter la dette, la fortune publique était loin d'avoir empiré puisque, d'une part, il restait, suivant tous les calculs, plusieurs millions à appliquer au paiement des dettes de l'état, et que la masse des biens imposables se fût considérablement accrue par l'abolition des priviléges, des dîmes, de certains droits féodaux, etc.

La rentrée des nouveaux impôts était tellement favorisée par la circulation des assignats, que les moindres soins que la législature eût voulu donner à rétablir l'ordre, et à raffermir l'autorité des administrations, les eût mis en pleine perception en très peu de temps.

Mais tout le système de la prospérité publique tenait aux moyens qui seraient pris pour soutenir le crédit des assignats, pour ne pas en surcharger la circulation, et pour préparer le moment et le mode les plus favorables de les en retirer. Cette espèce d'ingrédient, dont l'immersion avait consommé la révolution, qui avait fourni au gouvernement public les moyens de se soutenir au milieu des bouleversemens, soutenu le travail et l'industrie, opéré une libération presque générale, tenait le corps social dans un état de crise qui, justement limité et terminé à propos, lui eût rendu une vigueur nouvelle, mais qui ne pouvait être étendu et prolongé au-delà de ses bornes sans l'exposer aux secousses les plus dangereuses, et le précipiter dans le marasme.

Cette crise se fût opérée presque d'elle-même si l'on eût senti la nécessité de porter tous ses efforts vers le maintien de la paix au dehors, le raffermissement de l'ordre intérieur, la consolidation des autorités nouvelles, et leur mutuelle intelligence.

La situation des esprits et les dispositions des puissances de l'Europe paraissaient offrir de grands obstacles ; ils étaient cependant faciles à surmonter.

Les princes et quelques autres chefs du parti qui avait été effrayé par la révolution du 14 juillet 1789, menacés par l'indignation publique, étaient sortis du royaume à cette époque ; la catastrophe des 5 et 6 octobre avait déterminé une seconde émigration ; entre ces deux époques et dans les temps qui suivirent, la crainte des troubles, l'esprit de parti, l'amour des aventures, l'espoir de détacher le peuple de la révolution, en lui faisant éprouver le besoin par l'absence des gros consommateurs, avaient déterminé une multitude de particuliers riches à sortir du royaume.

Dans le cours de 1790, le parti opposé à la révolution devenant plus nombreux de jour en jour, par diverses causes, et surtout par le fameux décret du 21 juin, qui supprimait la noblesse, l'émigration augmenta ; elle cessa, pour ainsi dire, d'être individuelle et devint pour la noblesse une affaire de corps; elle entraîna surtout les officiers de l'armée qui, blessés dans leur qualité de gentilshommes, l'étaient encore dans leur qualité de chefs, par l'indiscipline de leurs soldats. Les émigrés assez nombreux pour fonder quelques espérances sur leurs propres forces, furent surtout soutenus par la querelle naissante entre l'empire et la France, à l'occasion des possessions féodales qui avaient été supprimées par les décrets; blessés dans leur orgueil et la plupart réduits à la pauvreté, par la perte de leurs biens ou de leurs emplois ils se nourrirent de l'espoir de voir une partie de l'Europe embrasser leur cause, en voulant soutenir celle de Louis XVI. Ils remplirent l'Europe de leurs intrigues et de leurs clameurs; pour réaliser leurs espérances, ils feignirent d'en avoir; ils appelèrent à eux tout ce qui était resté en France attaché à leurs castes et à leurs opinions, au nom de l'honneur et sur le fondement des secours immenses et prochains qu'ils étaient près d'obtenir. Ces espérances n'étaient que des chimères, jusqu'à la tentative d'évasion de Louis XVI, et devaient encore s'évanouir lorsque la constitution fut acceptée, et que nos affaires intérieures se pacifièrent. Mais des hommes ruinés, furieux, désespérés, ne saisirent point le seul moment favorable qu'ils pouvaient avoir pour rentrer honorablement dans leur patrie. Le frère aîné de Louis était resté au milieu d'eux. Ils continuèrent à fatiguer les puissances de leurs plaintes, et, soit pour se fortifier pour la guerre, soit pour se préparer une moins humiliante paix, ils voulurent attirer au dehors ce qui restait encore en France de leur parti. Ils inondèrent la France de leurs lettres et de leurs gazettes, où mille nouvelles fantastiques répandaient l'espoir, et décidaient l'incertitude de ceux qui balançaient encore à s'unir à eux; propageaient l'inquiétude dans le reste de la nation, et achevaient d'exalter sa fureur. La vanité, la mode, le caprice, travaillaient pour eux; quiconque était noble ou voulait le paraître croyait devoir prendre part à cette espèce de pèlerinage; et, au moment où l'assemblée constituante, voulant terminer la révolution, rendit les frontières libres et supprima jusqu'aux passeports, ils sortirent comme un essaim, et furent grossir ces espèces de colonies formées par l'orgueil et l'imitation, qui sont une des circonstances les plus singulières de notre révolution, et qui ont été l'une des causes les plus actives de nos malheurs.

Cependant, si on en excepte cet aventurier couronné qui, Don Quichotte de la noblesse française, a été, depuis, assassiné par la sienne, et qui, n'ayant rien à perdre, ne voyait dans la guerre que des moissons de gloire et des moyens de subsister, les puissances de l'Europe étaient très éloignées d'entreprendre la guerre; inquiètes et indécises sur le parti qu'elles devaient prendre à notre égard, elles n'avaient encore aucune résolution arrêtée.

L'ignorance et la mauvaise foi ont tellement interverti toutes les notions sur cet objet, qu'il est nécessaire d'entrer dans quelques développemens.

On a presque toujours la clé des dispositions réelles des cabinets, lorsqu'on a la connaissance de leurs intérêts politiques et surtout de leur manière habituelle de les envisager.

CHAPITRE XIII.

Intérêts et dispositions des cabinets étrangers.

Je ne prends des intérêts et de la situation de ces puissances que ce qui est nécessaire à mon sujet ; je ne parle point de celles qui, par leur éloignement de nous ou par la faiblesse de leurs moyens, ne peuvent avoir aucune influence sur notre sort.

Dans le système général des traités qui formaient le droit public de l'Europe, et qui en soutenaient, dit-on, la balance, je n'ai besoin d'examiner que le système connu sous le nom de la triple alliance

En examinant la marche et les intérêts des principaux acteurs dans les affaires de l'Europe et dans les nôtres, j'aurai l'occasion de caractériser leur politique.

Quant à la puissance et à la prépondérance de l'empire français en Europe, il est facile de concevoir que les états qui sont ses rivaux naturels, devaient en désirer l'abaissement, et que chacun de ces états devait le désirer dans le sens suivant lequel il rivalisait avec nous; ainsi la puissance qui eût été notre rivale naturelle sur le continent, aurait dû désirer l'abaissement de notre puissance territoriale, et celle qui eût été notre rivale naturelle sur la mer, aurait dû désirer l'abaissement de notre puissance maritime.

Les états secondaires qui, ne pouvant lutter contre les principales puissances, existent pour ainsi dire à leur abri, et deviennent l'accessoire de celle à laquelle elles sont alliées, ces puissances devaient désirer ou craindre notre abaissement, suivant que, par leur distribution dans les deux grandes ligues de l'Europe, elles étaient ou nos alliées ou les alliées de nos rivaux.

Quant à notre système d'alliance, il est facile de concevoir que les puissances qui y étaient liées, qui en retiraient des avantages, ou qui existaient à l'abri de sa protection, devaient en désirer le maintien avec une force proportionnée à l'avantage ou à la nécessité dont cette alliance était pour elles; que celles au contraire dont notre système arrêtait les progrès ou menaçait la sûreté, devaient désirer qu'il changeât.

L'Espagne ayant été réduite par diverses causes au rang d'une puissance secondaire, et les deux masses de l'Orient ne pouvant, à raison de leur éloignement, avoir de rapport avec nous, la France ne connaît en Europe que deux puissances rivales : l'Angleterre est sa rivale en puissance maritime, la maison d'Autriche est sa rivale en pouvoir militaire et continental.

Mais outre que ces deux genres de rivalité ont des conséquences très différentes, ainsi que je le prouverai bientôt, une autre cause devait en mettre dans les intérêts et la conduite de ces deux puissances à notre égard.

Parmi cette multitude de pactes et de traités qui sont censés former le droit public de l'Europe, on remarque ordinairement deux principales ligues qui, par l'équilibre de leur puissance, sont censées maintenir l'indépendance et les limites respectives de tous les états de l'Europe.

L'Angleterre était à la tête de celle de ces ligues qui nous était opposée, et qui est connue sous le nom de la triple alliance.

Dans l'autre ligue, où nous aurions dû jouer le principal rôle, placés par nos traités, comme par notre situation géographique, entre l'Espagne et la maison d'Autriche, nous donnions, pour ainsi dire, une main à celle-là, comme à notre alliée maritime, une main à celle-ci, comme à notre alliée continentale.

Les intérêts et les moyens de l'Angleterre étaient

1º d'arrêter les progrès, de faire rétrograder et d'anéantir, s'il était possible, notre puissance maritime, notre commerce ; 2º de nous détacher de nos alliés, et ici le détail démontre l'évidence du principe général.

C'est par l'alliance de la France et de l'Espagne, que leurs forces navales réunies balançaient avec avantage celles de l'Angleterre, lui disputaient l'empire de la mer, assuraient, non seulement à ces deux puissances, mais à toutes les autres, la liberté de la navigation, la conservation de leur commerce et de leurs possessions d'outre-mer.

Pour le gouvernement anglais, séparer l'Espagne de nous, c'était se préparer les moyens ou de l'assujettir comme le Portugal, sous le prétexte d'une alliance, ou de détruire sa puissance navale, et d'envahir ses possessions au premier prétexte de guerre, et de s'assurer dans les deux cas la domination absolue des mers.

Quoique l'alliance de l'Autriche, fût loin d'être pour nous d'une utilité absolue et évidente comme celle de l'Espagne, il n'était pas moins avantageux à l'Angleterre de nous en séparer.

L'Autriche étant la rivale de notre puissance territoriale, c'est en elle que l'Angleterre trouve les moyens de nous susciter des querelles sur le continent, et par là, d'attirer nos forces, nos hommes, notre or, notre génie national, vers une carrière dans laquelle nous ne pouvons lui nuire, et de nous distraire de celle où seuls nous pouvons la balancer.

En poussant plus loin cet examen, il serait facile de prouver que des intérêts non moins réels portent l'Angleterre à nous séparer d'alliés, ou plus éloignés, ou moins puissans, à nous aliéner les états du Nord, à nous remplacer dans le commerce du Levant, à mettre à découvert quelque partie importante de nos frontières.

Mais ce que j'en ai dit suffit pour faire connaître son système général à notre égard, et pour faire juger sa marche.

Il n'est pas douteux qu'elle n'ait voulu nous retenir dans un état d'impuissance et de paralysie, pour nous dépouiller successivement de tout ce qui pouvait alimenter et soutenir notre force.

Qu'elle ait secrètement fomenté et entretenu toutes les opinions populaires, qui tendaient à nous séparer de nos alliances et toutes celles qui pouvaient enlever au pouvoir royal les moyens de les maintenir, c'est ce qui n'est pas douteux.

Son troisième intérêt était de ne jamais permettre qu'il s'établît, en France, une constitution libre et régulière.

L'effet le plus certain d'une constitution libre dans un pays auquel sa situation permet le commerce et la navigation, est de porter ses forces et son génie vers ce genre de puissance.

Les rois ont assez ordinairement la passion des conquêtes ; si elle appauvrit leurs sujets, elle agrandit leur pouvoir, leur domination et leur gloire ; une armée conquérante, ou seulement exercée et aguerrie, est incontestablement le premier appui du despotisme, de sorte que, là où les rois voient le chemin de la gloire et de la considération extérieure, là est également, pour eux, le premier gage de leur autorité intérieure et de leur sûreté ; ils seront donc assez disposés à tourner une grande partie de leurs forces à l'entretien d'une grande armée, et à diriger leur ambition du côté de la terre.

Non seulement la direction vers la guerre est plus active sous le despotisme ; mais, à certaines époques, les moyens sont même plus grands.

Lorsque la constitution est libre, que son gouvernement soit, ou monarchique, ou républicain, l'intérêt des représentans et des représentés a l'influence dominante sur la direction imprimée aux affaires ; la nation n'aperçoit, dans l'entretien d'une armée nombreuse, dans l'entreprise des conquêtes, qu'une dépense ruineuse et sans retour, et un grand moyen de l'opprimer dans les mains de ceux qui la gouvernent ; dans le commerce, au contraire, elle aperçoit les moyens de vivifier tous les genres de prospérité, d'accroître la richesse et les jouissances de chaque individu; dans la marine, un moyen de soutenir son commerce, et d'étendre la considération nationale sans compromettre la liberté ; là, les dépenses sont fructueuses et reproductives ; là, le chemin de la gloire est aussi celui du bonheur individuel, de la prospérité générale et de la liberté publique. Une nation libre sera donc presque toujours disposée à admettre un système défensif et conservateur sur le continent, et à pousser ses progrès avec la plus grande activité sur les mers.

En vain opposerait-on à ces raisonnemens évidens ce que la république française a fait, par la réunion des circonstances les plus extraordinaires, et ce que fit autrefois la république romaine par la singularité et, pour ainsi dire, par la force artificielle de ses institutions. Ces exemples isolés ne peuvent détruire ce que prouve l'histoire entière du monde, toujours enrichi par des républiques ou des états libres, toujours ravagé ou soumis par des despotes, depuis la Chine, sans cesse conquise par les Kans tartares, jusqu'à l'Amérique, que le despotisme espagnol a asservie et dépeuplée ; depuis le siècle de Sémiramis jusqu'à celui de Thamas-Koulikan.

La France, que sa position appelait au commerce et à la mer autant qu'à la domination continentale, ne pouvait acquérir une constitution libre et stable sans s'élancer avec une nouvelle énergie vers la première carrière, et, comme ses moyens en hommes et en richesses naturelles sont infiniment supérieurs à ceux de l'Angleterre, elle devait, en peu de temps, l'atteindre et la surpasser.

Malgré tout ce qu'ont dit les auteurs de belles et généreuses théories sur les avantages que les nations retirent de la prospérité des autres peuples, malgré tout ce qu'on entend de nos jours sur la fraternité des peuples libres, il est certain que l'histoire dément ces maximes, et, soit que la prospérité politique soit comme le pouvoir qu'il faut s'arracher, soit que les hommes ne sachent pas apprécier leur sort, il est certain que les nations sont réciproquement jalouses de la gloire et de la domination comme les individus, et que, nulle part, cette passion n'est aussi active que chez les peuples commerçans.

Se voir surpasser par nous en force maritime, en commerce, recevoir la loi sur ce même élément où, depuis si long-temps, ils l'ont donnée, c'eût été certainement, aux yeux du gouvernement, et très probablement aux yeux de la nation anglaise, une grande calamité politique.

Ce gouvernement a donc dû considérer l'établissement d'une véritable constitution libre et représentative en France comme l'évènement le plus funeste à la splendeur et aux intérêts de sa nation.

Ce que nous jugeons des intérêts du gouvernement anglais nous est confirmé par la conduite qu'il a paru tenir.

Fomenter, entretenir, prolonger les troubles dans notre sein avec une apparente amitié; faire la guerre la plus cruelle, et cependant s'enrichir des pertes de notre commerce, de l'émigration de nos capitaux; faire circuler au milieu de nous toutes les idées propres à nous détacher de nos alliés; exciter, irriter, par ses écrivains et ses agens secrets, les méfiances et les haines qui pouvaient enflammer l'esprit public contre les nations avec lesquelles il pouvait nous convenir de rester alliés ou en état de paix, et ôter aux chefs des affaires, soit dans le conseil, soit parmi les représentans, le pouvoir nécessaire pour les maintenir; et, durant ces manœuvres, travailler ouvertement, au dehors, contre nous; en 1790, enfin, comptant sur notre impuissance ou sur notre aveuglement, vouloir détruire l'Espagne par une guerre injuste ou la forcer à des traités qui eussent été la cause de son assujettissement; telle a été la conduite du gouvernement anglais à notre égard.

Les intérêts des alliés de l'Angleterre étaient, à

plusieurs égards, les mêmes, et, à d'autres égards, différens ; s'ils étaient engagés dans une ligue opposée à la nôtre, ils n'étaient point nos rivaux naturels et, pour ainsi dire, nos ennemis nécessaires.

En Hollande, les intérêts étaient encore plus compliqués. Cette puissance, qui n'a d'existence que par sa marine, sa richesse mobilière et son industrie, a surtout intérêt à conserver la liberté des mers et du commerce; et comme l'Angleterre est, au moins pendant long-temps, la seule puissance qui puisse les menacer, c'est à ne pas laisser cette puissance sans contre-poids que sa politique devrait tendre; mais les diverses factions qui y existent, et la nécessité où elles sont de se soutenir les unes contre les autres, font que les intérêts du pays sont totalement sacrifiés à ceux des puissances alliées dont elles s'étayent. De ces divers partis un nous était totalement dévoué; soupirant pour une révolution, et ne pouvant la faire que par nous, il voulait nos succès, notre liberté solide et organisée, notre puissance, nos alliances. Un autre, attaché à la Prusse, était contre nous, mais pouvait changer avec nos alliances; un troisième, esclave de l'Angleterre, n'avait de mobile que ses intérêts, et de système que sa volonté.

La Prusse, ennemie naturelle de la maison

d'Autriche, notre rivale sur le continent, alliée actuelle de l'Angleterre, notre rivale sur la mer, mais n'ayant pas eu toujours à s'en louer, la Prusse pouvait apercevoir la possibilité d'un changement dans ses liaisons et, par conséquent, dans ses intérêts : elle avait plus d'intérêt à attaquer notre système d'alliance continentale que notre existence intrinsèque ; à nous traverser temporairement qu'à nous détruire ; et, dans la terminaison de nos affaires, elle devait bien moins redouter l'établissement d'une constitution libre. Là, à l'incertitude des intérêts se joignaient le caractère faible du prince et la variété des conseils, pour rendre la politique vacillante.

Cependant ces puissances obéissant, soit à leur intérêt momentané, soit à l'ascendant de l'Angleterre leur alliée, ont suivi à peu près la même marche à notre égard et n'ont cessé d'agiter notre intérieur et de chercher à influencer chez nous l'opinion populaire dans le sens conforme à leurs intérêts, jusqu'au moment où la Prusse, cédant à des considérations qui lui ont paru encore plus pressantes, a formé ses alliances avec la maison d'Autriche.

Les intérêts des puissances alliées de la France, étaient fort différens et leur conduite a dû l'être aussi ; mais il y a une grande distinction à faire entre la maison d'Autriche et les autres états, qui, étant nos alliés nécessaires et subordonnés, n'existaient, pour ainsi dire, que par notre appui.

L'Espagne et les autres puissances alliées de la maison de Bourbon, voyaient avec horreur une révolution en France; tout ce qui pouvait paralyser nos forces, même momentanément, les exposait à toute l'agression de leurs ennemis; tout ce qui devait affaiblir en définitive notre prépondérance, diminuait par là même leur sûreté, sans satisfaire une jalousie qui ne pouvait pas exister entre elles et nous; tout ce qui pouvait arracher le pouvoir des mains du roi, pour le remettre à une autre branche, ou pour le concentrer presque en totalité dans une assemblée de représentans, pouvait devenir l'origine d'un changement de système dans nos alliances, faire dominer dans les conseils l'influence de leurs ennemis, et leur enlever une base de sûreté que, pour la plupart d'entre elles, il était impossible de remplacer avec les mêmes avantages.

La maison d'Autriche, notre rivale naturelle sur le continent, notre alliée actuelle, et par la seule influence du prince qui régnait, existant encore à ce degré de puissance où l'on songe moins à se conserver qu'à envahir les autres, voyait dans notre alliance, non nos secours, mais un gage de notre inertie, non un moyen de se soutenir avec nos forces, mais un moyen de disposer de toutes les siennes pour s'agrandir; elle était celle de toutes les puissances de l'Europe, dont les intérêts, à notre égard, étaient les plus compliqués. Mais ils étaient cependant susceptibles d'être assez nettement démêlés : on peut se reposer sur les hommes politiques de cette cour, de les avoir très bien aperçus, et il me semble que leur conduite l'a assez constamment prouvé.

Tant que nos débats intérieurs ont été assez modérés pour ne pas menacer de changer la dynastie, de renverser ou de paralyser totalement le pouvoir du roi auquel tenait le maintien de notre alliance, ils ne devaient point contrarier la politique de la cour de Vienne, puisqu'ils étaient momentanément le gage le plus sûr de notre inertie, et il est assez probable que c'est ainsi que Joseph II a considéré les premiers mouvemens qui ont précédé et accompagné le rassemblement des états-généraux. Mais tout ce qui tendait d'une manière quelconque à arracher le pouvoir des mains de Louis XVI, de façon à rompre ses liaisons de famille, devait effrayer une cour qui ne voyait que dans le crédit de ce roi le moyen de maintenir une alliance qui lui était extrêmement avantageuse.

Elle redoutait cependant aussi le retour du despotisme en France; voilà ce qu'on croira peut-être beaucoup moins facilement, mais ce qui n'est ni moins évident dans le raisonnement, ni moins démontré par les faits.

J'ai cherché à établir, en parlant de l'Angleterre qu'une constitution libre est la plus puissante de toutes les causes qui peuvent agrandir rapidement le commerce et la puissance maritime d'un peuple ; il n'est pas moins vrai que, de toutes les formes de gouvernement, le despotisme royal est celui qui rend un état le plus dangereux pour ses voisins et ses rivaux de terre, le plus disposé à conquérir et à usurper, et celui qui, avec une certaine force dans la nation, lui donne le plus de moyens de le faire.

L'histoire de tous les peuples prouve que le despotisme avec le temps abat, dissout, avilit le caractère national, appauvrit et dépeuple l'état, et par là diminue graduellement, mais avec lenteur, ses moyens de puissance dans tous les sens; mais lorsque le peuple et l'état sont encore vigoureux, ou lorsqu'un peuple avili a repris quelque courage et quelque énergie par ses troubles intérieurs, le despotisme plein est certainement de tous les gouvernemens celui qui lui donne l'impulsion militaire la plus forte, la plus soutenue et la plus redoutable. Dans cette situation, vous ne trouverez point cette extrême activité d'industrie, mais comme toute la vertu s'y change en zèle pour le prince, et toute l'énergie de l'âme en courage guerrier, comme l'obéissance y est entière, et tous les moyens de la nation dans les mains de son roi; comme les conseils peuvent facilement y avoir du secret, de la constance et de l'unité; comme le prince, s'il a l'ambition de la gloire, voudra conquérir, et, s'il a seulement celle de dominer, voudra, du moins, s'assurer d'une armée nombreuse et toujours en haleine, il inquiètera, menacera sans cesse ses voisins. C'est l'état où la France commençait à se trouver sous François Ier, et qui, interrompu dans ses progrès par les troubles civils, s'est trouvé dans sa plénitude sous Louis XIV.

Tandis que, comme je l'ai dit plus haut, là où le gouvernement est libre, où l'influence du peuple le domine dans les affaires, toute l'émulation, toute la gloire est à trouver de nouveaux moyens de richesses et de prospérité, et la nation jalouse, travaille, sans cesse, à assurer sa liberté en restreignant la force armée et en subordonnant l'esprit militaire à l'esprit civil; là, toute l'ambition se portera sur la mer, et le système territorial sera défensif et conservateur, système que les législateurs français avaient hautement déjà proclamé par le décret qui renonçait à entreprendre la guerre pour faire des conquêtes.

Ceux de nos voisins de terre, auxquels notre puissance était moins nécessaire que redoutable, avaient donc intérêt à voir une constitution limitée s'établir en France. Mais cet intérêt paraissait être immense pour la maison d'Autriche, puisque, si une fois notre force et notre génie se portaient décidément à la mer et au système défensif sur le continent, non par une alliance précaire et momentanée, mais par notre constitution même, elle s'attendait à devenir, pour toujours, la puissance dominante sur le continent européen.

Le véritable intérêt de la cour de Vienne était donc que la France essuyât, pour ainsi dire, une demi-révolution; comme rivale naturelle de la France, elle devait désirer qu'il s'opérât, dans l'ordre intérieur de ce royaume, un assez grand changement pour que l'ambition monarchique y fût limitée, pour que l'esprit national, de noble et de militaire qu'il était, y devînt marchand; mais, comme notre alliée naturelle, et retirant, de cette alliance, un avantage que le temps seul pouvait faire résulter de notre constitution même, elle devait désirer que le pouvoir exécutif, dans notre gouvernement, ne changeât pas de main et conservât assez d'influence dans les affaires pour assurer le maintien de notre système de politique extérieure.

Il n'est pas douteux, pour les observateurs, que la cour de Vienne ait, jusqu'au moment de la déclaration de guerre, agi dans ces vues, et que son système politique ait été, non d'anéantir, mais de modérer notre révolution; c'est une chose trivialement connue, que les guides les plus expérimentés de ce cabinet avaient adopté le système politique qu'on a appelé monarchien, ou des deux chambres, et ceux d'entre les chefs des émigrés qui ont passé pour avoir embrassé les mêmes idées sont très connus pour avoir formé, autrefois, en France, le parti autrichien; tous les indices relatifs à l'évasion du roi, en 1791, et au camp de Montmédy, prouvent, tout à la fois, qu'il était concerté avec Léopold, et qu'il avait pour but l'établissement d'un système mixte; enfin, les longues tergiversations de la cour de Vienne, depuis les premières séances de la législature, tergiversations qui ont si cruellement influé sur les catastrophes subséquentes, en donnant à ceux qui voulaient abolir la monarchie les moyens d'effectuer les projets de guerre, ces tergiversations sont elles-mêmes la preuve que les vues de ce cabinet ont toujours été favorables à l'établissement d'un gouvernement modéré en France.

Tels étaient, à notre égard, les dispositions des principales puissances de l'Europe jusqu'au moment où quelques-unes d'entre elles, croyant apercevoir un danger pressant dans la propagation de nos doctrines, ont commencé à faire entrer cette considération dans le système de leur conduite.

C'est en 1791 que la politique intérieure et extérieure de plusieurs cabinets a paru modifiée par cette considération.

La cour de Vienne qui, depuis plusieurs années, suivait avec activité le système d'abattre l'aristocratie dans ses états, et d'y saper l'autorité sacerdotale et l'influence de la cour de Rome, a totalement changé de marche; le péril lui paraissait alors plus pressant du côté des principes démocratiques; elle a cessé, quoiqu'avec mesure, d'aliéner les autorités intermédiaires.

Cette espèce de rapprochement du trône et de l'aristocratie, auparavant rivaux dans leur ambition, et, aujourd'hui, alliés dans leur terreur, n'a pas paru aussi visiblement dans les autres états de l'Europe; mais elle a presque partout existé.

Le même changement a eu lieu entre divers états ennemis; ils ont alors moins songé à se nuire réciproquement qu'à se conserver respectivement; la triple alliance d'une part, et de l'autre la maison d'Autriche, ont cessé de fomenter l'insurrection de la Belgique et de la Hollande, et se sont, au contraire, prêté la main pour y raffermir l'autorité, et les cabinets de Vienne, de Berlin, de la Haye, ont commencé à former entre eux des conventions pour se garantir leurs possessions réciproques, et leur tranquillité intérieure.

J'ignore à quelle époque le cabinet de Berlin a

changé de système sur la révolution de Pologne, qu'il avait certainement favorisée dans les commencemens; mais si des projets ambitieux se sont ensuite mêlés à ses vues conciliatrices sur ce pays, il est très probable que la première cause de ce changement a été cette terreur générale des révolutions qui, depuis l'année 1791, est devenue le mobile dominant de la plupart des puissances de terre-ferme.

Il y avait très loin cependant de cette terreur générale de notre révolution et de cette haine violente pour nos principes, à l'intention de nous faire la guerre.

Le danger de la propagation, qui en eût été le motif, loin de disparaître, s'accroissait par ce remède beaucoup plus dangereux que sûr. Le rapprochement des armées qui pouvait aisément porter la contagion dans les instrumens mêmes du pouvoir; la ruine des finances qui suit une guerre, et qui est toujours le principe le plus probable d'une révolution; le mécontentement des peuples, effet naturel d'une guerre entreprise sur des motifs difficiles à justifier, et qui se fût nourri de toutes les idées qui auraient servi de principe à celle-ci; toutes ces raisons, et d'autres encore, rendaient le danger qu'on voulait éviter bien plus menaçant dans l'état de guerre que dans l'état de paix; il acquérait surtout le plus haut degré d'intensité, par une guerre malheureuse. Et où était l'espoir de réussir dans une entreprise où il s'agissait, non seulement de gagner des batailles, mais de subjuguer une grande nation, défendant son territoire et sa liberté avec tout l'enthousiasme des opinions nouvelles, et où, après lui avoir donné des fers, il fallait encore trouver les moyens de l'y retenir? dans une guerre où c'était tout perdre que de ne pas remporter une victoire prompte, entière et durable?

Il est vrai que les alliés subordonnés de la France, tels que l'Espagne et la maison de Savoie, n'ayant à désirer chez nous qu'une contre-révolution pleine et complète, propre, tout à la fois, à faire cesser des craintes de propagation, à rendre à la France son existence politique, et à rétablir le pouvoir dans les mains soit du roi, soit de ses frères, ce qui pouvait leur être assez indifférent, ces alliés eussent été très disposés à étouffer la liberté française, les armes à la main, si le succès de cette entreprise leur eût paru certain, et s'ils eussent eu quelque moyen d'y contribuer efficacement.

Mais, 1º toute entreprise échouée entraînait la ruine de ces états, qu'elle eût privés d'un allié nécessaire, et livrés à la merci de leurs ennemis.

2º Ces puissances n'avaient aucun moyen efficace d'y contribuer; pouvant à peine exister sur elles-mêmes, et hors d'état de résister, sans secours, à une agression, elles étaient totalement dépourvues de forces disponibles à porter au dehors ; et on les a vues, lors même que la guerre a été engagée entre la France et les deux grandes puissances d'Allemagne, demeurer spectatrices du débat.

Quant à l'impératrice de Russie, dont l'ascendant a soumis le Nord et l'Orient, insatiable de gloire et de puissance, mais grande et non pas chimérique dans ses spéculations, ce n'était pas si loin d'elle qu'elle voulait porter ses efforts; elle s'exprimait, il est vrai, sur nos affaires avec une passion d'autant plus chevaleresque, qu'elle avait moins de risques à courir et plus de motifs de se dispenser d'y prendre part ; peut-être entrait-il dans ses vœux, de voir quelque puissance de l'Occident s'engager dans cette guerre ; mais pour elle, écrire à nos émigrés, les plaindre, s'indigner d'être placée trop loin de nos frontières pour les secourir, finir par en peupler ses états, c'était là toute sa politique.

Dans toute l'Europe, il n'y avait peut-être de vraiment disposés à la guerre contre nous, que quelques évêques d'Allemagne et le roi de Suède, aventurier par caractère et par situation.

Aussi en laissant de côté les nouvelles imaginées par nos journaux aristocratiques et que quelques feuilles, soi-disant patriotes, ont répétées par ignorance ou par perfidie, aucune disposition sérieusement hostile n'a-t-elle éclaté de la part des puissances jusqu'au moment où l'arrestation du roi à Varennes donna occasion à la fameuse circulaire de Pavie.

Cette espèce d'appel aux rois, en faveur d'un prince emprisonné, et pour l'honneur des couronnes, peut avoir été de la part du prince qui le fit, et de ceux qui l'adoptèrent, moins un prétexte de guerre avidement saisi, pour se livrer à des projets formés depuis long-temps, qu'un effort pénible, tenté pour arrêter des excès, par lesquels ils croyaient leur dignité et leur sûreté même compromises.

L'inviolabilité du roi prononcée le 15 juillet, et plus encore l'acceptation de la constitution par le roi, et les réjouissances qui la suivirent, les désarmèrent totalement. Quiconque, aux considérations générales, joint quelques connaissances des affaires dans ce temps, et particulièrement ceux qui ont vu les dépêches diplomatiques, ne peuvent avoir aucun doute sur ce point. Lorsque les affaires intérieures parurent pacifiées, les puissances se regardèrent comme déchargées d'un poids immense, n'ayant plus à soutenir à leur péril la cause d'un roi arrêté, emprisonné ou détrôné ; les conventions qui parurent subsister entre elles, et particulièrement ce qui nous concernait dans le fameux traité de Pilnitz, n'avaient pour objet que le retour éventuel des mêmes évènemens : à la vérité la situation des choses et l'ordre nouveau ne leur paraissaient pas assez bien établis pour qu'elles se prononçassent à cet égard, mais toutes leurs vues hostiles étaient arrêtées, et elles attendaient de connaître la marche que prendraient nos affaires intérieures, pour fixer définitivement leurs résolutions à notre égard.

Quoique les émigrés défigurassent étrangement et la situation du royaume quant à l'ordre public, et ses moyens de défense, leurs cris ne produisaient qu'un effet médiocre sur les cabinets qui, tout-à-fait indifférens aux intérêts de ces proscrits, ne mesuraient leur conduite que sur leur propre politique.

CHAPITRE XIV.

Marche qu'il fallait suivre.

C'était donc la marche de nos affaires intérieures qui devait décider les résolutions des puissances, et faire notre sort en tous sens.

Il ne fallait pas une profonde politique pour concevoir ce que cette marche devait être; elle était si claire, que déjà elle se présentait à tous les esprits, si bientôt diverses causes ne se fussent réunies pour tromper et corrompre l'opinion publique.

Il fallait donc :

1° Achever de rétablir l'ordre, et de comprimer l'anarchie; une législature qui l'aurait voulu fortement, et qui eût su se faire respecter, l'eût effectué dans trois mois.

2° Fortifier les autorités nouvelles contre l'anarchie populaire, et établir entre elles la subordination et les rapports constitutionnels, qui seuls pouvaient leur donner une marche régulière; cinq ou six décrets d'une juste sévérité suffisaient pour cela.

3° Presser le recouvrement des impôts, afin de pourvoir aux besoins publics. La circulation des assignats, comme je l'ai dit, favorisait puissamment l'établissement du nouveau système d'impôts, et l'excellent ministre, qui était alors à la tête de cette partie, l'eût mise promptement dans le meilleur état pour peu qu'il eût été soutenu et favorisé.

4° Mettre la défense militaire sur un pied respectable, sans être ruineux, et s'attacher surtout à achever de rétablir la subordination qui, depuis quelques mois, avait fait de grands progrès dans l'armée.

5° S'attacher à maintenir l'harmonie entre les deux premiers pouvoirs constitutionnels.

6° Se mettre en état constitué, faire des lois, régler l'éducation publique, etc.

7° Ne s'occuper des affaires étrangères que pour terminer par négociations les difficultés relatives aux princes possessionnés en Alsace, seul objet sérieux de querelle entre les étrangers et nous, mais qui, perpétuant les débats, pouvait sans cesse aigrir les esprits. Ne songer d'ailleurs aucunement aux émigrés et aux puissances; montrer à leur égard la tranquillité de la force; ne donner aux étrangers aucun signe de crainte, et en même temps aucun sujet d'offense, et marquer par toute sa conduite que, déterminé à ne jamais reconnaître leur influence dans nos affaires intérieures, on l'était également à les laisser faire tranquillement les leurs, et à laisser en paix leur système de gouvernement, comme on voulait qu'ils y laissassent le nôtre.

Si l'on eût suivi cette marche, il n'est pas douteux que tous les obstacles n'eussent bientôt disparu.

Bientôt aussi, les puissances cessant de nous craindre comme un corps contagieux, et commençant à nous considérer comme une puissance organisée, auraient commencé à spéculer à notre égard, suivant les vues ordinaires de la politique; chacune eût recherché notre alliance et redouté notre inimitié; nous serions rentrés dans le système général de l'Europe où nous aurions été les maîtres d'adopter les vues que notre nouvelle manière d'exister nous eût fait paraître avantageuses.

En vain les émigrés eussent continué d'exciter l'Europe contre nous, lorsque notre contenance ferme et tranquille et notre restauration intérieure eussent réfuté toutes leurs calomnies. Maîtres eux-mêmes de rentrer sur leurs foyers, et d'y trouver la paix et la protection des lois, ils n'eussent eu aucun prétexte raisonnable pour continuer à s'en exiler; ménagés dans leurs personnes et dans leurs biens, aucune puissance de l'Europe n'eût favorisé leur prétention insensée de bouleverser le monde politique pour les sacrifices de leur amour-propre. Ceux que leurs propriétés attachaient à la France, y seraient bientôt revenus confus de leur conduite passée; le reste, composé d'aventuriers, d'hommes ruinés ou sans patrie, eût cherché fortune dans les pays étrangers, eût été peupler les steppes de la Russie, et nous eût à jamais délivrés de sa présence.

La même révolution qui décidait les esprits au dehors, les eût aussi décidés dans l'intérieur.

Dès qu'on eût vu l'ordre public rétabli, la sûreté des propriétés et des personnes efficacement protégée, en un mot, l'ordre nouveau prendre quelque assiette par lui-même, ces rassemblemens et ces ligues qui le menaçaient, se seraient refroidis et dissous, et tous les Français incertains au dedans du royaume, se seraient décidés. Cette masse d'hommes, ou timides ou égoïstes, qui craignaient moins le nouvel ordre de choses, que les désordres qui semblaient identifiés avec lui, et les dangers sans cesse prêts à fondre sur le pays, l'apercevant séparé de ces désordres et de ces périls, auraient pris ouvertement parti, et auraient placé leur ambition dans les nouveaux emplois; bientôt ceux même qui s'en étaient montrés les ennemis les plus prononcés, s'ils eussent cru devoir à la décence publique de conserver personnellement leurs opinions, auraient au moins souffert que leurs enfans fussent élevés dans les opinions nouvelles, tant dans nos mœurs la carrière où se trouve la fortune, le pouvoir et la considération publiques, attirent nécessairement tout à soi !

Les esprits se calmant, parce que les objets d'inquiétude et d'opposition auraient disparu, on se fût occupé des spéculations naturelles à l'homme tranquille ; les moyens ordinaires d'influence auraient repris l'ascendant, les choix se fussent portés sur des citoyens d'une fortune aisée et d'un genre de capacité utile à leur pays ; les affaires passant ainsi de la partie la plus turbulente de la nation, à la plus sage et à la plus éclairée, de celle qui renverse les gouvernemens à celle qui a intérêt de maintenir celui qui est établi, la révolution eût été véritablement terminée, le gouvernement représentatif eût pris son vrai caractère, suivant lequel la classe aisée et éclairée des citoyens doit gouverner l'état ; mais obligée de défendre les intérêts et de respecter la dignité de la classe la plus nombreuse, à cause de son influence sur les choix, la constitution peu à peu se serait perfectionnée, aurait acquis plus de liaison et de correspondance dans ses parties, plus de vigueur dans le gouvernement, un caractère plus déterminé ; mais cela se fût opéré par l'influence de la raison, et par celle plus lente, mais aussi sûre, de l'intérêt général.

La nation, acquérant plus d'expérience et un caractère plus mûr en gérant elle-même ses propres affaires, eût été moins facile à tromper sur les évènemens et sur ses intérêts; une jalousie calme et attentive eût pris la place de cette méfiance exaltée en proportion de son ignorance, qui croit à tout parce qu'elle est hors d'état de rien juger, et qui sera à jamais le jouet des calomniateurs et des charlatans. A mesure qu'on aurait acquis des connaissances positives sur le gouvernement, on aurait donné une moins exclusive autorité à ces principes métaphysiques, qui créent la liberté des peuples, mais qui l'exagèrent et qui la perdent.

Enfin, la nation, s'attachant à sa constitution, apprenant à en apprécier avec plus d'exactitude les défauts et les avantages, sachant discerner les uns et les autres, satisfaite de goûter la paix après des convulsions qu'elle eût redouté de voir renaître, aurait su corriger, peu à peu, l'édifice sans le détruire, et opérer ces changemens à la lueur de l'expérience, par des balancemens continuels, mais modérés, entre l'autorité royale et l'influence populaire.

Ce nouveau système, beaucoup moins brillant qu'une marche révolutionnaire, était cependant beaucoup plus difficile, il exigeait non moins de courage et bien plus d'habileté.

Tel était celui de l'assemblée constituante dans les derniers temps de son existence, lorsque cette multitude d'hommes distingués qui la composaient, à force de voir des évènemens et de discuter des affaires, commençaient à acquérir des notions mûres et positives, et à devenir des hommes d'état.

Si, comme je l'ai dit ailleurs, elle eût eu la prudence et le courage de se maintenir en place pendant quelques mois, ou du moins de ne pas fermer la prochaine législature, et toute part dans les affaires générales, à ses membres, ce système eût été suivi avec succès.

Mais le dépit insensé du côté droit, les manœuvres des républicains, la lassitude de la majorité, et toutes les passions secrètes qu'il est si facile de réveiller un moment dans le cœur des hommes, ayant déterminé l'assemblée à quitter la place, après un dénouement de comédie, et à couper toute communication entre elle et ses successeurs, comme si, par là, elle eût voulu leur indiquer de tout recommencer, le sort de la révolution fut remis en question.

CHAPITRE XV.

Disposition des Membres de la nouvelle Assemblée.

La très grande majorité des nouveaux députés arrivait avec des intentions pures et la ferme volonté de maintenir la constitution; mais, pour la plupart, avec une ignorance absolue du véritable état des choses, des véritables dangers dont elle était environnée. Comment auraient-ils pu l'acquérir lorsque presque tous les papiers publics étaient réunis pour tromper la nation et servir les projets de ceux qui voulaient sa ruine!

Il y avait peu à espérer d'une pareille assemblée; son incertitude, sa faiblesse, ses tâtonnemens, eussent suffi pour rendre la force à tout ce qui devait la détruire; mais elle était destinée à devenir l'instrument de quelques hommes qui avaient conçu d'avance, leurs projets; qui préparaient la chute de la constitution avant même qu'elle fût achevée, et qui, se trouvant sur leur terrain avec tous leurs moyens montés, ayant seuls des plans préparés, et un but arrêté, entraînèrent facilement, dans leurs piéges, ces députés, arrivés de tous les départemens du royaume, sans guide, sans expérience, sans connaissance des factions qu'ils allaient avoir à combattre. Les agitateurs, au contraire, avaient ce qu'il fallait pour tout bouleverser ; sachant profiter d'un reste de fermentation qu'ils avaient suscitée, et des idées que leurs écrits avaient répandues, ils entretinrent, au dedans, le mouvement révolutionnaire, et préparèrent, au dehors, les évènemens dont la réaction devait favoriser leurs projets dans l'intérieur. Tandis qu'ils portaient les esprits à la guerre, ils avaient l'art de détourner l'attention publique de leurs propres manœuvres, en l'occupant de mille fantômes.

Ils supposaient à tous les cabinets de l'Europe les desseins qui pouvaient s'accorder avec leurs vues ; voulant nous faire rompre avec l'empereur, ils nous promettaient l'alliance de la Prusse et l'amitié de l'Angleterre.

Ils donnaient de la consistance, dans leurs journaux, à toutes les querelles, à toutes les circonstances qui pouvaient inquiéter la nation, l'aigrir, l'alarmer, et lui faire désirer de sortir, par une explosion violente, de l'état où elle se trouvait.

La législature n'a été qu'un de leurs instrumens ; elle résista quelquefois à cette impulsion ; les idées les plus sages eurent d'abord, dans la discussion, une majorité remarquable. Si les hommes d'esprit et de courage eussent cherché à la retenir, s'ils avaient eu des travaux prêts, des plans à lui présenter, ils l'eussent peut-être détachée des projets révolutionnaires auxquels on cherchait à l'entraîner, et lui auraient donné, dès son début, une marche législative et gouvernementale; mais, ne sachant que faire, et voulant faire quelque chose, ils faisaient des fautes. On avait, d'ailleurs, su entourer cette assemblée d'une atmosphère factice; indépendamment des tribunes, qui, dès les commencemens, encouragées par une partie de l'assemblée, et ayant très bien reconnu son inconsistance, perdirent tout respect pour elle; les passions, au dehors, exerçaient sur elle aussi la plus funeste influence.

La législature croyait défendre la constitution, et elle la détruisait par chacun de ses actes.

Elle croyait attaquer la cause des émigrés, et elle travaillait à leur donner toutes les puissances de l'Europe pour protecteurs.

On la vit faire plusieurs démarches qui tendaient à allumer la guerre, et, malheureusement, le gouvernement parut y donner les mains.

Ce qu'il y avait de plus fâcheux dans cette assemblée, c'est qu'il n'y a jamais eu aucune majorité fixe; de sorte que les principes et les systèmes les plus opposés pouvaient y prévaloir tour-à-tour.

CHAPITRE XVI.

Fautes de la nouvelle Assemblée.

Je suis revenu dans mes foyers dans les premiers jours de janvier 1792. Depuis lors, je n'ai aperçu les choses que d'un point de vue éloigné, instruit par les papiers publics et par les lettres assez rares de quelques amis; mais j'avais, pour juger les évènemens, la connaissance de la plupart des hommes qui les conduisaient.

Il n'est pas douteux pour moi que le gouvernement et le parti constitutionnel ont constamment été sur la défensive contre le parti désorganisateur.

L'attaque était souvent habile et toujours hardie; les républicains poussaient à la guerre, fomentaient de toutes parts l'anarchie, cherchaient alternativement à attirer le gouvernement dans leurs mains, ou à engager avec lui la querelle, certains de le battre toutes les fois qu'ils le décideraient au combat.

La conduite du gouvernement et du parti constitutionnel eût été de s'opposer décidément à la guerre et en général de résister fortement sur toutes les choses décisives, mais hors de là d'éviter toutes les secousses, de ne donner, s'il était possible, à leurs adversaires aucun prétexte de querelle, de connaître, d'éviter les piéges, et de ralentir le mouvement des esprits, par une conduite modérée et circonspecte, de manière à arriver sans grandes catastrophes à la deuxième législature, où la face des affaires devait nécessairement changer.

Si les ministres, ayant arrêté entre eux ces mesures, en ont envoyé le résumé au roi, et ont cru qu'elles auraient plus de poids auprès de lui, appuyées de l'opinion de deux anciens députés qui, quelques mois auparavant, avaient contribué à conserver son trône et sa personne, c'est ce que j'ignore absolument, mais c'est ce qui pourrait être vrai.

Le gouvernement n'a jamais eu de marche suivie et a presque toujours donné dans les piéges que ses adversaires ont voulu lui tendre; à peine ceux-ci osaient-ils parler ouvertement de guerre, qu'on fit prononcer au roi, dans le mois de décembre, un discours où il semblait l'annoncer à la nation et vouloir pousser l'esprit public dans ce sens; c'est alors que la guerre a paru vraisemblable; le parti dit modéré, qui jusque là l'avait eu en horreur, voyant le gouvernement à la tête de cette opinion, a commencé à l'adopter, et le peu d'hommes prévoyans qui voulurent résister à cette frénésie, ont passé pour des endormeurs.

Puis, le gouvernement a paru vouloir se retourner contre le système de la guerre; mais ayant contribué lui-même à en propager l'idée, son changement n'a pu que répandre la méfiance et irriter les esprits.

Les dissensions que ces opinions ou d'autres causes ont introduites dans le conseil, ayant fait renvoyer M. de Narbonne, cette mesure, non motivée, contraire à l'opinion presque générale, a imprimé aux affaires une fâcheuse impulsion.

Il est difficile de concevoir comment à un acte de force aussi brusque, aussi inconsidéré, a pu succéder cette extrême faiblesse qui a porté au ministère des hommes connus pour être dévoués aux chefs du parti qui voulait abolir la monarchie.

A peine ont-ils été maîtres du gouvernement, que la guerre a été déclarée.

Mais, quoique ce concours d'évènemens rendît une seconde révolution beaucoup plus probable, il était possible encore de la prévenir ou, au moins, de la retarder.

C'est après les affaires de Mons et Tournay que le moment décisif a été manqué.

Ces évènemens inattendus avaient jeté l'alarme dans tous les esprits; la portion réfléchissante du parti constitutionnel ouvrait les yeux sur sa situation et sur les horribles résultats de l'anarchie militaire; l'assemblée était prête à se rallier à tout ce qui lui aurait offert l'espoir du salut de l'état.

J'étais peut-être trop loin du lieu des évènemens pour pouvoir sainement les juger.

Mais il me semble que si le roi eût été assez bien conseillé pour montrer, dans ce moment de crise, une résolution énergique, s'il eût poussé la guerre avec ardeur, s'il eût consacré, pendant sa durée, une partie considérable de sa liste civile aux dépenses, s'il eût ordonné à M. de Rochambeau et aux autres généraux qui quittèrent de rester, il aurait pu devenir le centre de la confiance générale.

Le parti constitutionnel, montrant non moins de résolution, et s'unissant, sans rappeler le passé, avec ceux qui avaient provoqué ces malheurs, il se fût formé, pour quelque temps, une forte majorité qui, oubliant les idées de factions, ne se fût occupée que de sauver la patrie des dangers du dehors; et c'était là la direction qu'il fallait à l'assemblée pendant la durée de la guerre.

Enfin, quoique les républicains eussent nommé les ministres, la plupart de ceux-ci n'étaient rien moins que déterminés dans cette opinion; celui de la guerre, M. de Grave, jouissant de l'estime de tous les partis, était fermement attaché à la cause constitutionnelle ; et, disposant seul de la force publique, du mouvement des troupes, de la nomination des généraux, il pouvait avoir plus d'influence qu'aucun de ses collègues sur la suite de la révolution : le conseil aurait pris facilement la même direction que l'assemblée.

Toute la campagne de 1791 pouvait s'écouler dans cette situation. Pendant ce temps, la France aurait été sauvée par des généraux attachés au parti de la constitution ; le peuple aurait bientôt vu ses ennemis dans ceux qui l'avaient exposé aux dangers de la guerre, et ses amis vrais dans ceux qui l'en auraient garanti ; une armée victorieuse se serait associée aux sentimens de ses généraux, et plus fortement attachée au gouvernement qu'elle aurait défendu, l'hiver de 1792 eût amené la paix, et cette guerre, entreprise pour abattre la constitution, l'aurait sauvée et enracinée.

Mais la conduite qu'ont suivie tous ceux qui avaient intérêt à la défendre a provoqué la catastrophe. La cour a paru ne point juger la circonstance ou ne pas vouloir en juger suivant ce système ; elle est demeurée dans la torpeur.

Le parti constitutionnel, qui devait donner l'exemple, a offert celui du découragement ; plusieurs généraux se sont retirés ; M. de Grave les a bientôt suivis ; on a semblé s'occuper moins de réparer le mal que d'en laisser la responsabilité à ceux qui en avaient été la première cause : c'était les avertir qu'il n'y avait pas de réconciliation.

S'ils ne l'eussent pas cru sur ces indices généraux, la plainte de deux anciens ministres, l'arrestation de trois députés, les avertit bientôt de s'allier; ils crurent voir un combat à mort et se hâtèrent de se mettre sur l'offensive. Cette affaire du juge-de-paix Larivière fit, sur la majorité de l'assemblée, la même impression qu'avait faite le renvoi de M. de Narbonne.

C'est en observant cet esprit de vertige, qui semblait diriger la plupart de ceux, ou qui voulaient sincèrement la constitution, ou qui avaient intérêt à la défendre, que les observateurs calmes des évènemens, ont dû juger qu'elle n'avait pas long-temps à vivre.

En effet, au rapprochement qui semblait s'opérer, succédèrent bientôt les dénonciations les plus violentes et les entreprises les plus décisives.

Tandis qu'on dénonçait le comité autrichien, la garde du roi fut dissoute.

M. Servan, qui avait succédé à M. de Grave, se lia intimement aux projets républicains et appela pour leur exécution le camp des vingt mille hommes.

La résistance de la garde nationale de Paris aigrit les esprits et exalta les dissensions.

Le roi, qui s'était laissé enlacer par ses ennemis, voulut s'en retirer, et employa un remède violent, plus dangereux que le mal.

Le renvoi des trois ministres et le veto sur le camp des vingt mille hommes, mirent en insurrection toute la partie active et influente de la nation, dont les uns partageaient déjà les vœux des républicains, et les autres les servaient, en ne voulant pas encore y croire.

Bientôt suivirent la journée du 20 juin, les querelles entre le département de Paris et le Maire, la démission des principaux membres du département, la dissolution de l'état-major de la garde nationale; l'arrivée des fédérés non organisés, mais composés suivant le but de ceux qui les avaient armés, furent les précurseurs de la révolution qui allait s'effectuer.

La résistance fière et énergique de M. de Lafayette, les adresses d'un grand nombre de corps armés, mesures irrégulières mais légitimées par un état de choses, où toutes les lois étant violées pour anéantir la constitution nationale, autorisaient sans doute à éluder aussi les lois pour la défendre, nous plaçaient de fait dans un état de révolution, et invitaient chacun à ne prendre conseil que de son courage.

L'impuissante législature, toujours au premier qui savait lui en imposer, sans dessein, sans résolution, cherchait à secourir le roi, le condamnait à la journée du 20 juin, et justifiait le maire, dissolvait l'état-major de la garde nationale, sur une motion d'ordre, parlait de maintenir la constitution et la laissait détruire, justifiait tout à la fois les fédérés et M. de Lafayette; donnant enfin par sa méprisable faiblesse, à une poignée d'hommes, l'audace d'entreprendre de la subjuguer et de faire une grande révolution dans l'état, avec les moyens d'une émeute populaire.

Il ne peut plus être douteux que le roi fut le 10 août, comme dans tout ce qui avait précédé, sur la défensive; ce fait est aujourd'hui prouvé par les aveux mêmes de ceux qui, en étant les principaux acteurs, en ont connu toutes les causes et toutes les circonstances.

Je n'ai vu que dans une note, qu'on a dit avoir été trouvée chez M. de Montmorin, gouverneur de Fontainebleau, le projet incertain et éventuel d'une retraite du roi dans l'enceinte des vingt lieues prescrites.

A qui d'entre ceux qui se sont disputé la gloire de cette journée doit-elle appartenir? C'est une question beaucoup plus obscure.

Je termine ici le récit des évènemens. Dans ceux que j'ai parcourus, tout est lié, tout est enchaîné; on y voit le premier travail de la constitution, sa formation, sa chute, les préludes d'une grande révolution, et le développement de son premier période. Je ne pouvais remplir la tâche que j'avais entreprise sans pousser ma narration jusque-là.

Au 10 août commence une nouvelle série d'évènemens; il faudrait encore un volume pour les décrire, et peut-être n'est-il pas encore temps. Ce n'est cependant pas moi qui ne suis pas encore prêt; il est facile, d'après la narration de ce qui a précédé, de juger quelles sont mes opinions sur ce qui a suivi, et l'on ne me reprochera pas de les avoir couvertes d'un voile impénétrable.

Mais je m'arrête, et maintenant je demande qui des auteurs de la première révolution ou de ceux de la seconde ont bien mérité de la patrie?

Les premiers ont voulu l'établissement d'une monarchie libre et limité : Qu'ont voulu les autres?

1792.

Quel espace immense franchi dans ces trois années, et sans que nous puissions nous flatter d'être arrivés au terme.

Nous avons remué la terre bien profond, nous avons trouvé un sol fécond et nouveau, mais combien en est-il sorti d'exhalaisons corrompues? Combien d'esprit dans les individus, combien de courage dans la masse; mais combien peu de caractère réel, de force calme, et surtout de véritable vertu!

Arrivé sur mes foyers, je me demande s'il n'eût pas autant valu ne jamais les quitter? et j'ai besoin d'un peu de réflexion pour répondre, tant la situation où nous a placés cette nouvelle assemblée abat le courage et l'énergie.

Cependant, pour peu qu'on réfléchisse, on se convainc que, quoi qu'il arrive, nous ne pouvons pas cesser d'être libres, et que les principaux abus que nous avons détruits ne reparaîtront jamais. Combien faudrait-il essuyer de malheurs pour faire oublier de tels avantages!

DISCOURS DE BARNAVE.

TROISIÈME PARTIE.

DISCOURS DE BARNAVE.

I.

Sur la Régence.

Séance du 22 mars 1791 (1).

Les questions proposées par M. de Cazalès se trouvent résolues par les articles du comité; ainsi, délibérer sur les articles du comité, c'est délibérer sur les questions que le préopinant vient de vous proposer. Le comité de constitution a admis, pour premier article de la partie de son tra-

---

(1) On publie ici quatre discours de Barnave sur les sujets les plus importans, afin de donner une idée de ses principes politiques et de la nature de son talent. Ces discours, entièrement improvisés, furent recueillis par le logographe.

vail, qui concerne la garde du roi, la différence qui existe entre la garde du roi et la régence. Il suffit donc, pour remplir le vœu du préopinant, de mettre cet article à sa véritable place, c'est-à-dire dans le décret qui concerne la régence; car je crois, comme lui, que c'est là qu'il doit être placé.

Je pense, comme le comité, que la régence étant parfaitement semblable à la royauté, étant, pour ainsi dire, une royauté intermédiaire, la personne du régent doit être désignée d'avance par la loi constitutionnelle de l'état, afin d'éviter tous les inconvéniens, tous les troubles qui naissent de l'élection fréquente d'une dignité de cette nature. L'inviolabilité, qui est un des caractères de la royauté, et toutes les autres prérogatives de cette auguste fonction, doivent incontestablement être attribuées à la régence; mais je ferai quelques observations sur le plan du comité.

Je dis, premièrement, sur l'article 3, qui porte que la régence appartiendra de plein droit au parent majeur le plus proche par les mâles, et, en cas de parité de degré, à l'aîné, je dis que, dans la famille royale, il ne peut y avoir qu'un héritier présomptif, et, par conséquent qu'un seul appelé à la régence, puisque, suivant le même principe, il n'y a pas de degré égal. En effet, la question n'est pas de savoir si la régence sera donnée à un cousin âgé de quarante ans, ou à celui qui n'en a que trente ; la question est de savoir si la régence sera donnée à celui qui, dans dans l'ordre de primogéniture établi, lui succéderait à la royauté ; et c'est souvent, non pas le parent le plus proche en degré, mais le plus proche parent de la branche aînée. Ainsi, si les frères du roi actuel lui survivaient, et que l'aîné de ces deux frères eût des enfans majeurs pendant la minorité du dauphin, alors les enfans majeurs de cet aîné, qui seraient cependant éloignés du roi mineur d'un degré de plus, devraient, néanmoins, être régens, à l'exclusion de celui qui serait d'un degré plus proche, mais d'une branche cadette.

Je dirai, sur l'article 15, qui porte que celui qui n'aurait été exclu, d'abord, que par son défaut d'âge, deviendra régent aussitôt qu'il aura atteint sa majorité, et qu'à cette époque, le régent élu ou moins proche en degré de parenté, cessera ses fonctions ; je dirai que, quoiqu'il existe une rigidité de principes dans cet article, il y a tant d'inconvéniens dans l'exécution, et il y en a si peu, au contraire, à laisser le régent, une fois installé, une fois établi, gouverner jusqu'à la majorité du roi, que je crois qu'il est très important de statuer, qu'une fois qu'un membre de la famille royale aura été appelé à la régence, parce qu'il était le seul majeur ou le plus proche majeur, lors du changement de règne, alors, dis-je, il n'y aura point de changement de régent ; et celui qui aura d'abord été revêtu de cette dignité, occupera jusqu'à la majorité du roi. Il est inutile de prouver que ce qu'il y a de plus dangereux dans un état monarchique, c'est le changement fréquent de ceux dans les mains desquels sont remises les rênes du gouvernement. En adoptant l'article du comité, il pourrait arriver que, pendant la minorité du roi, vous auriez quatre ou cinq régens successifs, d'où résulteraient deux inconvéniens également grands : l'un, que l'esprit du gouvernement changerait fréquemment avec le caractère de celui qui régnerait ; et l'autre, que chacun de ces changemens, chaque moment où le régent serait obligé d'abandonner le pouvoir pour le céder à un autre, serait nécessairement une crise plus ou moins fâcheuse, et la cause d'un frottement dans le corps politique, qu'il faut toujours éviter le plus qu'il est possible.

L'opinion publique met une grande distance entre le régent passager et celui qui doit être roi, celui à qui la loi constitutionnelle défère la première dignité de l'état. Il n'y a aucune parité de force entre eux ; il n'y a aucune espèce d'égalité de rang dans l'ordre constitutionnel ; et par conséquent, le moment où le régent doit céder le pouvoir au roi, ne peut pas être dangereux. Mais il n'en est pas de même entre deux hommes qui, placés à peu près sur la même ligne et dans la même position, destinés à être régens successivement, se combattraient avec des moyens égaux, et, par conséquent, feraient de toutes les époques où la régence serait abandonnée par l'un pour être reprise par l'autre, l'occasion d'un débat politique et national. C'est là ce qu'il faut éviter autant qu'il est possible, puisqu'il est incontestable que, de tous les avantages de la constitution monarchique que vous avez adoptée, le plus grand c'est la tranquillité publique, c'est la stabilité du gouvernement et des principes établis. Je crois donc qu'il faut rejeter tout l'article 15, et établir au contraire, que celui qui, suivant la constitution, aura été désigné pour régent lors de la mort du roi, continuera sa régence jusqu'à la majorité de celui qui succédera.

J'ajoute encore une observation relativement à la majorité : il me paraît indispensable de décider si la majorité pour le régent est la même que pour être roi, ou si elle est, comme pour les autres citoyens, de vingt-cinq ans. C'est une question plus ou moins importante, mais qu'il faut absolument résoudre ; et elle n'est pas décidée dans le projet de décret.

Enfin, je passe au mode d'élection du régent, ans le cas où personne ne serait appelé à la régence par la loi. Il est évident que dans ce cas il faut que le régent soit élu; mais par qui doit-il être élu? Voilà la question la plus importante, et sur laquelle je ne suis pas de l'avis du comité. Le comité a cru apercevoir des inconvéniens à ce que la régence fût déférée par le corps législatif; et il s'est en conséquence déterminé à appeler huit cent trente électeurs, destinés à se rassembler dans le même lieu que le corps législatif, pour nommer seulement la régence. Or, je dis qu'il résulterait les plus grands inconvéniens, et un bouleversement presque inévitable, ou au moins très probable du gouvernement et de l'état, toutes les fois qu'il y aurait lieu à l'élection d'un régent.

Il faut apporter le moins de lenteur possible à une opération semblable : il faut que l'intervalle qui s'écoulera alors entre la mort du roi et la nomination du régent qui le remplacera dans ses fonctions, soit le plus court possible. Or les élections que l'on se propose de faire faire, d'abord par les assemblées primaires, ensuite par le corps électoral, entraîneront nécessairement un délai qui aura plus ou moins d'inconvéniens, tandis que le rassemblement du corps législatif déjà formé sera infiniment plus facile et plus prompt. Ce n'est cependant là qu'un des moindres inconvéniens du projet du comité; mais, Messieurs, personne n'ignore que les momens où la régence doit être accordée, sont les temps d'orage dans les monarchies, sont les temps où l'on peut changer la constitution et la nature du gouvernement. Les mesures que vous prendrez doivent donc tendre toutes à éviter ces dangers imminens, dangers les plus réels auxquels la constitution que vous avez établie puisse être exposée. Hé bien, le plan du comité, loin de repousser ces dangers-là, leur donne toute la probabilité possible, en ce que faisant élire huit cents personnes par les assemblées primaires, du moment même où il faudra nommer un régent, il en résultera qu'au moyen d'une fermentation momentanée, on excitera facilement le peuple à donner contre son vœu des mandats, à l'effet de changer la nature du gouvernement.

Je suis convaincu que le peuple doit avoir la faculté de réformer son gouvernement et sa constitution, en assemblant une convention nationale; mais je ne crois pas que cette démarche doive être le produit de la fermentation, ni qu'elle doive avoir lieu lorsque le peuple ne serait pas mû par le sentiment de ses besoins, mais par l'intrigue et l'influence des ambitions et des malveillans, pour faire changer le système des lois politiques, constitutionnelles et nationales; je crois donc, sous ce point de vue, que la mission d'un corps électoral, et les rassemblemens des assemblées primaires, entraîneront nécessairement la nation contre son aveu, à faire fréquemment, à de telles époques, des changemens dans sa constitution, dont elle pourrait avoir ensuite à se repentir.

Mais il y a plus : le corps électoral est, selon le comité, établi seulement pour nommer le régent ; mais huit cent trente personnes nommées par le peuple, réunies dans un temps de trouble dans la capitale du royaume, recevant l'impulsion d'un homme qui voudrait être régent, un corps si nombreux, ayant la puissance donnée par le peuple, se renfermera-t-il toujours rigidement dans les fonctions qui lui auront été attribuées? Etant vis-à-vis du corps législatif, ne sera-t-il pas tenté de lutter avec lui de fonctions et de pouvoirs, et s'il ne fait pas de lois, de prendre du moins telles résolutions qui tendraient à changer la nature du gouvernement, et à enlever au corps législatif les fonctions qui lui sont exclusivement confiées ? N'arrivera-t-il pas aussi que quand vous aurez dans une grande ville un corps législatif d'environ huit cents personnes et un corps électoral de huit cent trente personnes, élues suivant les mêmes formes et ayant les mêmes qualités d'éligibilité ; quand vous aurez en même temps deux prétendans à la régence, ce qui arrivera presque toujours dans les momens où la régence sera élective, n'arrivera-t-il pas, dis-je, qu'un des prétendans se liguera avec le corps législatif, l'autre avec le corps électoral ; et de là résultera une rivalité de force et d'ambition, une opposition de volonté qui embrasera la nation, qui établira le germe et la possibilité d'une guerre civile, qui partagera le royaume en deux partis ?

Le comité de constitution a opposé deux objections à l'élection du régent, par le corps législatif ; la première, que cela n'entre pas dans la nature des fonctions du corps législatif ; la seconde, que le corps législatif pourrait user ou abuser de cette fonction pour changer, au moment de l'élection d'un régent, les bases de la constitution.

A la première, je réponds que cette fonction sera une de celles du corps législatif, lorsque la constitution la lui aura attribuée ; car je ne vois pas qu'il y ait aucune espèce d'incompatibilité entre les fonctions qu'exerce habituellement le corps législatif, et la fonction d'élire le régent, dans des cas extrêmement rares, extrêmement éloignés, qui ne se présenteront peut-être pas une fois dans deux siècles, car presque toujours il y aura un membre de la famille royale, majeur et pouvant être régent.

Quant à la deuxième objection, la tendance, la facilité qu'il y aurait à profiter de l'évènement pour changer la constitution ; je dis que cet inconvénient est infiniment plus grave, que ce danger est beaucoup plus réel dans la formation d'un corps électoral qui pourra obtenir des mandats de ses commettans; car des hommes qui ont le crédit de se faire élire, ont fréquemment celui de faire énoncer au peuple un vœu qui n'est pas toujours le sien. Ajoutez ensuite au crédit qu'ils acquerront sur l'homme puissant, à qui ils auront confié la régence, l'ambition du pouvoir; car les membres du corps législatif, s'ils ont quelque chose à désirer, ont beaucoup plus à conserver; mais si le corps électoral ne se trouve revêtu que de la seule fonction d'élire, il aura une grande tendance à changer la constitution, s'il en a les moyens, afin de s'emparer lui-même du pouvoir dévolu au corps législatif. Ainsi, s'il y a une possibilité, un danger, que le corps législatif profite de la circonstance pour changer la constitution, il y en a un beaucoup plus réel de la part du corps électoral.

Je demande donc que, réformant le plan du comité de constitution, il soit décrété que dans le cas prévu de l'élection à la régence, il y sera nommé par le corps législatif. J'adopte, d'ailleurs, le plan du comité de constitution avec les différens amendemens que j'ai eu l'honneur de vous proposer.

SUR LA QUESTION :

La Régence sera-t-elle élective ou héréditaire ?

Je ne m'oppose point à ce qu'on détermine cette question. Je ne demande qu'à jeter en avant une seule observation ; c'est que l'élection à la régence tendrait évidemment à changer la nature du gouvernement, puisqu'il est incontestable que les fonctions, que les prérogatives de la régence étant exactement les mêmes que celles de la royauté, établir un mode différent, pour porter un citoyen à la régence, que celui qui est établi pour le porter à la royauté, c'est changer la nature du gouvernement. Mais je demande à ajouter ce fait : c'est qu'un choix qui porte un citoyen quelconque à la première dignité de l'état, celle qui réunit le plus d'honneurs et de pouvoirs, est toujours nécessairement, et l'occasion d'une crise plus ou moins majeure pour la nation, et l'occasion d'une corruption plus ou moins étendue, plus ou moins profonde dans le corps législatif électeur.

Une dernière observation : ce n'est pas seulement pour la stabilité du gouvernement, mais c'est bien pour l'intérêt de la liberté que la royauté a été constituée héréditaire, et que la régence doit l'être aussi.

Messieurs, chacun sait que, suivant la marche naturelle du cœur humain, les hommes sont disposés à réunir leur affection, leur confiance, leur aveuglement, toutes les passions qui les attachent et qui les entraînent à un individu, bien plus facilement sur un seul homme que sur une collection d'hommes quelconques.

Lorsque le chef de l'état qui aurait l'avantage d'attirer facilement à lui l'affection, sans mélange de jalousie, parce qu'un seul, supérieur à tous, n'ombrage personne et ne nuit à personne, joindrait à cet avantage celui d'avoir été placé par le choix du peuple, celui d'avoir une marche constante dans les opérations, celui d'être l'ouvrage de la nation qui le considérerait comme son enfant, un tel être aurait à la fois une telle confiance, une telle affection, qu'il aurait dans les mains tout ce qu'il faut pour attaquer la liberté. Or, Messieurs, la régence élective aurait, sous ce point de vue, les mêmes inconvéniens que la royauté élective; elle en aurait de plus grands encore : le régent élu par la nation, quelle facilité n'aurait-il pas à lutter contre le roi qui ne tiendrait ses droits que de sa seule naissance? Combien, par la confiance qui l'aurait porté à la première place de l'empire, n'acquerrait-il pas de facilité pour entraîner l'opinion du peuple, pour changer la nature du gouvernement, pour établir, par exemple, une royauté élective, qui le ferait roi, après l'avoir élu régent, et lui assurerait, par une nouvelle constitution, le pouvoir qu'on lui aurait d'abord accordé?

Cela est si vrai, d'après l'expérience, que je le demande à tous ceux qui m'entendent : dans les momens de crise où nous avons vécu depuis près de deux ans, dans les mouvemens d'effervescences et d'orages dont nous avons été environnés, combien ne connaissez-vous pas d'hommes qui auraient pu être rois pour un moment? Le nombre, sans doute, n'en est pas grand; mais il en est jusqu'à deux, trois... Eh! pensez-vous que si ces hommes avaient été élus par le choix du peuple, il ne leur aurait pas été possible, par leur immense popularité, par l'étendue de leurs talens, de se faire accorder par le peuple ou par ses représentans la première dignité de l'état? Ces êtres n'auraient-ils pas assez de force pour influer sur les représentans et sur la nation même, et, par là, renverser la constitution?

Est-il possible de croire que l'héritier présomptif de l'état, arrivé à l'âge de dix-huit ans, aurait assez de force, assez de moyens, pour obliger un homme appelé à la régence par le choix du peuple à remettre entre ses mains les rênes de l'état?

Je demande si un système semblable est admissible; s'il ne met pas sans cesse au milieu de nous le germe des dissensions et des passions?

Sans doute, quand la loi n'appelle personne à la régence, quand la famille qui doit l'occuper est épuisée ou ne présente aucun citoyen majeur, alors la nécessité absolue oblige à mettre une personne à sa place, et la loi constitutionnelle du royaume doit prendre toutes les mesures nécessaires pour que le choix n'entraîne pas d'inconvéniens. Dans l'état où se trouve aujourd'hui la famille royale, plusieurs siècles s'écouleront, sans doute, avant que nous ayons une semblable crise à éprouver; mais n'établissons pas, par un décret qui tendrait à la discorde, à l'anarchie et à la tyrannie même, car la puissance souveraine, étayée par la confiance, amènera facilement l'anéantissement de la liberté, n'établissons pas, dis-je, par un décret imprudent, le germe des révolutions naissantes à chaque règne, le principe de tous les agrandissemens personnels, et l'écueil perpétuel de la chose publique.

Séance du 23 Mars 1791.

Sur le Serment exigé du Régent.

Je crois qu'il est absolument indispensable que la loi statue que le régent ne pourra pas entrer en fonctions, avant d'avoir prêté le serment décrété pour le roi. La difficulté d'exécution que présente le comité, me paraît très facile à lever; car il suffit que la loi détermine devant quel corps toujours subsistant, toujours permanent, le régent pourra prêter son serment, dans le cas où le corps législatif ne serait pas assemblé.

Je crois qu'il est de la plus grande importance que le régent, avant de gouverner, soit tenu d'assurer la nation, par son serment, qu'il maintiendra les lois constitutionnelles, et qu'il remplira les devoirs que la constitution attache aux fonctions qui lui sont confiées : il est impossible, en un mot, que la loi statue que tel fonctionnaire sera tenu de prêter son serment, et que néanmoins elle ne l'exclue pas de la fonction à laquelle il est appelé, dans le cas où il refuserait la prestation de ce serment.

Je demande donc que le régent ne puisse entrer en fonctions, sans avoir prêté le serment, et que le comité de constitution nous présente le mode, et nous indique devant quel corps constitutionnel il pourra prêter ce serment, dans le cas où le corps législatif ne serait pas assemblé au moment de la mort d'un roi.

J'ajoute une autre observation, c'est qu'il est impossible que la nation astreigne le régent à la prestation de serment, sans faire dépendre la continuation de ses fonctions de la prestation de ce serment : et je fais remarquer à l'assemblée quels inconvéniens résulteraient de laisser entrer un régent dans ses fonctions, sauf ensuite à les lui retirer, dans le cas où il ne prêterait pas le serment.

Certes, il est impossible de ne pas sentir qu'un régent qui, après être entré en exercice des fonctions de la régence, refuserait de prêter son serment, aurait des intentions perfides contre la constitution et contre la liberté nationale. Un tel homme joindrait bientôt à l'audace de refuser le serment, l'audace d'employer tous les moyens possibles, la force, la violence même, pour renverser les lois constitutionnelles qui l'auraient prescrit. Il est facile d'empêcher un contre-révolutionnaire de commencer des fonctions; il n'est pas facile de les lui reprendre lorsqu'il est en exercice.

Séance du 24 mars 1791.

Encore sur l'Élection du Régent.

Je demande que la discussion ne soit pas fermée; je m'offre à prouver que le comité a absolument dénaturé la question en confondant l'élection d'un régent avec l'élection d'un roi, attendu que la famille venant à défaillir, l'élection d'un roi c'est travailler de nouveau à la constitution, en mettant une nouvelle famille royale à la place de celle qui est épuisée. Nommer un régent au contraire, lorsque la famille royale existe encore, c'est agir avec la constitution, et il ne faut pas par conséquent, dans ce cas, l'emploi d'une convention nationale.

Il ne faut donc pas confondre ces deux questions, car quoique même dans le système des membres du comité, un corps électoral ne fût pas plus propre que la législature à l'élection d'un roi, puisqu'un corps électoral n'est pas mieux une convention nationale que la législature, et qu'il y eût plus de danger à laisser à celui-là le doute, l'incertitude et la faculté, par conséquent, d'entreprendre sur les fonctions d'une convention nationale ; il n'est pas moins parfaitement vrai que la question devant être réduite, non pas à faire ou à travailler une constitution, mais bien à l'exécuter, un corps constitutionnel tel que le corps législatif peut recevoir la délégation de nommer le régent nécessaire aux mouvemens du gouvernement. Quoique la question ne soit pas extrêmement importante sous le point de vue de la rareté de l'évènement, elle l'est cependant beaucoup, attendu que le système qu'on vous propose tend à plonger le royaume dans un bouleversement absolu, toutes les fois que les circonstances se présenteraient.

Je demande que l'assemblée ne se détermine pas avant un examen plus mûr et plus approfondi.

Séance du 28 mars 1791.

Sur la garde du Roi mineur.

Il n'y a qu'un mot sur la question actuelle. Il est évident que l'enfant royal appartient à la nation; que conséquemment sa garde appartient à la nation. Il est temps de poser en maxime générale, que nous ne connaissons plus de testamens politiques après la mort.

A présent, il me semble que le comité n'a pas assez exprimé que le régent ne peut pas avoir la garde du roi; il a dit à la vérité dans le premier article, que la régence ne donnait aucun droit à cette garde ; mais il doit être dit : la régence et la garde sont incompatibles, et il doit être ajouté à l'article, que l'acte par lequel le corps législatif nommera, ne sera pas soumis à la sanction. Avec ces additions, il me paraît qu'il n'y a pas une seule objection à faire au plan proposé par le comité.

(L'article du comité est adopté avec les amendemens de M. Barnave.)

II.

Sur l'inviolabilité de la personne du roi.

Séance du 15 juillet 1791.

La nation française vient d'essuyer une violente secousse ; mais, si nous devons en croire tous les augures qui se manifestent déjà, ce dernier évènement, comme tous ceux qui l'ont précédé, ne servira qu'à presser le terme, qu'à assurer la solidité de la révolution que nous avons faite. Déjà la nation, en manifestant son unanimité, en constatant l'immensité de ses forces au moment de l'inquiétude et du péril, a prouvé à nos ennemis ce qu'ils auraient à craindre du résultat de leurs attaques. Aujourd'hui, en examinant attentivement la constitution qu'elle s'est donnée, elle va en prendre une connaissance approfondie, qu'elle n'eût peut-être pas acquise de long-temps, si les principes de la moralité, paraissant en contradiction avec ceux de la politique, si un sentiment profond, contraire dans ce moment à l'intérêt national, n'eussent pas obligé l'assemblée à creuser ces grandes et importantes questions, et à démontrer à toute la France ce que savaient déjà par principes ceux qui l'avaient examinée, mais ce que la foule peut-être ne savait point encore, je veux dire la nature du gouvernement monarchique; quelles sont ses bases, quelle est sa véritable utilité pour la nation à laquelle vous l'avez donné.

La question qui vous est soumise présente évidemment deux aspects différens : la question de fait, la question de droit ou constitutionnelle. Quant à la question de fait, je me crois dispensé de la discuter par le discours éloquent qu'a prononcé, à cette tribune, celui des opinans qui a, immédiatement avant moi, soutenu la même opinion (1). Je me plais à rendre justice, je ne dirai pas seulement à l'étendue des talens, mais à l'âme véritablement noble et généreuse qu'il a développée dans cette grande circonstance. Il a, dis-je, suffisamment examiné le fait; je vais brièvement examiner la loi. Je vais prouver que la constitution veut la conclusion que vos comités proposent; mais je dirai plus, je dirai qu'il est utile dans les circonstances, qu'il est bon pour la révolution que la constitution la commande ainsi.

Je ne parlerai point avec étendue de la nature

(1) M. Salles.

et de l'avantage du gouvernement monarchique; vous l'avez plusieurs fois examiné, et vous avez montré votre conviction, en l'établissant dans votre pays. Je dirai seulement : toute constitution, pour être bonne, doit porter sur ces deux principes, doit présenter au peuple ces deux avantages, liberté, stabilité dans le gouvernement qui la lui assure. Tout gouvernement, pour rendre le peuple heureux, doit le rendre libre. Tout gouvernement, pour être bon, doit renfermer en lui les principes de sa stabilité; car autrement, au lieu du bonheur, il ne présenterait que la perspective d'une suite de changemens. Or, s'il est vrai que ces deux principes n'existent pour une grande nation comme la nôtre que dans le gouvernement monarchique, s'il est vrai que la base du gouvernement monarchique et celle de ces deux grands avantages qu'il nous présente sont essentiellement dans l'inviolabilité du pouvoir exécutif; il est vrai de dire que cette maxime est essentielle au bonheur, à la liberté de la France.

Quelques hommes dont je ne veux pas accuser les intentions, à qui même, pour le plus grand nombre, je n'en ai jamais cru de malfaisantes; quelques hommes qui peut-être cherchent à faire en politique des romans, parce qu'il est plus facile de travailler ainsi que de contribuer à l'utilité réelle et positive de son pays, cherchant dans un autre hémisphère des exemples à nous donner, ont vu en Amérique un peuple occupant un grand territoire par une population rare, n'étant environné d'aucun voisin puissant, ayant pour limites des forêts, ayant toutes les habitudes, toute la simplicité, tous les sentimens d'un peuple presque neuf, presque uniquement occupé à la culture ou aux autres travaux immédiats qui rendent les hommes naturels et purs, et qui les éloignent de ces passions factices qui font les révolutions des gouvernemens; ils ont vu un gouvernement républicain établi sur ce vaste territoire : ils ont conclu de là que le même gouvernement pouvait nous convenir. Ces hommes dont j'ai déjà annoncé que je n'attaquais pas les intentions, ces hommes sont les mêmes qui contestent aujourd'hui le principe de l'inviolabilité : or, s'il est vrai que sur cette terre une population immense est répandue; s'il est vrai qu'il s'y trouve une multitude d'hommes exclusivement occupés à ces spéculations de l'esprit qui exercent l'imagination, qui portent à l'ambition et à l'amour de la gloire; s'il est vrai qu'autour de nous des voisins puissans nous obligent à ne faire qu'une seule masse pour leur résister avec avantage; s'il est vrai que toutes ces circonstances sont positives et ne dépendent pas de nous, il est incontestable que le remède n'en peut exister que dans le gouvernement monarchique. Quand le pays est peuplé et étendu, il n'existe, et l'art de la politique n'a trouvé que deux moyens de lui donner une existence solide et permanente : ou bien vous organiserez séparément les parties, vous mettrez dans chaque section une portion de gouvernement, et vous fixerez ainsi la stabilité, aux dépens de l'unité, de la puissance et de tous les avantages qui résultent d'une grande et homogène association ; ou bien si vous laissez subsister l'union nationale, vous serez obligés de placer au centre une puissance immuable, qui, n'étant jamais renouvelée que par la loi, présentant sans cesse des obstacles à l'ambition, résiste avec avantage aux secousses, aux rivalités, aux vibrations rapides d'une population immense agitée par toutes les passions qu'enfante une vieille société.

La solidité de ces maximes, étant reconnue, décide notre situation. Nous ne pouvons être stables dans notre existence politique que par un gouvernement fédératif qu'aucun, jusqu'à ce jour, n'a soutenu dans cette assemblée, que la division en 83 départemens a été destinée à prévenir, et suffit seule pour rendre absurde, qu'il est, je pense, inutile de repousser ; ou par le gouvernement monarchique que vous avez établi, c'est-à-dire en remettant les rênes du pouvoir exécutif dans une famille par droit de succession héréditaire.

La liberté trouve son origine dans les mêmes principes. On vous a, hier, développé d'une manière savante, et qu'il est utile de mettre sous vos yeux, cette indépendance des deux pouvoirs, qui est la première base du gouvernement représentatif et monarchique. Là le peuple, qui ne peut lui-même faire ses lois, qui ne peut lui-même exercer ses pouvoirs, les mettant entre les mains de ses représentans, se dépouille ainsi passagèrement de l'exercice de la souveraineté, et s'oblige de le diviser entre eux ; car il ne conserve sa souveraineté qu'en en divisant l'exercice entre ses délégués : et s'il était possible qu'il la remît tout entière dans un individu ou dans un corps, dès lors il s'ensuivrait que son pouvoir serait aliéné. Tel est donc le principe du gouvernement représentatif et monarchique ; les deux pouvoirs réunis se servent mutuellement de complément, et se servent aussi de limite ; non seulement il faut que l'un fasse les lois, et que l'autre les exécute. Celui qui exécute doit avoir un moyen d'opposer son frein à celui qui fait la loi, et celui qui fait la loi doit avoir un moyen de soumettre l'exécution à la responsabilité : c'est ainsi que le roi a le droit de refuser la loi ou de la suspendre, en opposant sa puissance à la rapidité, aux entreprises du corps législatif; c'est ainsi que le pouvoir législatif, en poursuivant les écarts de la puissance exécutrice contre les agens nommés par le roi, leur fait rendre compte de leur gestion, et prévient les abus qui pourraient naître de leur impunité.

De cette combinaison savante de votre gouvernement, il est résulté une conséquence : ce pouvoir dispensé au roi de limiter le pouvoir législatif, devant nécessairement le rendre indépendant, devant, par conséquent, le rendre inviolable, il a fallu, quand la loi mettait en lui, non seulement la sanction, mais aussi l'exécution, il a fallu en séparer de fait cette dernière partie, parce qu'elle est, par sa nature, nécessairement soumise à la responsabilité.

Ainsi, vous avez laissé au roi inviolable cette exclusive fonction, de donner la sanction et de nommer les agens; mais vous avez obligé, par la constitution, les agens nommés par le roi, à remplir pour lui les fonctions exécutives, parce que ces fonctions nécessitent la critique et la censure, et que le roi, devant être indépendant pour la sanction, devant être, par conséquent, personnellement inattaquable, devenait incapable de les remplir. Vous avez donc toujours agi dans les principes d'indépendance des deux pouvoirs; vous avez donc toujours agi dans la considération de cette nécessité indispensable de leur donner mutuellement les moyens de se contenir. J'ai dit que la stabilité et la liberté étaient le double caractère de tout bon gouvernement; l'un et l'autre exigent impérieusement l'inviolabilité. S'il est vrai que pour être indépendant le roi doit être inviolable, il n'est pas moins vrai qu'il doit l'être pour la stabilité, puisque c'est cette maxime qui, le mettant à couvert de tous les efforts des factieux, le maintient à sa place, et maintient avec lui le gouvernement dont il est le chef.

Telle est, dans son objet, cette inviolabilité essentielle au gouvernement monarchique : voyons quelle est sa nature, et quelles sont ses limites ; les voici très clairement à mes yeux :

La responsabilité doit se diviser en deux branches, parce qu'il existe pour le roi deux genres de délits; le roi peut commettre des délits civils, le roi peut commettre des délits politiques : quant au délit civil (j'observe que cela est hors du cas que nous traitons maintenant), quant au délit civil, il n'existe aucune espèce de proportion entre l'avantage qui résulte pour le peuple, de sa tranquillité conservée, de la forme de gouvernement maintenue, et l'avantage qui pourrait résulter de la punition d'une faute de cette nature. Que doit alors le gouvernement au maintien de l'ordre et de la morale? Il doit seulement prévenir que le roi, qui a fait un délit grave, ne puisse le répéter; mais il n'est pas obligé de sacrifier évidemment le salut du peuple, et le gouvernement établi, à une vindicte particulière; ainsi donc pour le délit civil du monarque, la constitution ne peut établir sagement qu'un remède, je veux dire la supposition de démence; par là, sans doute, elle jette un voile sur un mal passager; mais, par là, en prévenant par les précautions que la démence nécessite, la répétition du délit, elle conserve la forme du gouvernement, et assure au peuple la paix qui, dans une hypothèse opposée, pourrait être troublée à tout moment, non seulement par les jugemens, mais même par les accusations auxquelles le prince serait en butte.

Quant au délit politique, il est d'une autre nature, et je remarquerai seulement ici que nos adversaires se sont étrangement mépris sur ce point; car ils ont dit que c'était sur l'exercice du pouvoir exécutif que portait l'inviolabilité. Il est parfaitement vrai que c'est sur cette seule fonction-là qu'il n'y a pas d'inviolabilité; il ne peut pas exister d'inviolabilité sur les fonctions du pouvoir exécutif, et c'est pour cela que la constitution, rendant le roi inviolable, l'a absolument privé de l'exercice immédiat de cette partie de son pouvoir; le roi ne peut pas exécuter, aucun ordre exécutif ne peut émaner de lui seul ; le contre-seing est nécessaire ; tout acte exécutif qui ne porte que son nom est nul, sans force, sans énergie ; tout homme qui l'exécute est coupable ; par ce seul fait la responsabilité existe contre les seuls agens du pouvoir : ce n'est donc pas là qu'il faut chercher l'inviolabilité relativement aux délits politiques, car le roi, ne pouvant agir en cette partie, ne peut pas délinquer.

La véritable inviolabilité du délit politique est celle qui porte sur des faits étrangers à ses fonctions exécutives et constitutives. Cette inviolabilité-là n'a qu'un terme : c'est la déchéance. Le roi ne peut cesser d'être inviolable, qu'en cessant d'être roi ; la constitution doit prévoir le cas où le pouvoir exécutif devient incapable et indigne de gouverner : la constitution doit prévoir les cas de déchéance, doit clairement les caractériser ; car s'il n'en était pas ainsi, le roi, essentiellement indépendant, deviendrait dépendant de celui qui jugerait la déchéance.

J'examinerai bientôt ce moyen de convocation nationale que l'Angleterre a momentanément adopté, par la raison que sa constitution, qui est faite pour les évènemens, n'a jamais prévu les cas qui n'étaient pas encore arrivés : par la raison que, n'ayant pas un gouvernement de droit, mais de fait, elle est obligée de tirer toujours ses lois des circonstances : j'examinerai, dis-je, bientôt ce mode des conventions nationales qui peut avoir peu de dangers dans un pays tel que l'Angleterre, mais qui, chez nous, les présente en foule.

Je dis que, parmi nous, l'inviolabilité des délits politiques ne peut avoir de terme que par la déchéance ; que la déchéance ne peut arriver que par un cas prévu par la constitution, et formellement énoncé par elle ; de sorte que le cas échéant, le jugement soit prononcé par la loi même.

Si ce sont là les principes que nous avons admis jusqu'à ce jour, et qui doivent déterminer notre décision, il est facile de les appliquer à la circonstance.

On a parfaitement démontré que les actes commis par le roi ne présentaient pas le cas de déchéance prévu par la constitution, et ne présentaient non plus aucune abdication. Que résulte-t-il de là ? que si l'acte commis par le roi était en lui-même un délit (ce que je n'examinerai pas, M. Salles m'en a dispensé), la loi ne l'ayant pas prévu ne peut y être appliquée, la déchéance n'a pas lieu, l'inviolabilité demeure dans sa plénitude.

Ici se présente directement l'argument qu'a fait M. Buzot sur l'exemple de l'Angleterre : la constitution anglaise n'a point prévu les cas de déchéance, mais la nation la prononce lorsque les évènemens semblent la solliciter. Ici, je répète ma réponse : la constitution anglaise n'a pas prévu ce cas, parce qu'elle n'a prévu aucun cas; il n'existe en Angleterre aucune constitution écrite; il n'existe en Angleterre aucun usage permanent en cette partie; chaque fois que l'état essuie une crise, qu'il se présente une nouvelle combinaison d'évènemens politiques, alors les partis qui dominent, alors ceux qui ont plus d'influence dans la nation, alors la conjoncture actuelle détermine le parti qu'on prend et le mode par lequel on arrive à l'adopter; c'est ainsi que dans certain cas on a prononcé la déchéance pour des méfaits qui peut-être ne l'avaient pas méritée, et que plus anciennement, dans des cas plus graves, on ne l'avait pas prononcée; c'est ainsi qu'on a appelé en Angleterre des conventions nationales, quand on les a crues propres à faire réussir les desseins des hommes dominans, et que, dans des cas où la liberté publique a été véritablement attaquée, on a laissé régner tranquillement celui qui l'avait plus heureusement tenté. Ce n'est pas là le système que nous avons admis : nous avons voulu que dans nos lois politiques, comme dans nos lois civiles, tout, autant qu'il était possible, fût prévu; nous avons voulu annoncer la peine en déterminant d'abord le délit; nous avons voulu ôter, s'il était possible, tout à l'arbitraire, et asseoir, dans un pays plus sujet aux révolutions, parce qu'il est plus étendu, asseoir une base stable, qui pût prévenir ou maîtriser les évènemens, et soumettre à la loi constitutionnelle, même les révolutions. Ne nous défions donc pas de cette règle, car elle est bonne : nous n'avons pas cessé de la suivre pour les individus, observons-la aujourd'hui pour le monarque : nos principes, la constitution, la loi, déclarent qu'il n'est pas déchu : c'est donc entre la loi sous laquelle nous devons vivre, entre l'attachement à la constitution et le ressentiment contre un homme, qu'il s'agit de prononcer. Or, je demande aujourd'hui à celui de vous tous qui pourrait avoir conçu contre le chef du pouvoir exécutif toutes les préventions, tous les ressentimens les plus profonds et les plus animés; je lui demande de nous dire s'il est plus irrité contre lui, qu'attaché à la loi de son pays : et remarquez que cette différence, naturelle à l'homme libre, entre l'importance des lois et l'importance des hommes; que cette différence doit surtout s'établir, relativement au roi, dans une monarchie libre et représentative; il me semble que vous eussiez fait une grande faute, si lorsque constituant une monarchie héréditaire, et consentant par conséquent à recevoir des mains de la naissance et du hasard celui qui devait exercer la première place, vous aviez laissé une grande importance au choix et à la qualité de l'homme; je conçois que partout où la volonté du peuple donne un gage de la capacité, partout où la responsabilité oblige l'officier public à exercer ses fonctions, ou le punit de l'avoir enfreinte, il est nécessaire que les qualités personnelles agissent de concert avec la loi. Mais, ou bien vous avez fait une constitution vicieuse, ou celui que le hasard de la naissance vous donne, et que la loi ne peut pas atteindre, ne peut pas être important par ses actions personnelles au salut du gouvernement, et doit trouver dans la constitution le principe de sa conduite et l'obstacle à ses erreurs. S'il en était autrement, Messieurs, ce ne serait pas dans les fautes du roi que j'apercevrais le plus grand danger, ce serait dans ses grandes actions; je ne me méfierais pas tant de ses vices que de ses vertus : car je pourrais dire à ceux qui s'exhalent en ce moment en plaintes justes peut-être en moralité, mais mais bien puériles en politique ; qui s'exhalent avec une telle fureur contre l'individu qui a péché; je leur dirais : vous seriez donc à ses pieds si vous étiez contens de lui.

Ceux qui veulent ainsi sacrifier la constitution à leur ressentiment pour un homme, me paraissent trop sujets à sacrifier la liberté par enthousiasme pour un autre ; et puisqu'ils aiment la république, c'est bien aujourd'hui le moment de leur dire : comment voulez-vous une république dans une nation où vous vous flattez, que l'acte toujours facilement pardonné, d'un individu qui a en lui-même de grands moyens de justification, que l'acte d'un individu qui, quoiqu'on juge en lui certaines qualités, avait eu long-temps l'affection du peuple ; quand vous vous êtes flattés, dis-je, que l'acte qu'il a commis pourrait changer notre gouvernement, comment n'avez-vous pas craint que cette même mobilité du peuple ému par l'enthousiasme envers un grand homme, par la reconnaissance des grandes actions (car la nation française, vous le savez, sait bien mieux aimer qu'elle ne sait haïr), ne renversât en un jour votre absurde république ; comment, leur dirai-je, vous avez en ce moment fondé tant d'espérances sur la mobilité de ce peuple, et vous n'avez pas senti que si votre système pouvait réussir, dans cette même mobilité était le principe de sa destruction ; que bientôt le peuple agité dans un autre sens aurait établi à la place de la monarchie constitutionnelle que vous aurez détruite, la plus terrible tyrannie, celle qui est établie contre la loi, créée par l'aveuglement ? Vous avez cru que le peuple changerait aujourd'hui sa constitution par une impression momentanée, et vous avez cru que ce conseil exécutif, faible par son essence, divisé incessamment entre ceux qui en formeraient le nombre, opposé à tous égards à l'instinct de la nation qui est tout entière pour l'égalité et toujours prête à s'insurger contre ce qui lui présenterait le simulacre d'une odieuse oligarchie; que ce conseil établissant dans le royaume le désordre et l'anarchie par la débilité de ses moyens, et par la division de ses membres, résisterait long-temps aux grands généraux, aux grands orateurs, aux grands philosophes qui présenteraient à la nation la puissance protectrice du génie contre les abus auxquels vous l'auriez livrée; vous avez cru que la nation par un mouvement momentané détruirait la royauté, et vous n'avez pas senti que, s'il en était ainsi, elle rétablirait un jour la tyrannie pour se défaire des troubles et de l'état humiliant dans lequel vous l'auriez plongée jusqu'à la déchéance. Il est donc vrai que la constitution veut que le roi soit inviolable, et que, dans un cas non prévu, il ne soit pas déchu du trône; il est donc vrai que tout homme libre doit vouloir exclusivement ce qu'a prononcé la constitution. Mais je veux bien en ce moment laisser la constitution de côté; je veux parler de la révolution; je veux examiner s'il est à regretter que la déchéance ne s'applique pas à la conduite du roi; et je dis, du fond de ma pensée, je dis affirmativement : non.

Messieurs, je ne chercherai point ici des motifs de révolution dans ceux qu'on a voulu nous supposer. On a dit à cette tribune, on a imprimé ailleurs que la crainte des puissances étrangères avait été le motif de circonstance qui avait déterminé les comités en faveur du décret qu'ils vous ont proposé; cela est faux, calomnieusement faux. Je déclare que la crainte des puissances étrangères ne doit pas influencer nos opérations. Je déclare que ce n'est pas à nous à redouter des débats avec les rois, qui, peut-être, par les circonstances, ne seraient pas heureux pour nous, mais qui seront toujours plus menaçans pour eux. Quelqu'exemple qu'on puisse donner des peuples devenus libres par leur énergie, et rétablis sous le joug par la coalition des tyrans, une telle issue n'est point à craindre pour nous. Des secousses trop répétées ont fait pénétrer jusqu'au fond du peuple, l'amour et l'attachement à la révolution. On ne change plus l'état des choses, on ne rétablit plus des usurpations et des préjugés quand une telle masse s'est émue, et quand elle a dit tout entière : je sais être libre, je veux être libre, et je serai libre. Cela est profondément vrai en politique, comme juste en philosophie, et si on le veut, comme pompeux en déclamation. Il est parfaitement vrai que si quelque puissance voulait nous ôter notre liberté, il pourrait en résulter des désastres passagers pour nous, de grandes plaies pour l'humanité; mais qu'en dernière analyse la victoire nous est assurée. Aussi n'est-ce pas là, Messieurs, le motif révolutionnaire du décret.

On a rappelé ailleurs et à cette tribune les inconvéniens de détail de tout autre parti que celui qui après la constitution achevée la proposerait au roi pour l'accepter librement. On a assez bien établi que des régens passés en pays étrangers, éloignés de tout temps de la révolution, remplaceraient mal le monarque que vous auriez éloigné ; on a parfaitement établi qu'éloigner la régence de ceux à qui la constitution l'a donnée, après en avoir éloigné la royauté, ferait créer autant de partis qu'on aurait exclu d'hommes appelés par la constitution. On a très bien prouvé qu'un conseil exécutif de régence ou de surveillance, mis à leur place, augmenterait le mal au lieu d'y rémédier, que les ennemis ou plutôt les chefs du parti contre-révolutionnaire en deviendraient plus nombreux, que la nation se diviserait elle-même, et que le pouvoir exécutif remis en de débiles mains n'aurait aucun effet sur eux ; que si ce conseil était pris dans l'assemblée nationale, la révolution paraîtrait n'être plus l'ouvrage que de l'ambition de ceux qui auraient voulu s'y faire porter ; que l'assemblée nationale perdrait l'estime, et que ceux qu'elle aurait placé à la tête du gouvernement auraient par là même perdu la force ; que si le conseil était choisi au dehors de cette assemblée, il serait possible, sans doute, d'y recueillir des hommes capables de gouverner ;

mais il ne le serait pas autant d'y retrouver des hommes assez connus dans la révolution, ayant pu attacher sur eux l'attention publique, ayant pu conquérir la confiance par une longue suite d'actes connus, de sorte que le second conseil serait encore plus fragile que le premier. On a très bien établi ces faits; mais je les prends en masse et je dis : tout changement est aujourd'hui fatal : tout prolongement de la révolution est aujourd'hui désastreux; la question, je la place ici, et c'est bien là qu'elle est marquée par l'intérêt national. Allons-nous terminer la révolution, allons-nous la recommencer? Si vous vous défiez une fois de la constitution, où sera le point où vous vous arrêterez, et où s'arrêteront surtout nos successeurs?

J'ai dit que je ne craignais pas l'attaque des nations étrangères et des Français émigrés; mais je dis aujourd'hui, avec autant de vérité, que je crains la continuation des inquiétudes, des agitations qui seront toujours au milieu de nous tant que la révolution ne sera pas totalement et paisiblement terminée : on ne peut nous faire aucun mal au dehors, mais on nous fait un grand mal au dedans quand on nous agite par des pensées funestes; quand des dangers chimériques, créés autour de nous, donnent au milieu du peuple quelque consistance et quelque confiance aux hommes qui s'en servent pour l'agiter continuellement. On nous fait un grand mal quand on perpétue ce mouvement révolutionnaire qui a détruit tout ce qui était à détruire, qui nous a conduits au point où il fallait nous arrêter, et qui ne cessera que par une détermination paisible, une détermination commune, un rapprochement, si je puis m'exprimer ainsi, de tout ce qui peut composer à l'avenir la nation française. Songez, Messieurs, songez à ce qui se passera après vous : vous avez fait ce qui était bon pour la liberté, pour l'égalité; aucun pouvoir arbitraire n'a été épargné, aucune usurpation de l'amour-propre ou des propriétés n'est échappée : vous avez rendu tous les hommes égaux devant la loi civile et devant la loi politique; vous avez repris, vous avez rendu à l'état tout ce qui lui avait été enlevé. De là résulte cette grande vérité, que si la révolution fait un pas de plus, elle ne peut le faire sans danger; c'est que, dans la ligne de la liberté, le premier acte qui pourrait suivre serait l'anéantissement de la royauté; c'est que, dans la ligne de l'égalité, le premier acte qui pourrait suivre serait l'attentat à la propriété.

Je demande à ceux qui m'entendent, à ceux qui conçoivent avec moi, que si les mouvemens recommencent, que si la nation a encore de grandes secousses à éprouver, que si de grands évènemens peuvent suivre ou seulement se font redouter, que si tout ce qui agite le peuple continue à lui imprimer son mouvement, que si son influence continue à pouvoir agir sur les évènemens politiques ; à tous ceux, dis-je, qui savent que, si les choses se passent ainsi, la révolution n'est pas finie ; je leur demande : existe-t-il encore à détruire une autre aristocratie que celle de la propriété ? Messieurs, les hommes qui veulent faire des révolutions ne les font pas avec des maximes métaphysiques ; on séduit, on entraîne quelques penseurs de cabinet, quelques hommes savans en géométrie, incapables en politique : on les nourrit sans doute avec des abstractions ; mais la multitude dont on a besoin de se servir, la multitude, sans laquelle on ne fait pas de révolution, on ne l'entraîne que par des réalités, on ne la touche que par des avantages palpables.

Vous le savez tous, la nuit du 4 août a donné plus de bras à la révolution que tous les décrets constitutionnels ; mais pour ceux qui voudraient aller plus loin, quelle nuit du 4 août reste-t-il à faire, si ce n'est des lois contre les propriétés ? et si les lois ne sont pas faites, qui nous garantira qu'à défaut d'énergie dans le gouvernement ; que, quand nous n'aurons pas terminé la révolution et réprimé le mouvement qui la perpétue, son action progressive ne sera pas d'elle-même ce que la loi n'aura pas osé prononcer? Il est donc vrai qu'elle doit recevoir aujourd'hui son grand caractère; il est donc vrai que la révolution paraîtra aux yeux de l'Europe et de la postérité, avoir été faite pour la nation française, ou pour quelques individus : que si elle est faite pour la nation, elle doit s'arrêter au moment où la nation est libre, et où tous les Français sont égaux : que si elle continue dans les troubles, dès lors elle n'est plus quel'avantage de quelques hommes, dès lors elle est déshonorée, dès lors nous le sommes nous-mêmes.

Aujourd'hui, Messieurs, tout le monde doit sentir que l'intérêt commun est que la révolution s'arrête. Ceux qui ont perdu doivent s'apercevoir qu'il est impossible de la faire rétrograder, et qu'il ne s'agit plus que de la fixer : ceux qui l'ont faite et qui l'ont voulue, doivent apercevoir qu'elle est à son dernier terme, que le bonheur de leur patrie, comme leur gloire, exige qu'elle ne se continue pas plus long-temps. Tous ont un même intérêt : les rois eux-mêmes, si quelquefois de profondes vérités peuvent pénétrer jusque dans les conseils des rois; si quelquefois les préjugés qui les environnent peuvent laisser passer jusqu'à eux les vues saines d'une politique grande et philosophique; les rois eux-mêmes doivent apercevoir qu'il y a loin pour eux entre l'exemple d'une grande réforme dans le gouvernement et l'exemple de l'abolition de la royauté : que si nous nous arrêtons ici, ils sont encore rois; que, même l'épreuve que vient de subir parmi nous cette institution, la résistance qu'elle a offerte à un peuple éclairé et fortement irrité, le triomphe qu'elle a obtenu par les discussions les plus approfondies; que toutes les circonstances, dis-je, consacrent pour les grands états la doctrine de la royauté; que de nouveaux évènemens en pourraient faire juger autrement; et que, s'ils ne veulent pas sacrifier à de vaines espérances la réalité de leurs intérêts, la terminaison de la révolution de la nation française est aussi ce qui leur convient le mieux.

Quelle que soit leur conduite, Messieurs, que la nôtre au moins soit sage; que la faute vienne d'eux, s'ils doivent en souffrir un jour; et que personne dans l'univers, en examinant notre conduite, n'ait un reproche juste à nous faire. Régénérateurs de l'empire, représentans de la nation française, suivez aujourd'hui invariablement votre ligne; vous avez montré que vous aviez le courage de détruire les abus de la puissance; vous avez montré que vous aviez tout ce qu'il faut pour mettre à la place de sages et d'heureuses institutions; prouvez aujourd'hui que vous avez la force, que vous avez la sagesse de les protéger et de les maintenir. La nation vient de donner une grande preuve de force et de courage : elle a solennellement mis au jour, et par un mouvement spontané, tout ce qu'elle pouvait opposer aux évènemens dont on la menaçait. Continuons les mêmes précautions; que nos limites, nos frontières soient puissamment défendues; mais au moment où nous manifestons notre puissance, prouvons aussi notre modération; présentons la paix au monde inquiet des évènemens qui se passent au milieu de nous : présentons une occasion de triomphe, une vive satisfaction à tous ceux qui, dans les pays étrangers, ont pris intérêt aux évènemens, et qui nous disent de toutes parts : Vous avez été courageux, vous êtes puissans, soyez aujourd'hui sages et modérés; c'est là que sera le terme de votre gloire. C'est ainsi que vous aurez prouvé que, dans des circonstances diverses, vous saviez employer des talens et des moyens, et des vertus diverses.

C'est alors que vous retirant dans vos foyers, après avoir vigoureusement établi l'action du gouvernement, après avoir énergiquement prononcé que vous voulez que la France présente un asile paisible pour tous ceux qui voudront obéir aux lois; après avoir donné le mouvement à vos institutions (et cela est possible dans un temps prochain, car je ne suis pas disposé à éloigner l'instant de notre séparation) après avoir mis en vigueur tout ce qui fait agir le gouvernement, vous vous retirerez dans vos foyers, vous aurez obtenu, par votre courage, la satisfaction et l'amour des plus ardens amis de la révolution et de la liberté ; et vous obtiendrez, de la part de tous, par de nouveaux bienfaits, des bénédictions ou du moins le silence de la calomnie. J'adopte les propositions de M. Salles, et je conclus à l'admission du projet des comités.

III.

Sur les Élections et la condition d'une imposition de quarante journées de travail pour l'Électorat et l'Éligibilité.

Séance du 11 Août 1791.

Le seul moyen de soutenir la constitution, c'est d'en établir les bases d'une manière sûre et solide; et il ne suffit pas de vouloir être libre, il faut encore savoir être libre. Je parlerai fort brièvement sur cette question, car après le succès de la délibération, que j'attends sans inquiétude du bon esprit de l'assemblée, tout ce que je désire c'est d'avoir énoncé mon opinion sur une question dont le rejet entraînerait tôt ou tard la perte de notre liberté. Cette question ne laisse pas le moindre doute dans l'esprit de tous ceux qui ont réfléchi sur les gouvernemens, et qui sont guidés par un sens impartial. Tous ceux qui ont combattu le comité se sont rencontrés dans une erreur fondamentale. Ils ont confondu le gouvernement démocratique avec le gouvernement représentatif; ils ont confondu les droits du peuple avec la qualité d'électeur, que la société dispense pour son intérêt bien entendu. Là où le gouvernement est représentatif, là où il existe un degré intermédiaire d'électeurs, comme c'est pour la société qu'on élit, elle a essentiellement le droit de déterminer les conditions d'éligibilité.

Il existe bien un droit individuel dans notre constitution, c'est celui de citoyen actif; mais la fonction d'électeur n'est pas un droit; je le répète, elle existe pour la société qui a le droit d'en déterminer les conditions. Ceux qui, méconnaissant la nature comme les avantages du gouvernement représentatif, viennent nous rappeler les gouvernemens d'Athènes et de Sparte, indépendamment des différences qui les séparent de la France, soit par l'étendue du territoire, soit par la population, ont-ils oublié qu'on y avait interdit le gouvernement représentatif? Ont-ils oublié que les Lacédémoniens n'avaient un droit de voter dans les assemblées que parce qu'ils avaient des ilotes, et que ce n'est qu'en sacrifiant les droits individuels que les Lacédémoniens, les Athéniens, les Romains, ont possédé le gouvernement démocratique. Je demande à ceux qui nous les rappellent, si c'est à ces gouvernemens qu'ils en veulent venir. Je demande à ceux qui professent ici des idées méthaphysiques, parce qu'ils n'ont point d'idées réelles ; à ceux qui nous enveloppent des nuages de la théorie, parce qu'ils ignorent profondément les connaissances fondamentales des gouvernemens positifs ; je leur demande, dis-je, s'ils ont oublié que la démocratie d'une partie du peuple ne saurait exister que par l'esclavage entier de l'autre partie du peuple. Le gouvernement représentatif n'a qu'un seul piège à redouter, c'est celui de la corruption. Pour qu'il soit essentiellement bon, il faut lui garantir la pureté et l'incorruptibilité des corps électoraux ; ces corps doivent réunir trois garanties éminentes : la première, les lumières, et l'on ne peut nier qu'une certaine fortune ne soit le gage le plus certain d'une éducation un peu mieux soignée, et de lumières plus étendues ; la seconde garantie est dans l'intérêt à la chose, et il est évident qu'il sera plus grand dans celui qui aura un intérêt particulier plus considérable à défendre ; enfin, la troisième garantie est dans l'indépendance de fortune, qui mettra l'électeur au-dessus de toute attaque et de corruption.

Ces avantages, je ne les cherche point dans la classe supérieure des riches ; car il y a là sans doute trop d'intérêt particulier, qui sépare de l'intérêt général ; mais s'il est vrai que je ne doive pas chercher les qualités que je viens d'énoncer dans la classe éminemment riche, je ne les chercherai point non plus parmi ceux que la nullité de leur fortune empêche d'acquérir des lumières, parmi ceux qui, sans cesse aux prises avec le besoin, offriraient à la corruption un moyen trop facile. C'est donc dans la classe mitoyenne des fortunes que nous trouverons les avantages que j'ai annoncés, et je demande si c'est la contribution de 5 francs jusqu'à 10 qui peut faire soupçonner que l'on mettra les élections entre les mains des riches. Vous avez établi en usage que les électeurs ne seraient pas payés; et, s'il en était autrement, le grand nombre rendrait ces assemblées très coûteuses. Du moment où l'électeur n'aura pas une propriété assez considérable pour se passer de travail pendant quelque temps, il arrivera de ces trois choses l'une, ou que l'électeur s'abstiendra des élections, ou qu'il sera payé par l'état, ou bien, enfin, qu'il le sera par celui qui voudra obtenir son suffrage. Il n'en sera point de même lorsqu'un peu d'aisance sera nécessaire pour constituer un électeur. En effet, parmi les électeurs élus sans payer trente ou quarante journées de travail, ce n'est pas l'artisan, l'homme sans crédit, le laboureur honnête qui réunit les suffrages; ce sont quelques hommes animés par l'intrigue, qui vont colportant dans les assemblées primaires les principes de turbulence dont ils sont possédés, qui ne s'occupent qu'à chercher, à créer un nouvel ordre de choses, qui mettent sans cesse l'intrigue à la place de la probité, un peu d'esprit à la place du bon sens, et de la turbulence d'idées à la place de l'intérêt général de la société. Si je voulais des exemples, je n'irais pas loin les chercher; ce serait près de nous, et très près de nous, que je voudrais les prendre. Et, je le demande aux membres de cette assemblée qui soutiennent une opinion contraire à la mienne, mais qui savent bien comment sont composés les corps électoraux les plus voisins de nous, sont-ce des artistes qu'on y a vus? Non. Sont-ce des agriculteurs? Non. Sont-ce des artisans? Non. Sont-ce des libellistes, des journalistes? Oui.

Dès que le gouvernement est établi, que la constitution est garantie, il n'y a plus qu'un même intérêt pour ceux qui vivent de leur propriété et d'un travail honnête. C'est alors que l'on distingue ceux qui veulent un gouvernement stable d'avec ceux qui ne veulent que révolution et changement, parce qu'ils grandissent dans le trouble comme les insectes dans la corruption. S'il est vrai que, dans une constitution établie, tous ceux qui veulent le bien ont le même intérêt, il faut placer les choix dans ceux qui ont des lumières et un intérêt tel, qu'on ne puisse pas leur présenter un intérêt plus grand que celui qui les attache à la chose commune. Quand vous vous éloignerez de ces principes, vous tomberez dans l'abus du gouvernement représentatif. L'extrême pauvreté sera dans le corps électoral, et elle placera l'opulence dans le corps législatif. Vous verrez bientôt arriver en France ce qui arrive en Angleterre, où les électeurs s'achètent dans les bourgs, non pas avec de l'argent, mais avec des pots de bière: c'est ainsi que se font les élections d'un très grand nombre de membres du parlement. Il ne faut donc pas chercher la bonne représentation dans les deux extrêmes, mais dans la classe moyenne. Voyons si c'est là que le comité l'a placée. Il faudra, pour être électeur, payer une contribution de quarante journées de travail, c'est-à-dire qu'en réunissant toutes les qualités nécessaires, il faudra avoir depuis 120 livres jusqu'à 240 livres, soit en propriétés, soit en industrie. Je ne pense pas qu'on puisse dire sérieusement que cette fixation est trop haute, à moins de vouloir introduire dans les assemblées électorales des hommes qui n'auront que l'alternative de mendier ou de chercher un secours malhonnête là où le gouvernement ne leur offrira pas un secours légitime. Si vous voulez que la liberté subsiste, ne vous laissez point arrêter par les considérations spécieuses que vous présentent ceux qui, lorsqu'ils auront réfléchi, reconnaîtront la pureté de nos intentions et l'avantage de notre résultat. J'ajoute, ce qui a déjà été dit, que le nouveau système de contribution diminue de beaucoup les inconvéniens, et que la loi qu'on propose n'aura son effet que dans deux ans. On nous a dit que nous allions enlever aux citoyens un droit qui les honorait, par la seule possibilité qu'ils avaient de l'acquérir. Je réponds que s'il s'agit de possibilité, s'il s'agit d'honneur, la carrière que vous leur ouvrez leur imprime un plus grand caractère, et plus conforme aux principes de l'égalité. On n'a pas manqué non plus de nous retracer les inconvéniens qu'il y avait à changer la constitution. Et moi aussi, je désire qu'elle ne change pas; c'est pour cela qu'il ne faut pas y introduire de dispositions imprudentes qui feraient sentir la nécessité d'une convention nationale. En un mot, l'avis des comités est la seule garantie de la prospérité et de l'état paisible de l'empire.

IV.

Sur les Conventions nationales et le Pouvoir constituant.

Séance du 31 Août 1791.

Il me semble que l'état de la délibération, au point où elle a été conduite par les discussions précédentes, peut être réduit à deux points très clairs, renfermés dans une proposition qui a été faite, et pour laquelle je me propose de demander la priorité. Devons-nous nous occuper de la formation des corps constituans, ou devons-nous seulement nous occuper de placer dans la constitution un moyen correctif tiré de la constitution même? A qui appartient-il d'émettre un vœu sur l'usage de ce moyen correctif? J'établis, quant au premier point, qu'il est contre les principes, et contre le bien public, d'établir des formes pour provoquer la présence d'un corps constituant.

Le pouvoir constituant est un effet de la pleine souveraineté. Le peuple nous l'a transmis pour une fois ; il s'est momentanément dépouillé de la souveraineté pour l'acte qu'il nous a chargés de faire pour lui ; mais il n'a, ni entendu, ni pu entendre nous confier sa souveraineté pour l'imiter, pour indiquer, ou provoquer, après nous, des autres actes de souveraineté de la même étendue et de la même nature. De notre part, indiquer, provoquer, limiter un autre pouvoir constituant, c'est évidemment empiéter sur la souveraineté du peuple. Il ne peut le faire que de sa volonté propre et de son mouvement spontané ; car quand nous dirions : dans trente ans le peuple pourra élire une assemblée constituante, le peuple pourrait, dans dix ans, le vouloir ; quand nous dirions : cette assemblée sera de six cents membres, le peuple pourrait élire une assemblée de douze cents membres, et, de même, changer toutes les autres formes que nous aurions fixées. Ce qui entre dans notre mandat, c'est d'empêcher que ces pouvoirs constituans ne soient nécessaires ; c'est de prévenir par un mode paisible et conservateur, pris dans la constitution, la provocation de ce vœu spontané du peuple, qui n'arrive jamais que par la souffrance ou par l'altération successive des pouvoirs constitués. Voici la position où nous sommes : nous avons fait une constitution, une machine politique toute neuve et nécessairement compliquée : l'expérience ne l'a pas encore éprouvée : il appartient à l'ouvrier, de placer dans son œuvre même, un moyen lent, sage, circonspect, d'obvier aux inconvéniens de détail qui pourraient être démontrés par l'expérience, par l'épreuve qui n'a pas encore eu lieu. C'est ainsi que vous restez dans votre pouvoir; car, cela n'est que l'achèvement de votre ouvrage, et c'est ainsi que vous achèverez votre grand monument, celui de la conservation de la liberté et de la tranquillité publique, puisque par là vous remplacez les pouvoirs constituans, cause perpétuelle de la révolution, et qu'en mettant dans votre constitution même des moyens de les corriger et d'en réformer les abus, vous éloignez à jamais les nouvelles révolutions qu'on pourrait se proposer d'appeler sur la France.

Maintenant comment pouvez-vous établir dans notre constitution ce principe de réformation? Par son esprit même, par l'esprit représentatif qui en est la base; par l'énoncé des représentans de la nation, seul capable, seul valable dans un pays trop étendu, pour que le peuple délibère réuni ; c'est donc dans le sein du corps législatif que vous devez chercher le vœu correctif; placez-le avec prudence, exigez de la lenteur, et des mesures très circonspectes ; mais placez-le là, parce qu'il ne peut pas être placé ailleurs sans devenir un principe de subversion.

Le gouvernement anglais a mis le pouvoir réformateur dans son pouvoir législatif, parce que la législation y est confiée à trois pouvoirs opposés qui, respectivement se limitent et empêchent la rapidité et la facilité des changemens; mais vous avez un moyen plus sûr, moins imprudent, plus libre et plus national, surtout, de prévenir chez vous l'abus du pouvoir législatif sur les corrections constitutionnelles. C'est d'exiger comme on vous l'a proposé le vœu itératif de plusieurs assemblées de représentans du peuple; car il est évident que chaque fois que vous remonterez à la source des élections, le vœu national s'exprimera par les élections mêmes, et que ne pouvant opérer de changemens que par la volonté répétée de quatre assemblées différentes, vous aurez eu quatre fois, à deux ans de distance chacune, le vœu national en faveur de la mesure proposée, ce qui certainement est beaucoup plus lent, plus prudent, moins dangereux que les formes anglaises. Il ne faut là que le concours momentané des trois pouvoirs; chez vous, il ne faudra que le vœu d'un pouvoir, mais d'un pouvoir représentatif et national, et ce vœu aura été provoqué quatre fois par l'opinion publique, au moyen de l'élection des réprésentans.

Lorsque vous aurez fixé un mode lent, mais auquel on est sûr d'arriver quand l'opinion publique le favorise; que vous aurez évité tout à la fois la nécessité d'un pouvoir constituant, et la possibilité de voir altérer illégalement votre ouvrage par le pouvoir législatif ordinaire, tout sera balancé.

Je ne crois pas qu'il soit nécessaire maintenant de vous éclairer sur les inconvéniens, sur les abus qui résulteront d'une provocation quelconque du vœu populaire dans les assemblées primaires, et d'une fixation quelconque du pouvoir constituant. Je veux supposer avec quelques personnes que ces pouvoirs constituans appelés n'abusassent pas de la mission qui leur aurait été donnée; que l'opinion publique alors paisible les contiendrait dans des limites: j'établis que quand cela serait ainsi, ce que l'expérience démentirait, il suffirait des craintes et des espérances que pourraient faire prévoir des pouvoirs constituans appelés par la constitution même, pour nous exposer sans cesse à l'anarchie, à l'esclavage, pour en faire disparaître tout sentiment véritable et tout amour légitime de la liberté, et mettre sans cesse la partie la plus remuante de la nation aux prises avec le pouvoir exécutif.

En effet, l'attente du pouvoir constituant, présentant aux hommes turbulens l'espérance des changemens, les mettrait sans cesse en jeu, provoquerait des intrigues perpétuelles. Et le pouvoir exécutif d'autre part, apercevant dans l'arrivée de ces corps constituans, la possibilité et presque la probabilité de sa destruction, ne manquerait pas, dans l'intervalle, d'user de tous les pouvoirs qui lui auraient été délégués pour en rendre le retour, impossible de manière que par une terreur propre à le troubler sans cesse, vous lui auriez donné l'intérêt le plus pressant à accabler, à opprimer la liberté ; et vous auriez fait quelque chose de plus dangereux encore, car, vous auriez peut-être mis dans son parti la portion la plus nombreuse de la nation, celle qui veut par-dessus tout la paix, celle qui veut le maintien de la propriété et de la sûreté ; peut-être, dis-je, en présentant à ses yeux l'épouvantail d'un pouvoir constituant, renaissant sans cesse, vous engageriez cette partie de la nation à se lier avec un pouvoir oppresseur, mais qui lui promettrait tranquillité.

Il est deux choses dont les peuples généreux et policés ne peuvent se passer : l'une, est la tranquillité, l'autre est la liberté. Mais pour le commun des hommes, la tranquillité est plus nécessaire que la liberté ; pour le commun des hommes la tranquillité est le premier besoin, la liberté politique n'est qu'un superflu qui fait le bonheur, mais qui n'est pas rigoureusement nécessaire. Si vous ne les mariez pas ensemble, si vous les rendez incompatibles, si vous présentez à la nation la perte de la tranquillité dans l'établissement de la liberté, craignez de voir bientôt cette majorité détruire la liberté plutôt que de se condamner à un état perpétuel d'agitation et d'incertitude.

Toute la science des législateurs, des hommes qui font la constitution pour un peuple amoureux de ses arts et de ses jouissances, se réduit à allier ensemble ces deux élémens, à les faire agir conjointement, à rendre les peuples tranquilles et libres. Ne les séparez donc pas, car il serait très dangereux qu'entre les deux maux, le peuple ne finît par préférer un tranquille esclavage. Ainsi ce n'est pas la perspective des pouvoirs constituans qui garantira votre liberté, c'est elle qui l'anéantira, c'est elle qui provoquera sans cesse ceux qui veulent une nouvelle constitution, et c'est elle aussi qui provoquera sans cesse le pouvoir exécutif pour la détruire.

Quand on vient parler de provocation d'assemblées primaires, de pétitions individuelles, dont la majorité pourrait forcer le corps législatif, on remplace le pouvoir représentatif, le plus parfait des gouvernemens, par tout ce qu'il y a dans la nature de plus odieux, de plus subversif, de plus nuisible au peuple lui-même, à savoir : l'exercice immédiat de la souveraineté, par la démocratie, ce que l'expérience a prouvé être le plus grand des fléaux, même dans les plus petits états, où le peuple peut se réunir ; et ce qui, dans un grand état joint aux autres dangers l'absurdité la plus complète, puisqu'il est évident que tout vœu personnel ou de section n'étant pas éclairé par une délibération commune, n'est pas un véritable vœu, et qu'indépendamment de l'utilité générale qui exige exclusivement le gouvernement représentatif, la logique, la métaphysique même du gouvernement l'exigent dans tout pays où le peuple ne peut pas se réunir.

Et quel serait l'inconvénient pratique d'un système semblable dans la situation où nous sommes? Serait-ce véritablement l'intérêt national qui ferait provoquer des réformes de la constitution dans les assemblées primaires, et par quelques individus? Ne sait-on pas avec quelle adresse insidieuse on fait mouvoir une multitude patriote, mais peu éclairée? Ne sait-on pas qu'il existe dans la constitution des articles nécessaires, des articles qui assurent et défendent la liberté, et dont la conception n'est pas à la portée du plus grand nombre? Ne sait-on pas quelle était la ruse de ceux qui remuaient le peuple romain, par des moyens semblables à ceux que l'on commence à insinuer parmi nous? Les tribuns avaient l'art de joindre à la proposition des lois auxquelles leur intérêt propre était souvent attaché, la proposition d'une loi souvent chère au peuple, la loi agraire. C'était parmi eux un moyen trivial ; c'était en réunissant ainsi une pétition qui semblait utile pour le pauvre, à une pétition qui n'était utile qu'à eux, qu'ils ont fait pendant si long-temps tous les maux et tous les troubles de la république.

Or, je demande s'il ne serait pas facile, en tirant le laboureur de sa charrue, en provoquant, à la sortie du culte divin, des habitans de la campagne plus instruits de leurs premiers besoins que des principes politiques ; s'il ne serait pas facile, en promenant dans les départemens une éloquence incendiaire, d'y mendier et d'y obtenir des pétitions destructives de tout ordre social? Et quand ces pétitions seront obtenues, quand la majorité du peuple aura été constatée par des signatures, quand les législateurs en auront les tableaux devant les yeux, quand le pouvoir constituant y verra son régulateur, quel sera le sentiment sur la terre qui leur donnera le courage de résister?

Sans doute, avant que le peuple ait émis formellement et légalement un vœu, les législateurs ont le pouvoir de refuser ce vœu présumé, parce qu'ils le jugent déraisonnable ; mais quand ce vœu aura été émis par une imprudente provocation, lorsqu'il aura été constaté sur le papier, aurez-vous donc une assemblée de héros pour résister à cette provocation imprudente? N'avez-vous pas vous-mêmes appelé une insurrection? Le peuple a consenti à vos décrets, quoiqu'en apparence son vœu eût été auparavant contraire; mais ce vœu n'avait été émis ni formulé, mais lui-même l'ignorait encore; mais il attendait la parole des législateurs pour se décider. Et au contraire quand il aura émis son vœu en assemblée, quand il aura dit en majorité : *Je pense ainsi*, espérez-vous qu'il obéisse alors? Espérez-vous faire entrer dans l'esprit du peuple des idées tellement fines que vous puissiez lui faire concevoir qu'une pétition de la majorité des citoyens actifs n'est véritablement qu'une pétition? Quoi, vous lui aurez dit qu'il est souverain, et vous lui direz après que la majorité des voix n'est pas la volonté publique! Quoi, vous lui aurez dit qu'il est souverain, vous lui aurez demandé son avis, et vous voudrez après, vous, au nombre de douze cents, détruire l'opinion signée de plus de deux millions d'hommes! Cela n'est pas possible. Ce n'est pas là qu'est la sagesse, la connaissance du cœur humain et des véritables gouvernemens.

Le peuple est souverain; mais les représentans peuvent seuls agir pour lui, parce que son propre intérêt est presque toujours attaché à des vérités politiques dont il ne peut pas avoir la connaissance nette et profonde. Ne l'excitez donc pas, ne le forcez donc pas à se mêler à ces travaux par un mode dangereux pour lui. Appelez-le par sa véritable manière d'exprimer sa volonté, par les élections; c'est en nommant l'homme en qui il a confiance, dont les lumières sont claires pour lui, dont la pureté lui est connue, qu'il exprime vraiment son vœu; c'est ainsi qu'il fait son bonheur; tout autre moyen est absurde et insuffisant. Or, ce vœu là, vous l'aurez quand vous déclarerez que l'opinion uniforme de trois ou quatre législatures successives sera nécessaire pour corriger un article de constitution.

Par là, vous aurez empêché que la législature avec l'assentiment du roi, ne dépasse ses pouvoirs, forcée par la nécessité de réformer une chose évidemment mauvaise, si ce n'est par l'appel d'un pouvoir constituant que la nation entière réprouverait : par là enfin, vous aurez rendu rare, et vous aurez repoussé à jamais, du moins de notre âge, le renouvellement de ces pouvoirs constituans, moyens extrêmes, nécessaires pour affranchir un peuple opprimé, mais dont la liberté constitutionnelle, assurée par les délibérations publiques, doit préserver le retour. Vous n'avez pas le droit de les provoquer, car vous attenteriez à la souveraineté du peuple, car la nation vous a chargé de faire son bonheur, et vous la livreriez à une suite de convulsions destructives de toute liberté véritable et de toute prospérité. Je demande, sans m'expliquer d'avance sur les amendements qui pourraient être faits, la priorité pour la motion de M. Dandré.

FIN DU TOME PREMIER.

TABLE DES MATIÈRES.

	Pages.
NOTICE HISTORIQUE SUR BARNAVE.	1

PREMIÈRE PARTIE.

INTRODUCTION A LA RÉVOLUTION FRANÇAISE.

Chapitre Ier. — Point de vue général	1
Chap. II. — Ce qui produit la forme des gouvernemens.	3
Chap. III. — Application générale de ces idées depuis le gouvernement féodal	4
Chap. IV. — Application de ces idées aux anciens états.	15
Chap. V. — Application des mêmes idées à l'Europe moderne.	18
Chap. VI. — Développement et preuve de ce qui précède par des exemples et des faits.	21
Chap. VII. — Conséquence des progrès de la civilisation	36
Chap. VIII. — Influence démocratique.	41
Chap. IX. — Idées générales sur les républiques d'Europe.	44
Chap. X. — Idées générales sur les monarchies	51
Chap. XI. — Application de ce qui précède aux états intérieurs d'Europe et aux états maritimes.	64
Chap. XII. — Causes immédiates qui ont déterminé la révolution française.	80
Chap. XIII. — Influences combinées qui devaient agir sur la révolution.	89

SECONDE PARTIE.

ASSEMBLÉE NATIONALE.

Chapitre Ier. — Circonstances dans lesquelles l'auteur a été appelé à s'occuper des affaires publiques.	95
Chap. II. — Opinions et dispositions de l'auteur lorsqu'il fut aux états généraux. Son mot : Le sang qui vient	

	Pages.
de se répandre était-il donc si pur?	98

Chap. III. — L'assemblée s'occupe de la constitution. — Système des deux chambres. — Vote suspensif. . . **111**

Chap. IV. — Événemens des 5 et 6 octobre. **116**

Chap. V. — Conduite de l'auteur pendant l'année 1790. — Ses fautes. **119**

Chap. VI. — Conduite de l'auteur au 20 juin. Il est nommé commissaire pour ramener le roi à Paris. . . **127**

Chap. VII. — Après le retour de Varennes. — Question d'inviolabilité. **133**

Chap. III. — Société des Feuillans. — Part que l'auteur eut à sa formation. **137**

Chap. IX. — Révision de la constitution **144**

Chap. X. — Conduite de l'auteur pendant le travail de la constitution. **158**

Crap. XI. — Examen critique de la constitution . . . **160**

Chap. XII. — État des choses au dedans et au dehors, lorsque l'assemblée nationale se sépara. **172**

Chap. XIII. — Intérêts et dispositions des cabinets étrangers. **178**

Chap. XIV. — Marche qu'il fallait suivre. **201**

Chap. XV. — Disposition des membres de la nouvelle assemblée. **208**

Chap. XVI. — Fautes de la nouvelle assemblée . . . **211**

1792. . . . . **220**

TROISIÈME PARTIE.

DISCOURS DE BARNAVE.

I. Sur la régence. **223**

II. Sur l'inviolabilité de la personne du roi **242**

III. Sur les élections et la condition d'une imposition de quarante journées de travail pour l'électorat et l'éligibilité. **267**

IV. Sur les conventions nationales et le pouvoir constituant **274**

FIN DE LA TABLE DU TOME PREMIER.

Lettre adressée à M. Boissy d'Anglas père, communiquée par son fils.

Bourgoin le 7bre 1793.

Je ne sais citoyen si vous avés appris que j'étais à Paris comme je voyage pour étapes je n'y serai que dans environ trois semaines, dans les derniers jours de ce mois. — ma mère ira plus vite et quoiqu'elle ne soit pas encore partie elle arrivera plusieurs d'ix ou douze jours avant moi.

homme vertueux qui n'ayant été qu'une simple connaissance et ne m'ayant point recherché quand j'étais dans l'éclat et dans la prospérité êtes devenu mon ami quand j'ai été malheureux, je conserverai jusqu'au dernier moment le souvenir des sentimens que vous m'avés témoigné. — ma conscience est pure, je défie qu'on prouve contre moi un seul fait dont j'ai à rougir — mes papiers saisis chez moi lors de mon arrestation me sont favorables, à moins que ce ne soit un crime d'avoir été attaché à l'ordre de choses qui était alors la loi de l'état — mais j'ai contre moi mon nom et les préventions qui y sont attachées. — si elles sont plus fortes que la vérité ma conduite vous prouvera du moins que vous n'aurés pas mal placé votre estime et si je vous laisse des regrets, je ne vous laisserai point de repentir.

J'ai recommandé à ma mère de vous voir dans actuellement vous compromettre, de voir son ami dans un temps plus calme, elle en est digne en tout point et si les choses tournoient contre ses vœux elle aurait un besoin extrême de consolations.

J'espère que je n'envelopperai personne dans mon malheur. Il y a quelques brouillards ou projets de lettres de moi à deux de mes amis, elles prouvent les vœux sincères que je formais pour le bonheur de mon pays mais ce qui était alors patriotique est presque crime aujourd'hui. Il ne s'est rien trouvé d'eux. — Je ne me dissimule point la force des préventions que je vais avoir à combattre. Je regarde mon sort comme à peu près fixé d'avance; mais je crois devoir à moi-même de ne rien omettre pour le surmonter et ne fut ce que pour laisser après moi une mémoire honorable; je donnerai tous mes soins à ma justification. Si vous écrivez à mon ami instruisez le de mon voyage. Je ne pense pas qu'il y ait plus rien à faire pour attirer mon affaire à la convention mais enfin il le jugera s'il y a encor possibilité. — Je désirerois donc qu'il vint ce que je vous écris le plutôt possible.

adieu m. ch. C.   Barnave j.

Grenoble.

Sur la foi des papiers publics, je vous croyais au delà de la mer et vous êtes à Paris, pour mettre le comble au plaisir que de me faire une si agréable surprise il a fallu que je l'apprisse par un nouveau témoignage de votre amitié. Vous avez occupé une bien grande place dans la peine que m'ont causé l'éloignement et la situation de mes amis, vous en voir excepté est un sujet que je pourrai peut-être encore parler d'eux avec vous était la consolation la plus douce que le moment où nous sommes pouvoit me laisser. Je vous reprocherois de me l'avoir laissé ignorer si longtems si je croyois que vous eussiés pu m'en instruire plutôt, mais pendant ce tems où je n'ai peut être échappé à la haine que par le silence et l'oubli, l'amitié a du nécessairement ignorer où j'étois et les moyens de communiquer avec moi... ma situation toute fâcheuse qu'elle ait été et quelle soit encor n'a pas été beaucoup plus pénible que si je fusse resté en liberté puisque les choses qui m'ont occupé le plus auroient été les mêmes. Je n'ai jamais été exposé à aucun danger ici où les principes du 2 7bre n'ont en aucun moment de faveur; le fonds de mon affaire n'étant rien ne pouvoit me laisser d'autre inquiétude que de la voir juger par ces principes. Toutes les instructions que j'ai prises et l'opinion de ceux auxquels je me suis adressé ne pouvant que le danger le plus réel étoit dans un décret de translation à Paris que j'occasionnerois probablement en m'adressant à la convention, je m'en suis tû et j'ai attendu qu'un décret général sur ceux qui sont comme moi accusés devant la haute cour nationale décidât de mon sort. Privé de ma liberté par une espèce de lettre de cachet (puisqu'un de mes accusés qui est en france n'a jamais été arrêté et que les comm. de la convention pour la destitu.. de *contrepoison* on dit très franchement à nos administrateurs qu'il convenoit de me garder encor *et même en prison* quelque tems et jusqu'à ce que les choses fussent plus consolidées, que je sérois probablement contraire à tout ce qui se feroit &c &c.) j'ai vu qu'il n'y avoit de moyen pour moi de l'abréger que par des démarches qui me lasseroient des souvenirs bien plus fâcheux que quelques suivis d'une détention qu'au milieu des évènements qu'il m'eût été impossible d'empêcher, je regarderai toujours comme honorable. — Les choses ne peuvent rester entièrement au point où elles sont. Si les étrangers deviennent nos maîtres, j'aurai sur une terre éloignée déploré des malheurs que j'ai fait inutilement tout ce qui était en moi pour prévenir. Si le courage de la nation l'emporte, je ne doute point qu'elle n'ouvre bientôt les yeux sur les véritables causes de ses dangers et de ses maux, et alors je me trouverai heureux d'avoir conservé en restant sur mes foyers l'entière indépendance de mes pensées et la virginité de mon caractère politique. Peut-être pourrai-je servir encore mon pays, ou du moins mes amis. Cette dernière idée est la plus flatteuse dont mon imagination puisse s'occuper. Voilà quelle a été ma manière d'envisager ma position que je soumets à vous. Vous qui êtes mon juge et en qui je reconnais une si heureuse combinaison de justesse dans l'esprit et d'élévation dans l'âme, que préférant ma propre opinion à celle de presque tout le monde je préfère encore la vôtre au dessus de la mienne.

J'ai écrit depuis quelques jours à Théod dont ma mère a reçu une lettre premier signe d'existence qui ait pu me parvenir de la part de mes amis. Je lui parle avec assez de détails sur l'état de mes affaires. J'ai écrit aussi il y a un mois à Alquier et à Boissy d'Anglas le 1er ne m'a pas répondu ou la lettre s'est perdue, Boissy m'a annoncé l'espérance de voir adopter par la commité de législation un projet de décret qui offre le moyen le plus vraisemblable de me faire juger avec équité. — Mon décret d'accusation est si absurde qu'il devrait sans doute aujourd'hui que toutes les découvertes subséquentes ont été rendues publiques être rapporté mais il ne le sera pas sans que je le demande et d'après ce que je vous ai dit de ma manière de voir c'est une démarche que je ne ferai point. — Si comme je le pense Alquier vous voit quelquefois vous pourrez lui parler de la lettre qu'il a dû recevoir de moi et l'inviter à parler de mon affaire à m. Boissy qui s'a approuvé, j'avois sous le vrai point de vue. — Si on me donne un tribunal dans le voisinage il faudrait que ce fût Bourg ou gex surtout ce dernier.

Vous devez avoir des nouvelles de m. D. L. et de tous nos amis absents de Lyon, qui m'a laissé la douleur d'avoir été une des causes de son expatriation veuillez m'apprendre ce que vous en savez et leur faire parvenir dès que vous aurez un moyen sûr le témoignage de mon tendre souvenir puisse t il arriver entiers ou j'avais été séparé par des causes si funestes.

Barnave j^e

www.ingramcontent.com/pod-product-compliance
Lightning Source LLC
Chambersburg PA
CBHW071109230426
43666CB00009B/1888